BACK TO THE ROOTS
ZYKLISCH LEBEN MIT IMMENSER FREUDE!

Josianne Hosner

Quittenduft-Verlag, Schweiz, quittenduft.ch
ISBN: 978-3-9525284-0-2

2. Auflage 2021

Lektorat & Korrektorat: Nadine Sommer-Etzensperger, Winterthur
Titelfoto: Gabriela Füstös, Zürich
Grafik: Dominique Bischofberger, Winterthur
Druck: DDC Digital Druckcenter Langenthal AG (also nöd öppe z'Asie!)
Illustration: Dominique Bischofberger, Winterthur / Ste Ingold
© iStockphoto / winvic / zzorik / Tanya Syrytsyna / saemilee / fongfong2 / Lubushka
Schrift: Budidaya Font by Situjuh Nazara

Für meine Mutter Anna Barbara
und meine Tochter Moira Luna

INHALTSVERZEICHNIS

EINFÜHRUNG IN DAS ZYKLISCHE LEBEN

Wie froh wäre ich gewesen, hätte ich schon früher etwas über meinen Menstruationszyklus gewusst. Darüber, dass ich überhaupt einen habe. Wie kann es sein, dass ich 20 Jahre lang von jeder einzelnen Menstruation überrumpelt wurde, als ob sie ein totaler Überraschungsgast wäre? Wo war hier der Lerneffekt? Wieso kam immer erst im Nachhinein die Erkenntnis «Aha, darum! Darum war ich so müde. Darum war ich so dünnhäutig. Darum fand ich alle doof. Schokolade ...»?

Interessiert hat mich das Thema Menstruation allerdings schon lange. Ich habe vor Kurzem eine Notiz gefunden, die ich als 20-Jährige in Miranda Greys Buch «Roter Mond: Von der Kraft des weiblichen Zyklus» geschrieben habe: «Mondfrauen-Kreise machen.» Viele Jahre hat dieser Wunsch in mir geschlafen, ich habe ihn zeitweise aber wieder vergessen – und mich in eine verstrickte Situation nach der anderen begeben ... Auch ging mir erst vor ein paar Jahren ein Lichtlein auf: Nämlich, dass die Mens lediglich eine Station in meinem gesamten Zyklus ist. Klar, meistens die prägnanteste, weil ich sie – wenn ich sie nicht auch schon spüren würde – sogar mit blossem Auge sehen kann. Aber dass da noch drei andere Phasen dazugehören, das war mir fremd.

Darum freue ich mich umso mehr, mit dir in die folgenden spannenden Themen einzutauchen:

- 💜 Was bedeutet es, zyklisch zu leben und was spricht dafür, sein Leben nach dem Menstruationszyklus auszurichten?
- 💜 Wie sieht das denn konkret aus und was haben die Jahreszeiten der Natur mit unserem Menstruationszyklus zu tun?
- 💜 Wie gelingt es, den Blick für das Zyklische zu schärfen und das neu gewonnene Zyklus-Wissen nach und nach in den Alltag zu integrieren?

Anhand konkreter Beispiele zeige ich dir, wie du das Wissen über deinen Zyklus dazu nutzen kannst, deinen Alltag mit all seinen Herausforderungen besser zu bewältigen – und das in einer Gesellschaft, die ganz und gar nicht zyklisch denkt.

Dann legen wir mal los!

Wir Frauen sind von Natur aus zyklische Wesen und durchlaufen in unserem Leben wirklich viele Menstruationszyklen. Natürlich ist es sehr schwierig, eine genaue Aussage zu treffen, die für alle Frauen auf der ganzen Welt zutrifft – man denke etwa an die Mangelernährung, an der viele Frauen in vielen Teilen des Globus leiden und die sicherlich einen grossen Einfluss auf deren Menstruationszyklus hat. Aber nehmen wir rein statistisch mal an, dass alle Frauen weltweit 13 Mal im Jahr bluten und dies 5 Tage lang über 30 Jahre hinweg, dann sind das 390 Menstruationszyklen im Leben! Wir bluten also am Stück gerechnet fast 5,5 Jahre lang, das sind rund 2'000 Tage. Wenn wir dann den Gedanken einfach mal weiterspinnen und davon ausgehen, dass immer gleich viele Frauen aufs Mal bluten, so haben rund 300 Millionen Frauen gleichzeitig ihre Mens.

Die Menstruation steht für viele Frauen auf der Beliebtheitsskala etwa auf derselben Stufe wie die Brennnessel. Brennnesseln wuchern an vielen Orten. Sie brennen. Sie stechen. Sie hinterlassen rote, juckende Quaddeln. Niemand weiss so richtig, wie man sie pflückt und was man damit macht – man «umgeht» sie lieber, kommt ihnen ja nicht zu nahe. Wer die Pflanze aber näher betrachtet, merkt schnell, wie viele Qualitäten sie mit sich bringt: Sie ist blutstärkend, enthält viele Mineralstoffe und stärkt das Abwehrsystem. Sie mag also mühsam erscheinen, ist aber so wertvoll! Und genau dasselbe gilt für die Menstruation. Wir wissen nicht viel darüber. Tabuthema. Sie kann wehtun. Sie löst manchmal beschissene Gefühle aus. Wir gehen ihr lieber aus dem Weg. Sie ist ein notwendiges Übel. Und heutzutage sind wir ja so «fortschrittlich», dass man die Menstruation sogar unterdrücken kann. Wegmachen. Pillen schlucken, Implantat reinmachen, weg mit den Sorgen ... Für mich bedeutet dieser «Fortschritt» aber ein Fort-Schritt von unserer Intuition, von unserer Weiblichkeit und von unserem Urinstinkt.

Hinzu kommt, dass wir in einer linearen Gesellschaft leben, in der wir IMMER gleich funktionieren sollten. IMMER ist aber ein Killer der Kreativität und der Lebensfreude. IMMER ALLES ist anstrengend. IMMER ALLES JETZT noch viel anstrengender. Diese Linearität führt sehr leicht zur Erschöpfung, man brennt aus. Dieser Wunsch nach dem «Immer-gleich-Sein» ist ein kräftezehrender Wunsch. Auf Biegen und leider auch auf Brechen versuchen wir, gegen aussen immer gleich zu sein und bezahlen dafür einen hohen Preis: Wir verlieren unseren Mut, unseren Schalk und unsere Selbstliebe.

Was passiert, wenn wir immer Vollmond, Eisprung und Flut hätten? Was, wenn wir immer nur einatmen würden? Immer gleich ist ja voll ok, wenn es sich um eine Betonmauer handelt, die ein Haus stützt. Immer gleich ist ja ok, wenn es der Holzbalken ist, der das Dach trägt. Aber in der Natur ist nichts immer gleich. Auch bei Männern und Kindern ist nichts immer gleich. Muss es auch nicht sein. Warum versuchen wir Frauen denn so krampfhaft, stabil, starr und stoisch präsent zu sein und uns von unserem wechselnden Inneren nichts anmerken zu lassen? Weil wir mit unserem linearen Gedankengut alles einteilen in «gut und schlecht» – also ein völliges Schwarz-Weiss-Denken. Und weil viele Frauen ihre zyklische Natur (noch) nicht kennen.

Es wird als schlecht angesehen, wenn eine Frau dauernd ihre Meinung ändert.
Es wird als mühsam angesehen, wenn sich eine Frau nicht entscheiden kann.
Es wird als beschwerlich angesehen, wenn eine Frau keine Kraft mehr hat.
Es wird mit einem Augenrollen quittiert, wenn eine Frau mehr Ruhe will (Rabenmutter, schlechte Arbeiterbiene!).
Es wird als anstrengend angesehen, wenn eine Frau voller Emotionen ist.
Es wird als schlecht angesehen, wenn eine Frau «zu viel» ist. Zu dominant. Zu laut. Zu sexy. Zu klar.

Aber werfen wir doch einen Blick auf das Wort «ES»: Frauen, wir können all diese Realitäten nicht alleine auf die Schultern der Männer, des Patriarchats, der Gesellschaft abwälzen. Wir müssen endlich anfangen, unsere Verantwortung selber wahrzunehmen und «ES» so zu formen, dass «ES» für uns wieder stimmt! Du, ich, wir zusammen! Wir sind fähig dazu! Unser Zyklus hilft uns dabei! Unser Zyklus ist unser Kompass und unterstützt uns dabei, fluid, geschmeidig, beweglich zu sein und nicht zu erstarren. Unser Zyklus hilft uns dabei, das Leben so zu gestalten, dass wir morgens die Augen aufmachen und sagen können: «Hey, ich bin dankbar für den neuen Tag.» Ok, jetzt habe ich etwas übertrieben ... Ich bin nämlich ein Morgenmuffel. So etwas kann ich erst sagen, wenn ich die zweite Tasse Tee aus meiner Lieblingstasse getrunken habe.

Wir haben von der Schöpfung ein wunderschönes Geschenk erhalten: den Menstruationszyklus. Er ist unsere geheime Superkraft, unser Kompass, der Boden der Pizza, der alle Zutaten unseres Lebens hält. Wie genau das gehen soll, werde ich dir im Laufe der folgenden Kapitel Schritt für Schritt erklären.

Zyklisch zu leben heisst zu wissen, an welchem Tag deines Zyklus du heute stehst. Es heisst, deine Bedürfnisse so gut zu kennen, dass du wahrnimmst, was dir genau heute guttut und es dann im Alltag umsetzen kannst. Zyklisch zu leben bringt so viel Genuss in den Alltag. So viel Ruhe. So viel mehr Weisheit und Selbstachtung. Und all das schlummert in jeder Frau. Eine zyklische Frau kann sagen: «Wie schön, dass ich mein Leben in meinen eigenen Händen habe und die Eigenverantwortung dafür annehmen kann.» Genau das wünsche ich mir auch für dich.

Mein Wunsch ist es, dass schon junge Mädchen über das zyklische Leben Bescheid wissen. Losgelöst vom Aufklärungsunterricht, der vor allem Hormone, Geschlechtskrankheiten und Verhütung thematisiert, wäre es ein riesiges Potenzial, wenn bereits junge Frauen wüssten, wie man dank des Wissens über den eigenen Zyklus weise Entscheidungen trifft, wie man Selbstliebe lebt, wie man im Einklang mit sich selber durchs Leben gehen kann. Denn ohne dieses Wissen kann es sein, dass eine Frau die unterschiedlichen Gefühle, die in den verschiedenen Zyklusphasen auftreten können, nicht einordnen kann und sich dann selber in Frage stellt. Tickt sie anders, fühlt sie sich «anders, als sie sollte», stellen sich ganz schnell Selbstzweifel ein. Ich wünsche mir, dass Frauen sich wohlfühlen in ihrer Haut und sie ihre Weisheit in jeder Zyklusphase anzapfen können.

Durch Zyklus-Wissen entsteht eine Verlässlichkeit und zwar auf dich selber. Von aussen, oft auch von den Männern, werden wir als «immer mal wieder anders» wahrgenommen. Was aber, wenn wir einfach nur vier Phasen durchlaufen, in denen wir – wie vom aufmerksamen Zuschauer beobachtet – zwar durchaus immer etwas anders sind, uns aber während jeder einzelnen dieser vier Phasen doch wiederkehrend ähnlich verhalten? Jetzt verstehst du nur noch Bahnhof …? Dann lies unbedingt weiter.

Die vier Jahreszeiten

Die Natur ist unser bestes Spiegelbild. Zumindest in unseren Breitengraden haben wir mehr oder weniger klar abgegrenzte Jahreszeiten, die sich total voneinander unterscheiden: Frühling, Sommer, Herbst, Winter. Wir kennen die Merkmale jeder Jahreszeit und wissen, was wir in etwa zu erwarten haben: Im Frühling spriessen die Maiglöckchen, im Sommer flüchten wir in den kühlen Schatten, im Herbst geniessen wir lange Spaziergänge durch raschelndes Laub und im Winter schlürfen wir heisse Schokolade und lümmeln uns aufs Sofa.

Genau gleich verhält es sich mit den inneren Jahreszeiten, denn unser Zyklus ist jeden Monat ein Mini-Abbild der vier Jahreszeiten der Natur:

Während der Menstruation sind wir im inneren Winter, bei unseren Wurzeln, wir ruhen uns aus, lassen die Anstrengungen des letzten Zyklus los und besinnen uns auf unsere Essenz. Danach sind wir im Zyklus-Frühling, wir erwachen aus dem Winterschlaf, nehmen die Umwelt wieder neugierig wahr und haben Lust auf Abenteuer. Anschliessend kommt der Zyklus-Sommer, wir zeigen uns gerne nach aussen, wir sind bereit für die Welt, wir blühen auf und sind im Saft.

Der Zyklus-Herbst ist die Zeit des Loslassens. Hier haben Bullshit und Illusionen keinen Platz. Wir sind nie klarer in unserem Wissen als im Zyklus-Herbst. Hier liegt ein riesiges Potenzial, dein Leben selbstbestimmt und frei zu gestalten.

Und was soll mir das jetzt alles bringen?

Alle Menschen sind zyklische Wesen, also auch Männer und Kinder. Aber im Gegensatz zu uns Frauen haben sie weder einen Menstruationszyklus noch die gleichen Hormone, die monatlich in ihnen rumsausen. Wir hingegen haben hier so was wie den Jackpot geknackt, vom Universum einen Sonderbonus erhalten, eine Extra-Portion Schlagrahm mit Schokoladensauce. Es lohnt sich also, mehr darüber zu wissen. Hinzu kommt, dass wir in stark patriarchalischen Strukturen leben. Ich werde dir zeigen, wie du mit dieser Herausforderung umgehen kannst.

Dein Zyklus gibt deinem Leben eine liebevolle Struktur, und dadurch erlebst du mehr Gelassenheit, mehr Freiräume und vor allem viel mehr Selbstliebe.

Zyklisch zu leben ist möglich, auch in unserer linearen Gesellschaft, auch mit Kindern oder mit einem anspruchsvollen Job. Ich erzähle dir hier in diesem Buch, wie du das anstellen kannst. Sei gespannt!

Massgeschneiderte Antworten werde ich keine liefern. Ich werde dich höchstens erinnern. Erinnern an das Wissen, das schon seit Urzeiten in deiner Gebärmutter, in deinem Schossraum schlummert. Du wirst viele Aha-Erlebnisse haben. Viele Momente, in denen dir ein Licht aufgeht. Ich werde dich zum Lachen bringen. Und zum Weinen. Gern geschehen. Beides ist so befreiend.

Und nein, Zyklus-Wissen wird nicht alles Anstrengende oder Schwierige in deinem Leben «einfach so» wegzaubern. Aber das Wissen über dich selber, das dir deine Zyklus-Beobachtungen schenken werden, ist der beste Katalysator, wie du den Weg zurück zu deinem Herzen, zu deinen Wünschen und zu deinen Sehnsüchten wiederfindest. Zyklisch leben ist schön.

Du bist nicht alleine & vergiss nie:

YOU ARE
BLOODY BRILLIANT

DAS ZYKLUS-RAD – ANLEITUNG, FERTIG, LOS!

Und wie soll das jetzt alles funktionieren? Als Erstes musst du wissen, an welchem Tag in deinem Zyklus du gerade stehst. Dies gibt dir Aufschluss darüber, in welcher inneren Jahreszeit du dich befindest.

Zyklen können sich zwischen 24 und 35 Tagen bewegen. Kaum ein Zyklus ist immer pünktlich oder dauert – wie das Lehrbuch einem weismachen will – immer 28 Tage. Wir sind ja keine Maschinen. Die 28 Tage sind ein reiner Durchschnittswert.

Auf meiner Webseite stelle ich dir folgendes Zyklus-Rad als PDF zur Verfügung, das dir dabei helfen soll, deinen Zyklus zu beobachten:

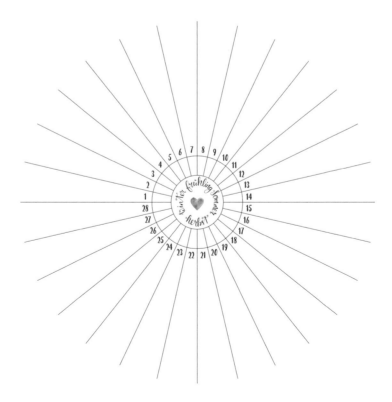

Das Ausfüllen des Zyklus-Rades hilft dir dabei, zu erkennen, ob es wiederkehrende Situationen in deinem Leben gibt, die du einer bestimmten Zyklusphase zuordnen kannst.

Indem du deine Bedürfnisse, Stimmungen und Gedanken protokollierst, wird sich die Beziehung zu deinem Zyklus, und somit zu dir selber, festigen – viele Aha-Momente inklusive.

Ausfüllen – so gehts

Der erste Tag deiner Menstruation ist der Zyklustag Nr. 1.

Beim Einsetzen deiner Blutung nimmst du ein neues Zyklus-Rad und schreibst neben der Nr. 1 das entsprechende Datum hin.

Notiere jeden Tag stichwortartig, wie es dir geht und wie du dich fühlst. Beobachte dazu deinen Körper, deine Gedanken, Ängste, Sorgen, Lust, Ess-Gelüste, den Schlaf usw.

Entweder beschriftest du gleich das ganze Rad mit den Daten oder machst es fortlaufend – ganz wie du magst. Zeichne aussen am Rad jeweils noch Neumond und Vollmond an den richtigen Daten ein.

Fülle einige Monate lang das Zyklus-Rad aus und gehe dann auf Spurensuche. Parallelen, Verbindungen, Wiederholungen, Gesundheitszustände und Träumereien: Das Auswerten der Informationen ist hochspannend, und du bist nun gut vorbereitet auf mögliche «Baustellen» und weisst Bescheid, wann du vermehrt Pausen brauchst oder keine Lust auf Menschen hast usw.

Fragen – jeder Zyklus ist einzigartig

Dein Zyklus ist länger als 28 Tage?
Kaum ein Zyklus dauert immer genau 28 Tage – die 28 Tage sind ein Durchschnittswert. Führe einfach deine Beobachtungen auf der Rückseite weiter:

Tag 29, Tag 30, Tag 31 … So lange, bis deine Menstruation kommt und du mit dem Ausfüllen eines neuen Zyklus-Rads beginnst.

Dein Zyklus ist kürzer als 28 Tage?
Einige Felder werden leer bleiben. Das macht nix. Einfach mit dem nächsten Zyklus-Rad beginnen.

Du hast keine Menstruation (mehr)?
Hier repräsentiert der Neumond deinen Zyklustag Nr. 1. Schreibe also neben der Nr. 1 das Datum des nächsten Neumondes hin.

Dein Menstruationsbeginn ist unklar?
Du fragst dich, ob Schmierblutungen bereits zum Tag Nr. 1 gezählt werden? Und was, wenn die Mens abends um 22 Uhr kommt? Einige Frauen zählen ab dem ersten Tropfen Blut, da es ja nicht «Nichts» ist. Andere, ich zähle mich dazu, notieren als Tag Nr. 1 den Tag, wo das Blut richtig fliesst. Entscheide so, wie es für dich stimmt. Und hey, es gibt keine Zyklustag-1-Polizei. Bleib fluid und beweglich, auch im Hirn, denn deine Mens ist kein Schweizer Zug, der auf die Minute pünktlich sein muss.

WAS BEDEUTET ES, ZYKLISCH ZU LEBEN?

Werfen wir nochmals ein Auge auf die Jahreszeiten: Frühling, Sommer, Herbst und Winter – mit den vier Jahreszeiten sind wir bestens vertraut. Wir kennen die Freudenschübe, die sich im Frühling aus purer Dankbarkeit in uns ausbreiten können, weil es wieder heller und wärmer wird. Das Entzücken über die ersten Tulpenspitzen, über die ersten Knospen am Haselstrauch. Die leise Ungeduld, denn wer weiss schon, ob nochmals Schnee fällt? Das Warten auf die Farben, darauf, dass die Natur aus der Winterstarre erwacht.

Wir kennen lange, laue Sommernächte, in denen die Welt stillsteht und wir alle umarmen könnten vor lauter Liebe und Lust, die durch uns fliessen. Wir sind vertraut mit dem Gefühl des Geniessens im Sommer, wo alles herrlich unkompliziert erscheint – keine zehn Kleiderschichten, nur um mal kurz rauszugehen, sondern barfuss durch den Garten, bereit für die Welt.

Wir kennen aber auch das Gefühl vom Loslassen der warmen Sommertage und die Wehmut, oftmals begleitet von Melancholie, wenn die Blätter wieder fallen. Die mystische Stimmung, die ein Herbstnebel in uns auslösen kann.

Wir kennen die klirrende Kälte des Winters, die Eiskristalle, die Langsamkeit, das Gefühl, sich mit einer heissen Tasse Kakao und warmen Socken einmummeln zu wollen. Nichtstun. Genau wie die Bäume, die Blumen, die Sträucher. Wir anerkennen die Richtigkeit vom Lauf der Natur, sie braucht Zeit, um zu ruhen und zu sterben, damit sie im nächsten Frühling wieder spriessen mag.

Spiegeln wir uns mit der Natur, erfahren wir diese vier Jahreszeiten am eigenen Leibe, Monat für Monat. Zyklus um Zyklus. Doch was machen wir? Wir rattern durch alle vier Jahreszeiten durch, als gäbe es kein Morgen. Wir zelebrieren den Frühling und den Sommer, den äusseren wie den inneren, tun uns aber – zyklisch gesprochen – eher schwer mit dem Herbst und dem Winter. Wer will schon einen Gang runterschalten, reflektieren, still und klar werden? Die zyklische Frau! Die Perlen, die das Leben dadurch bereithält, sind kostbarer als jede Kiste Gold!

Linear oder zyklisch?

Wir bewegen uns in einer stark linear geprägten Gesellschaft. Alles soll geradlinig und gleichmässig seinen gewohnten Gang nehmen und ja nicht zu sehr vom üblichen Trott abweichen. Unsere Tätigkeiten sind zweckgebunden: Wir erbringen Leistungen, wir haben ein Ziel vor Augen, wir müssen Anforderungen erfüllen. Zielorientiert, leistungsfähig und lösungsorientiert bewegen wir uns durch den Alltag und versuchen, der «immer – alles – jetzt»-Gesellschaft gerecht zu werden. Immer erreichbar zu sein, ist anstrengend. Immer bereit zu sein, ist erschöpfend. Immer zu leisten, am besten sofort – und dann gleich noch eine Leistung obendrauf! –, vernichtet nicht nur die Kreativität, sondern auch den Lebensfluss. Wie drückt sich das in unserem Alltag aus? Wir reagieren auf alles schnell und sofort. Wir behaupten, Nichtstun sei ein Luxus. Wir vergessen, in den Wald zu gehen oder wir sagen, wir haben keine Zeit. Wir essen alle Früchte und Gemüse, IMMER, egal welche Saison ist. Wir teilen Arbeiten nicht mehr nach Jahreszeiten ein, weil wir elektrisches Licht und warme Häuser haben. Wir verhalten uns immer gleich, geradlinig, stromlinienförmig.

Wir sollen und müssen aber nicht jeden Tag gleich funktionieren. Wir sind zyklische Wesen. Wir dürfen uns energiegeladen fühlen, voller Elan, und wir dürfen uns gleichermassen ausruhen und zurückziehen. Unsere Gefühle sind echt. Der Mond wandelt sich vom Neumond zum Vollmond und wieder zurück und auch der Körper durchläuft verschiedene Hormonphasen, von der Menstruation zum Eisprung und wieder zurück.

Wir DÜRFEN uns immer anders fühlen, wir DÜRFEN immer ein bisschen anders sein. Wir sind keine Maschinen. Für die Gesellschaft ist es natürlich angenehmer, wenn wir immer wohltemperiert und ausgeglichen sind. Wenn wir leistungsfähig sind, stabil, berechenbar. So oft höre ich von Frauen, dass Pause machen eine Illusion sei. Dass es aufgrund von Familie, Kindern, Partner oder Arbeitsstelle schlicht nicht möglich sei, auch mal zu pausieren. Pausen sind aber essenziell und bewahren uns vor dem kompletten Wahnsinn all der Anforderungen, die an uns gestellt werden. Pausen machen heisst aber nicht, täglich während zwei Stunden aufs Sofa zu sitzen (wobei ich das während der Mens wärmstens empfehle). Pausen machen kann ganz andere Dimensionen annehmen, als du es dir im Moment vielleicht vorstellst. Wir tauchen da später noch tiefer ein.

Zyklen in der Natur und im Laufe des Lebens

Es gibt viele verschiedene Zyklen in unserem Leben, zum Beispiel den Tageszyklus: Morgen, Mittag, Abend, Nacht. Es ist immer wieder verblüffend für mich, wie sich Gefühle, die ich an einem Abend habe, am nächsten Morgen wieder anders anfühlen. Oder wie ich morgens so richtig viel Energie habe für eine Aufgabe, von der ich später am Tag rein gar nichts mehr wissen will.

Dann gibt es den längsten Zyklus von allen, den Lebenszyklus oder Lebensbogen: vom jungen Mädchen zur Frau oder Mutter, von der klaren Menopause-Frau zur weisen Grossmutter. Also von der Geburt bis zum Tod. Alle vier Lebensphasen bringen unglaublich schöne Geschenke mit sich. Und sie fühlen sich alle etwas anders an: Eine junge Frau bringt nicht die gleiche Energie in einen Raum wie eine klare oder wilde Frau in den Wechseljahren. Eine eisprünglich-fröhliche Frau hat andere Qualitäten als eine ruhige, weise, alte Frau.

Auch der Mond nimmt monatlich seinen Lauf: vom Neumond zum Vollmond, zurück zum Neumond. Ein ganzer Mondphasenzyklus dauert ca. 29,5 Tage, also ähnlich lange wie ein durchschnittlicher Menstruationszyklus. In vielen alten Kulturen decken sich die Worte für Mond, Monat und Menstruation. Oft wurde mit dem Neumond geblutet, worauf dann der Eisprung auf den Vollmond fiel.

Ein neuer Menstruationszyklus beginnt immer mit dem Einsetzen der Blutung. So deckt sich im Menstruationszyklus der innere Frühling mit der Lebensphase der jungen Frau. Der innere Sommer repräsentiert die Lebensphase der Mutter oder Ernährerin, der innere Herbst die der klaren, wilden Wechseljahrfrau und der innere Winter widerspiegelt die Lebensphase der weisen Greisin.

Unser Menstruationszyklus ist in folgende Phasen aufgeteilt, während derer verschiedene Hormone am Werk sind:
Präovulation: Die Follikelphase repräsentiert den inneren Frühling. Die Östrogenkonzentration steigt, die Gebärmutterschleimhaut und die Follikel wachsen und reifen.

Ovulation: Der Eisprung, wenn die Östrogenkonzentration ihren Höhepunkt erreicht, deckt sich mit dem inneren Sommer. Die Eizelle ist nach dem Eisprung befruchtbar.

Prämenstruum: Die Lutealphase widerspiegelt den inneren Herbst. Durch die Bildung von Progesteron durch Gelbkörperhormone bereitet sich die Gebärmutter auf eine Einnistung der Eizelle vor.

Menstruation: Während der Menstruation, dem inneren Winter, sinkt das Hormonlevel auf den Tiefpunkt und die Gebärmutterschleimhaut löst sich auf.

Menstruationsblut hat eine andere Zusammensetzung als das Blut, das durch unsere Adern fliesst. Es besteht nur zur Hälfte aus Blut, zur anderen Hälfte aus der Schleimhaut, welche die Gebärmutter von innen auskleidet und der Nährboden für neues Leben ist. Darin enthalten sind auch Proteine, zum Beispiel Elektrolyte, Kalzium und Natrium, etwas Vaginalsekret und die unbefruchtete Eizelle.

An dieser Stelle möchte ich noch sagen, dass mir Folgendes bewusst ist: Nicht alle Menstruierenden sind Frauen, und nicht alle Frauen menstruieren. Ich möchte niemanden ausschliessen, da das Thema auch Transgender-Personen betrifft. Wenn ich also von menstruierenden Frauen spreche, schliesse ich alle menstruierenden Menschen mit ein und hoffe, dass sich alle gleichermassen angesprochen fühlen.

Während der Schwangerschaft hat man keinen Menstruationszyklus, die Hormone haben in dieser Zeit andere Funktionen. Nach der Geburt und während der Stillzeit kann der Menstruationszyklus wieder einsetzen, je nach Stillintensität geht das schneller oder weniger schnell.

Verhütest du hormonell, wirst du die vier inneren Jahreszeiten eventuell gar nicht oder nur in abgeschwächter Form wahrnehmen.

Männer und Kinder haben keinen Menstruationszyklus, wohl aber ihren eigenen Biorhythmus. Die Grundlage jedes Naturvolkes war das zyklische Leben, Handeln und Verhalten, denn nur so war in früheren, naturnahen Zeiten das Überleben eines Volkes gesichert. Die zyklische Natur ist also in jedem Menschen vertreten, jedoch haben nur menstruierende Frauen einen Menstruationszyklus.

Vier Fragen, die dein Leben verbessern

Ich selber mache jeden Tag einen Zyklus-Check, und das kann ich dir sehr empfehlen! Stelle dir jeden Morgen, oder spätestens dann, wenn dich eine Situation besonders irritiert, besonders aufregt oder besondere Freuden-schübe beschert, die folgenden vier Fragen:

❶ An welchem Zyklustag bin ich heute?
Du kannst das mit einer App verfolgen, im Zyklus-Rad oder in deiner Agenda notieren. Schreibe es irgendwo auf, sonst vergisst du es!

❷ Was tut mir heute gut?
Was erfüllt mich heute mit Freude? Was kann ich mit Schwung und Energie erledigen, meistern, anpacken? Was zieht mich an? Auf welche Menschen habe ich heute Lust? Was koche ich mir Nährendes? Wie baue ich Zeit für mich selber in den Tagesablauf ein?

❸ Was kann ich heute getrost weglassen?
Was ist heute nicht wichtig? Was tut mir heute nicht gut? Wie treu kann ich mir selber heute sein? Auf welche Menschen und Aktivitäten verzichte ich heute?

❹ Was steht in ca. zwei Wochen in meiner Agenda?
In zwei Wochen bist du ungefähr an der gegenüberliegenden Seite deines Zyklus. Wenn heute also deine Menstruation einsetzt, wirst du in zwei Wochen ca. bei deinem Eisprung sein. Wenn du momentan in deinem inneren Sommer, also um den Eisprung herum bist, wirst du in ca. zwei Wochen kurz vor der Mens stehen oder bereits am Menstruieren sein. Welche Termine passen in dieser Phase zu dir? Welche kannst und willst du verschieben, absagen? Und denk daran: Ein Durchschnitts-Zyklus von genau 28 Tagen kommt sehr selten vor. Kennst du deine Zykluslänge, kannst du deine vier inneren Jahreszeiten davon ableiten und spürst schnell, in welcher Phase du gerade bist.

Warum ist das alles so wichtig? Je nachdem, wo du in deinem Zyklus stehst, fallen die Antworten auf diese Fragen ganz anders aus. Es ist gut möglich, dass du noch nicht auf alle Fragen eine Antwort hast. Das wird sich aber mit der Lektüre dieses Buches ändern. Damit du schon einmal eine Ahnung hast, wie das alles aussehen kann, hier ein Beispiel aus meinem Zyklusalltag:

An einem Zyklustag 14, rund um den Eisprung und deshalb im inneren Sommer, habe ich die grösste Lust, in Bern in der Bahnhofshalle zu stehen und Leute zu beobachten. Ich schaue fremden Menschen ins Gesicht und lächle sie an. Ich bin spontan, mische mich ungefragt in Gespräche ein, gebe meinen Senf dazu und bin locker.

Zyklustag 25, gleicher Ort? Da bin ich kurz vor der Mens und deshalb mitten im inneren Herbst. Ich ziehe mir den Hut tiefer ins Gesicht, blicke weder nach links noch nach rechts, klammere mich an meinem heissen Chai fest, finde Parfumfahnen schrecklich und laufe so schnell ich kann aus dem Getümmel heraus.

Dein Zyklus – dein Kompass

Keine zwei Frauen sind gleich! Alles, was ich in diesem Buch schreibe, sind deshalb Möglichkeiten, Denkanstösse. Für die einen Frauen trifft etwas zu, für andere nicht oder nur manchmal. GEH WEG AUS DEINEM KOPF! Es ist egal, was auf dem Papier steht, was Josianne sagt. Es zählt NUR, was dir guttut, was zu dir passt, wie es bei dir ist. «Es sollte anders sein» oder «Ich sollte anders sein» gibt es hier nicht. Quatsch. DU STIMMST! Deine Gefühle sind echt, gut und wichtig. Und wenn sie im Moment statt klar eher verwirrt sind, wird dir dein neues Zyklus-Wissen in kurzer Zeit schon ein Licht in dein Fadenchörbli scheinen. Dann kannst du beginnen, den richtigen Faden auf die richtige Spule zu wickeln und du verstehst Zusammenhänge, die dein Leben immens erleichtern werden.

Es ist Zeit, dass wir darüber zu sprechen beginnen. Über unseren Zyklus, über die Menstruation, über unsere Gefühle und Träume. Es ist wichtig. Vielleicht sogar etwas vom Wichtigsten überhaupt. Das Tabu, die Scham um die Mens, ist veraltet. Wir brauchen das nicht mehr. Es ist Zeit, dass wir mehr wissen über uns selber. Die Zeiten, in denen wir sagten: «Ich blute einfach 1 x pro Monat, wie lästig, aber ich kann ja Schmerzmedis nehmen ...», sind vorbei. Der Zyklus wird so oft auf Schmerzen oder PMS reduziert oder spätestens bei unerfülltem Kinderwunsch unter die Lupe genommen. Kennst du erst mal alle vier Teile deines Zyklus, ist vieles besser einzuordnen: Bedürfnisse, Gefühle, Gedanken, Handlungen, Reaktionen. Deinen Zyklus zu kennen heisst, zu wissen, in welcher inneren Jahreszeit du dich befindest, und zu definieren, was dir dann Freude macht, wohin dein Herz dich zieht und was du getrost aus deinem Leben streichen und loslassen kannst.

- ♥ Plötzlich kannst du Putzattacken zuordnen.
- ♥ Hungergefühle.
- ♥ Lust auf gemütliche Frauenabende.
- ♥ Das Bedürfnis nach Klatsch und Tratsch.
- ♥ Den Drang, die Wohnung umzustellen.
- ♥ Warum dir Gespräche zu bestimmten Zeitpunkten besonders schwerfallen.
- ♥ Wieso dich dein Handy manchmal brutal nervt. Weil es scheissunnatürlich ist, oder? Und manchmal (ja oft) so toll und praktisch und spannend und dann verbindet es dich auch noch mit der ganzen Welt, wie genial! Ich auf jeden Fall habe sehr ambivalente Gefühle zu meinem Handy!
- ♥ Lust auf Sex. Riesenlust auf Sex. Gar keine Lust auf Sex.
- ♥ Manchmal mache ich in meinem Atelier den Vorhang zu, weil ich während des Schreibens nicht «angeschaut werden will». Da soll bitte niemand reinschauen. Da bin ich in meiner Höhle. Manchmal lasse ich sie aber offen, weil ICH es spannend finde, zu sehen, wer vorbeiläuft.

Zyklisch leben ist Detektivarbeit: Du kannst monatlich einen anderen Aspekt unter die Lupe nehmen und ihn über mehrere Zyklen hinweg beobachten: Wie gefällt mir mein Job? Meine Beziehung? Mein Liebesleben? Die Gestaltung des Familienalltags? Mein Freundeskreis? Mein Hobby? Bin ich mir selber treu? Lebe ich so, wie ich es mir wünsche? Jeden Monat liefern dir die vier inneren Jahreszeiten neue Informationen zu diesen Fragen und so kannst du dein Leben nach und nach so gestalten, wie es auf dich zugeschnitten stimmt.

In uns Frauen liegt eine unglaubliche Stärke. Wir sind zyklische Wesen. Alles zu seiner Zeit. Alles hat einen Platz. Monat für Monat erhalten wir die Chance, unser Leben so zu gestalten, dass wir die Freude bis in die Eierstöcke spüren! Und bis in die Zehen runter. Und bis zum Mond. So ein Glück!

GUTE GRÜNDE FÜR EIN ZYKLISCHES LEBEN

Meine Lieblingsgründe, die laut und deutlich FÜR ein zyklisches Leben sprechen:

1 Du lernst dich auf eine neue, erfrischende Art kennen. Stell dir mal vor, du geniesst dein Leben und findest dich selber gut? Stell dir vor, du hast Freude an dir selber? Stell dir vor, du schaust in den Spiegel und lächelst dich an, weil du dich selber so gern hast? Stell dir vor, du kennst plötzlich die Bedeutung deiner inneren Unruhe, deiner Drachentage, deiner Emotionen, deiner Sehnsüchte, deiner Traurigkeit, und kannst dann sogar etwas anfangen mit dieser Information?

Zyklisch zu leben heisst, dein inneres Potenzial anzuzapfen. Das macht FREUDE! Da entsteht LIEBE!

2 Wenn du deinen Zyklus kennst, beginnst du, Eigenverantwortung für dein Leben wahrzunehmen. Fertig mit: «Der Frauenarzt wirds schon richten.» Fertig mit: «Sie haben eben gesagt, ich soll die Pille durchgehend nehmen, das sei besser für mich.» Fertig mit: «Die anderen sind die Bösen, ich kann halt nichts machen.» Schluss mit: «Ich habe Mann und Kinder und Haus und Job und KANN einfach nichts für mich selber machen.» Schluss mit: «Ich habe keine Zeit.» Schluss mit: «Ich verschieb es auf später, wenn die Kinder gross sind.»

Zyklisch zu leben heisst, dein Leben JETZT zu leben. Denn wer weiss schon, was das Morgen bringt?

3 Zyklisch zu leben heisst, deiner inneren Kritikerin liebevoll eines in den Hintern zu treten und sie auf ihren kurzen, knappen Auftritt, den sie sich im inneren Herbst leisten kann, zu verweisen (mehr dazu im Kapitel «Der innere Herbst»). Du brauchst dir nicht zu sagen: «Ich kann es eh nicht, ich bin eh nicht gut genug, ich weiss eh nicht, wie das geht, ich weiss einfach nicht was machen, ich bin so doof und kann eh nichts und überhaupt, Maaaaaaaaaaaami!»

Zyklisch zu leben bringt Selbstsicherheit und Lebensfreude in dein Leben.

4 Zyklisch zu leben entschleunigt. Wir sprinten in unserem Alltag ständig irgendwelchen Aktivitäten hinterher. Von einem Ort zum anderen. Kinder rumfahren. Am Handy kleben. In die nächste Sitzung eilen. Geburtstagskuchen backen (und zwar ein viel schönerer als der von Levins Mutter!). Hey und dann noch der ganz normale Alltag mit waschen, putzen, Gesprächen, kochen, Sex, Büchern lesen, Windeln wechseln, Hausaufgaben coachen, Rechnungen bezahlen, Freundinnen treffen. Hiiiiilfe, ich brauche ein Wochenende in einem Spa-Hotel, sonst dreh ich durch! Oder drei Bier. Oder fünf Tafeln Schoggi. Oder Junk-TV-Sendungen. Wenn du zyklisch lebst, kannst du all deine Aktivitäten oder auch Pflichten in deinen Zyklus einbinden – dahin, wo sie passen. Wenn du zyklisch lebst und deine Arbeiten im Alltag danach richtest, erledigst du diese viel effizienter und lustvoller. Das schafft wiederum mehr Raum für Ruhepausen.

Zyklisch zu leben lässt dich innehalten.

5 Kennst du deinen Zyklus, sagst du öfters «Nein». Und das ist gut so. Nein zu mehr Verpflichtungen. Nein zu Situationen, die dich nicht nähren. Nein zu Angeboten, die dir nicht guttun. Nein zum Wäschekorb im falschen Moment. Nein zu Beziehungen, die dich kaputt machen. Und ganz viel JA zu dir selber.

Zyklisch zu leben bedeutet, deine Wünsche, Grenzen, Träume und Vorstellungen gut zu kennen und dein Leben entsprechend zu gestalten. Denn du hast nur dieses eine Leben. Nutze deine Zeit weise.

Und das ist noch nicht alles! Dein Zyklus schützt dich vor dem Ausbrennen und gibt dir eine gute Struktur im Alltag. Dein Zyklus gibt deinem Leben einen persönlichen Rhythmus, deinen eigenen Flow.

Das Zyklus-Wissen ist bei den meisten von uns in einem «schlafenden» Zustand. Es ist Zeit, es aufzuwecken und zu aktivieren. Das braucht Übung. Das Gute: Wir sind ja täglich mit uns selber unterwegs und mehr als uns selber brauchen wir nicht, um den Zyklus zu beobachten und diesen «Muskel» zu trainieren! Yeah!

Aus dem alten Nordamerika gibt es ein wunderschönes, passendes Zitat dazu:

Am Tag ihrer ersten Blutung begegnet eine Frau ihrer Kraft.
Während ihrer blutenden Jahre entfaltet sie sie.
Zum Zeitpunkt der Menopause wird sie selbst zu deren Inbegriff.

Noch Fragen? Na dann, weiterlesen, bitte schön!

DER INNERE FRÜHLING

MORGEN ZUNEHMENDER MOND
OSTEN LUFT JUNGE FRAU

Frühling

NEUBEGINN KRIEGERIN PROJEKTE UMSETZEN
KOMFORTZONE VERLASSEN SCHALK
PFERDE STEHLEN VERSPIELTHEIT
ERBLÜHEN MUT NEUGIER

Der Frühling ist da!

Wenn ich sehe, wie die ersten zerknitterten, mutigen Blätter aus den Ästen schlüpfen, macht sich in mir drin Entspannung breit. Es ist so, wie wenn ich nach einer Anstrengung die Schultern loslassen würde. Ich atme auf. Ein Gefühl von «Alles wird wieder gut» macht sich bemerkbar.

In früheren Zeiten wurde der Frühlingsbeginn ausgiebig gefeiert, bedeutete er doch, den Winter überlebt zu haben. Der Essensvorrat hat gereicht. Die Krankheiten sind überstanden. Wir sind noch da. Die Lebensgeister erwachen wieder, die Freude an den wärmenden Sonnenstrahlen ist gross.

Der Frühling beginnt aber nicht an einem einzigen Tag. Der Übergang vom Winter in den Frühling ist fliessend, einige Pflanzen schlummern noch eine ganze Weile weiter in der Erde, andere strecken schon neugierig ihre Spitzen an die frische Luft. Manchmal ist es auch ein Gefühl zwischen Hoffen und Bangen: Kommt nochmals Schnee? Gibt es starke Frühlingsstürme? Kann ich es schon glauben, dass es wirklich wieder wärmer wird?

Wir Frauen erleben jeden Monat einen inneren Frühling. Oft schwingt zuerst einmal die Erleichterung mit, dass die Menstruation, der innere Winter, endlich wieder vorbei ist. Die Neugier auf das Leben erwacht und wie in der Natur kehren auch bei uns die Lebenssäfte zurück. Der Mond nimmt wieder zu. Die Sichel leuchtet fröhlich am Nachthimmel.

Der Übergang zu unserem inneren Frühling ist fliessend und nicht für alle beginnt der Frühling zum gleichen Zeitpunkt oder dauert gleich lang. Es ist wie in der Natur: Kein Frühling hat je ZACK gemacht und dann war jedes Blatt draussen, jede Knospe geschlüpft. Es darf also in den Übergangstagen immer noch etwas ruhiger und gemächlicher zu- und hergehen.

Wenn der innere Frühling dann aber erst einmal da ist, dann gehts los: Die Frühlingsfrau ist mutig, keck, neugierig und verspielt. Von der Lebensphase her repräsentiert sie das junge Mädchen, die junge Frau. Eine Mischung aus Jungfrau und Kriegerin. Oft sind wir in unserem inneren Frühling wortgewandter, haben ein besseres Erinnerungsvermögen und können so auch mal ein schwieriges Gespräch gut meistern. Erinnerungen sind klarer, wir können logischer argumentieren und auch sachlicher bleiben.

Im inneren Frühling sind wir voller Hoffnung und Enthusiasmus und manchmal auch mit vielen Flausen im Kopf unterwegs. Pferde stehlen mit der besten Freundin klingt an diesen Tagen wie eine grossartige Idee. Zu diesem Zeitpunkt wagen wir es auch öfters, die eigene Komfortzone zu verlassen. Es ist ein guter Zeitpunkt, um über den eigenen Schatten zu springen! Wir haben mehr Freude an Experimenten und sind auch offener für Inputs von der Aussenwelt. Genauso, wie sich in der Natur alles zu regen beginnt, werden auch unsere Gedanken schneller. Manchmal kommt es mir so vor, als ob wir dann 20 oder 30 «Tabs» offen haben im Kopf, die Dinger oben beim Computer, die verschiedenen Fenster.

Zyklisch leben und denken in der Praxis

In deinem inneren Frühling kannst du zuvor angedachte Projekte weiterentwickeln, vorantreiben oder gar durchziehen und abschliessen. Vielleicht ist während deiner letzten Mens eine Idee herangereift. Vielleicht hat sich eine Antwort herauskristallisiert. Jetzt im inneren Frühling ist die Zeit für Action. Ein Telefonanruf, um etwas in die Gänge zu setzen? Eine E-Mail, um etwas abzuklären? Ein längst fälliger Gang zu einem Amt? Jetzt ist ein guter Zeitpunkt dafür! Die Kunst ist es aber, im inneren Frühling nicht jedes Mal ein neues Projekt zu erfinden, denn sonst stehst du am Schluss mit 20 Projekten da, die dir (vor allem im inneren Herbst und Winter) über den Kopf wachsen. Denk also darüber nach, bevor du Ja sagst. Im inneren Frühling erscheint noch manche Idee super, glänzend, und du willst sie unbedingt umsetzen. Wenn du dich gut kennst und schon etliche Male an dem Punkt warst, wo du über dich selber den Kopf geschüttelt hast und dich fragtest: «Wie in aller Welt bin ich in dieser Situation gelandet? Wieso habe ich bloss Ja gesagt?», dann gewöhne dir an, eine Nacht über eine Anfrage zu schlafen. Das funktioniert wirklich gut. Das kann ganz hübsch formuliert sein, zum Beispiel so: «Danke für deine Anfrage, ich finde es toll, hast du an mich gedacht. Ich schlafe eine Nacht (oder mehrere) darüber und gebe dir Bescheid, ja?» Ich selber habe schon für den einen oder anderen Kräuterkurs, für einen Workshop oder einen Vortrag zugesagt und es danach bereut. Und dann auch wieder abgesagt, was mir jedes Mal total schwergefallen ist, weil ich ein schlechtes Gewissen hatte und ich ja «eigentlich» nicht so unzuverlässig bin. Benutze also das Zyklus-Rad, um Informationen über deinen Frühling zu sammeln. Nach einigen Monaten hast du bereits ein viel besseres Bild davon, wie du zu dieser Zeit funktionierst. Deine innere Herbst- und Winterfrau wird es dir danken!

Neugierde und Verspieltheit

Der innere Frühling ist ein guter Zeitpunkt, um etwas auszuprobieren, auch wenn es schiefgeht oder das Resultat unklar ist. Es ist viel einfacher, über dich zu lachen, da du in dieser Phase eine gewisse Verspieltheit in dir trägst. Hier kannst du ein Bild malen und es danach ohne schwere Gefühle ins Altpapier werfen, weil es dir nicht gefällt. Im Herbst malst du vielleicht das gleiche Bild und erzählst dir, wie unbegabt du doch bist und dass du nicht besser als dein 5-Jähriger malen kannst. Im Frühling nimmst du den Pinsel einfach nochmals in die Hand und stellst dich nicht in Frage.

Im inneren Frühling wird man gerne gesehen und gehört. Wie auch im inneren Sommer fällt es uns in dieser Zeit leichter, auf der Bühne, im Rampenlicht oder vor einer Klasse zu stehen, als vor oder während der Mens.

Wir können auch ein bisschen dümmlich oder gar dumm sein in dieser Phase, völlig ungeerdet, up in the air. Wir können im inneren Frühling einfacher vertrauen, im inneren Herbst sind wir hingegen schneller misstrauisch. Keines davon ist gut oder schlecht. Aber beobachtest du deinen Zyklus und führst du dein Zyklus-Rad über mehrere Monate, lernst du dich neu kennen, so dass du weisst, wie du funktionierst.

Manchmal fühlen wir uns im inneren Frühling auch wie ein überfordertes und überdrehtes Kind in einem «Candy-Store»: Wir möchten von allem etwas probieren. Mit grossen Augen stehen wir da und staunen über die Vielfalt. Es erwacht eine Neugier auf Menschen und Ideen. Vielleicht hast du hier plötzlich Lust auf eine Zumba-Lektion, während du im inneren Herbst beim blossen Gedanken daran nur mit den Augen rollst?

Der Körper erwacht, die Empfindungen nehmen zu. Gab es da schon lange jemanden, den du um ein Date bitten wolltest? Jetzt wäre ein guter Zeitpunkt dafür. Und wenn du dann mit der Weisheit deines Zyklus ein Datum abmachen willst, dann spüre gut in dich hinein, ob du den Typen zum ersten Mal wirklich während deiner Herbst-Tage oder gar während der Mens treffen willst. Ich selber würde ein potenzielles Date auf den inneren Frühling oder Sommer legen, danach aber schauen, ob die Person auch in meinem inneren Herbst oder Winter zu mir passt.

Der Mond wächst und das tust du auch. Du wächst an deinen Fähigkeiten, an deiner Neugier, an den Fragen, die du den richtigen Leuten stellst, an neuen Experimenten, die du ausprobierst. Das können simple Dinge sein wie mal in ein anderes Restaurant essen zu gehen, eine neue Geschmacksrichtung auszuprobieren, ein T-Shirt in einer ungewohnten Farbe anzuziehen, eine «andere» Art Filme zu schauen als die üblichen TV-Lieblingsserien. Es kann sein, dass du dich hier mal für einen anderen Ferienort entscheidest, da du allgemein mehr Lust auf Neuland hast.

Ich selber lege Zahnarzt-Termine oder IKEA-Besuche nur noch in die erste Zyklushälfte, also auf den inneren Frühling oder Sommer. Und ja, ich gehe weder gerne zum Zahnarzt noch in die IKEA, ich finde beides etwa gleich schlimm. Aber zu diesem Zeitpunkt habe ich mehr Energie, um solche ungeliebten Dinge zu bewältigen.

Energie für zwei!

Im inneren Frühling kannst du Dinge schneller erledigen als sonst. Ein Artikel ist schneller geschrieben, ein Einkauf noch so – ZACK! – nebenbei gemacht, eine Runde aufräumen erledigst du wie im Flug. Wenn wir nun aber jeden Tag vollstopfen mit Erledigungen, weil wir gerade so supereffizient drauf sind, und wir anschliessend gleich auch den inneren Sommer durchrasseln, weil wir Superwoman sind, dann kann der Fall in den Herbst wehtun und sich durch viele PMS-Unschönheiten ausdrücken. Deshalb gilt auch für deinen inneren Frühling: Nimm dir Zeit, zu atmen, dich hinzusetzen, gemütlich zu sein.

Sex im inneren Frühling ist verspielt und schön. Warte nicht, bis dein Partner Sex will, sondern starte von dir aus oder geniess Solo-Sex und verwöhn dich.

Und weil sich im inneren Frühling ziemlich viele Ideen, Gedanken und Möglichkeiten ansammeln, habe ich eine tolle Neuigkeit für dich: Es kommt immer wieder ein nächster Zyklus! Ein nächster Frühling! Versuche um Himmelherrgottswillen nicht, JEDEN Zyklus dein Leben neu zu erfinden und alles gleichzeitig auszuprobieren. Dann wären wir nämlich wieder gleich weit und es würde uns ALLES zu viel werden, weil unser Hirn fast explodiert ob der Gedankenflut. Und weil wir so out there im inneren Frühling sind, vergessen wir doch auch oft, in erster Linie zu UNS zu schauen. Deshalb holt uns unser täglicher Zyklus-Check wieder auf den Boden zurück:

1 An welchem Zyklustag bin ich heute?
2 Was tut mir heute gut?
3 Was kann ich heute getrost weglassen?
4 Was steht in ca. zwei Wochen in meiner Agenda?

Denn was passiert, wenn wir den ganzen Zyklus über so tun, als ob wir im inneren Frühling sind? Wir brennen aus. Wir erschöpfen uns. Der innere Frühling ist eine grandiose, vulkanische Zeit, und es ist eine hohe Kunst – die du bald beherrschen wirst! –, dich hier nicht voll und ganz der Welt zu opfern. Bleib bei dir.

Wenn der Frühling keine Frühlingsgefühle auslöst

Im inneren Frühling sind wir praktisch, logisch, nicht gehemmt, neugierig, frisch. So KÖNNTEN wir uns fühlen im Frühling. So DÜRFEN wir uns fühlen im Frühling. Und wenn dem nicht so ist? Was, wenn wir nach der Mens keine hellen Stimmungen vorfinden, wenn die nicht einfach so kommen? Was wenn sich keine Säfte rühren, wenn wir träge durch den Alltag gehen, Kopfschmerzen haben und uns einfach nicht frisch fühlen?

Die erste und wichtigste Frage ist sicher die: Hast du dich ausgeruht während der Mens? Hast du eine Pause gemacht? Zu diesem Grundsatz wirst du im Kapitel zum inneren Winter noch mehr erfahren. Es gibt aber noch viele weitere Faktoren, die mitmischen, wenn wir im Frühling nicht so recht in Fahrt kommen.

Das Bild der jungen Frau in der Leistungsgesellschaft

Das weibliche Bild, das von den Medien am meisten hochgejubelt wird, ist jenes des Mädchens, der jungen Frau: Jung, wunderschön, unschuldig und oh so sexy. Sie soll gleichzeitig rein und doch für die Männer verfügbar sein. Sie soll all den materiellen Dingen nicht widerstehen können – perfekte Kleider, die Mascara, die ihr Millionen-Wimpern zaubert, das 47. Paar Schuhe … Sie soll auch während der Periode der Stürmer sein und an der Party danach die coole DJane, die sich mit weissen engen Jeans tanzend der tobenden Menge hingibt. Natürlich mit dem richtigen Mens-Produkt – dem Tampon, der das blaue Blut geruchlos und unsichtbar macht. Die Medien und die Filmwelt suggerieren unseren jungen Frauen endlose Möglichkeiten, eine Welt ohne Einschränkungen. Sie lässt sie glauben, dass sie jung und frisch sind, keine Verantwortung haben, wild, sexy und unwiderstehlich sind. Das sehen wir täglich in der Werbung. Und irgendwann, nachdem wir es oft genug gesehen haben, nehmen wir an, dies sei das Ideal. Um mich herum sehe ich junge Frauen, die nicht wissen, was sie mit sich anfangen sollen. Die nicht selbstständig denken und handeln wollen oder können, die ihre Frauenärztin, ihren Chef oder ihre Mutter nicht in Frage stellen. Unsichere Wesen, die denken, es stimme etwas nicht mit ihnen. Weil sie sich nicht so fühlen wie in der Werbung gezeigt. Unsichere junge Frauen, die etwas in sich spüren, was sie nicht definieren können. Unsichere Frauen, die denken, sie seien «falsch» – weil sie sich nicht zu jedem Zeitpunkt gut und stark und bereit für die Welt fühlen. Genauso verwirrend kann sich ein innerer Frühling auch anfühlen, wenn wir die Ideale der Gesellschaft nicht hinterfragen! Es ist also unsere Aufgabe, das Bild einer jungen Frau auf unsere eigene Weise zu definieren und zu gestalten.

Fehlende Vorbilder und Rituale in der Jugendzeit

In vielen Kulturen wurde die Menarche, also die erste Menstruation eines Mädchens, vom ganzen Dorf gefeiert. Es gab jeweils ein Fest, an dem die jungen Frauen in den Kreis der älteren Frauen aufgenommen wurden. Sie wurden geehrt, es gab Musik, Tanz und ein Ritual. Wie krass doch der Gegensatz in der heutigen Zeit ist: Hier eine mit Chemie getränkte Binde, da ein paar Schmerzmedikamente und wenn es gar nicht geht, gehen wir zum

Gynäkologen, der wird uns dann schon die Pille verschreiben. Da schüttelt es mich, was für ein Graus!

Was ist passiert? Wo sind unsere mutigen, stolzen Kriegerinnen? Wo sind die jungen Leuchttürme, voller Elan, Eifer und Mut? Was ist los? Stärken wir diese jungen Frauen heute? Sehen wir ihnen in die Augen und akzeptieren wir sie? Oder empfinden wir sie als lästig, störend, unpassend, unreif?

Was sind sinnvolle Tätigkeiten für unsere jungen Frauen? Wo dürfen sie lernen fürs Leben? Wo sind ihre Vorbilder, welches ihre Starke-Frauen-Bilder? Wo können sie Funken zünden, Funken sprühen und wo wird ihnen geholfen, damit sie sich nicht verbrennen? Wo wird Neugierde in Leidenschaft umgewandelt, damit die jungen Frauen den Planeten retten können? Wo wird Intelligenz geschürt, die nichts mit dem IQ zu tun hat? Wo gibt es Übungsfelder für Stärke, Teamgeist, kreatives Geldverdienen jenseits der festgefahrenen linearen Strukturen?

Viele Frauen berichten mir von Wut in ihrem inneren Frühling. Wut oder auch Scham. Über sich selber, über die Welt. Sie finden sich nicht zurecht. Sind planlos. Es gibt Frauen, die sich nur für ein paar Tage pro Monat so richtig OK fühlen: Während des Eisprungs, also im inneren Sommer. Ist es nicht höchste Zeit, allerhöchste Zeit sogar, die anderen drei inneren Jahreszeiten UND Lebensphasen unter die Lupe zu nehmen? Doch, ist es!

Zurück in deine Jugendzeit!

Im inneren Frühling kannst du alles fühlen, was dich in der Pubertät verwirrt hat. Wie hast du deinen Körper kennengelernt? Wie hast du ausgesehen? Fandest du dich schön? Hast du dich angeschaut, berührt? Dich geschämt? Oder dich mit kindlicher Neugier hemmungslos erforscht? Hast du dich verstanden gefühlt? Ernst genommen? Konntest du dich sinnvoll in eine Gemeinschaft einbringen?

Wenn du diese Phase verstehen willst, mache ein Experiment. Setz dich für 15 Minuten hin, grüble in deinen Erinnerungen und beantworte folgende Fragen: Wie war dein erster Kuss? Deine erste Mens? Hast du dir lieblose

Worte wie «Jetzt hast du diesen Scheiss auch» anhören müssen? Hast du dich geschämt? Wurdest du ausgelacht? Wie fandest du dich? Wie war dein erstes sexuelles Erlebnis? Wofür bist du eingestanden? Warst du ein braves Mädchen, das alles immer allen (OMG!!) recht machen wollte? Ich war definitiv eine von dieser Sorte! Ich mochte es, gemocht zu werden, von den Erwachsenen als «reif» bezeichnet zu werden. Ich war verantwortungsvoll. Dabei ist mir die Verspieltheit abhandengekommen und ich wurde zeitweise sehr melancholisch. Warst du eine Rebellin? Wie hast du rebelliert? Ich habe leider nur innerlich rebelliert – schön ruhig, durch Bücher. Ich habe Bücher und Filme über Che Guevara aufgesaugt und Martin Luther Kings Biographie verschlungen. Trotzdem rebellierte ich nur innerlich, ganz leise.

Im inneren Frühling ist es uns oft wichtig, gesehen und gehört zu werden. Wir wollen unsere Ideen und Lösungen für die Probleme der Welt mitteilen. Und das ist GUT SO. Wenn du als junges Mädchen nicht gehört wurdest, wenn deine Hoffnungen und Träume ausgelöscht wurden, dann kann es sein, dass du in dieser inneren Frühlings-Phase den Drang hast, dich mitzuteilen, der Welt von deinen Ideen zu erzählen, weil hey, endlich kannst du! Du kannst dich auf Social Media austoben, du kannst bloggen, du kannst dich zeigen.

Oder es passiert genau das Gegenteil und du verschliesst dich, ziehst dich in deine Muschel zurück und fühlst die Wunden und Verletzungen, die du als 15-Jährige erfahren hast, wo deine Ideen mit unfreundlichen Worten als «kindisch, unrealistisch, blöd» abgestempelt wurden. Wenn du dich also in diesem Zwiespalt befindest und zwar der ganzen Welt von einer Idee erzählen möchtest, aber Angst vor den Reaktionen hast, dann kannst du übungshalber auch den Mittelweg wählen: Teile deine Idee mit einer guten Freundin, aber noch nicht mit der ganzen Welt. Reaktionen wie «Du hast ja keinen Plan, grow up!» können in der zarten Frühlings-Phase besonders wehtun.

Wenn der Frühling das Schwere verdrängt

Im inneren Frühling ist es einfacher, Probleme unter den Teppich zu wischen und zu sagen: «Ahhh, alles halb so wild!» Mit den aufsteigenden Säften und der Neugier auf das Leben ist es verlockend, Schwieriges zu ignorieren und zu sagen: «Alles locker, das ist kein Problem.» Oder unangenehme Gefühle mit TV, Essen, unnötigem Shopping oder Alkohol zu überdecken. Sei ehrlich und offen zu dir selber, wenn dein Bauchgefühl dir sagt, dass du eine Lösung für ein Problem finden musst. Wenn dich eine Situation erdrückt und du nicht davonlaufen solltest oder nicht mehr davonlaufen willst. Nutze den Mut der inneren Kriegerin, um den Stier bei den Hörnern zu packen und deinem Leben eine frische, neue, vielleicht sogar notwendige Wendung zu geben, immer hin zu einem besseren, glücklicheren Sein für dich.

Was du jetzt in deinem Leben veränderst und verbessert, verändert die Welt!

Vielleicht kennst du den Gedanken auch, dass Teenager und junge Menschen in unserer Gesellschaft zu nicht vielem brauchbar gemacht werden. Sie sind lästig, sie sind aufmüpfig. Aber das ist Bullshit. Sie sind so mutig und klar, auch ein bisschen dumm manchmal. Sie sind es, die Mutproben machen. Sie stehen hinter Studentenaufständen. Diese Energie kann die Welt verändern und die brauchen wir. Und die sollen wir auch in unseren Kindern wieder aufleben lassen und sie das erleben lassen. Wenn ein Mädchen seine Träume schon in der Pubertät unterdrückt, kommen diese Gefühle vielleicht irgendwann in dieser Frühlings-Phase des Zyklus wieder hoch.

Den inneren Frühling annehmen und lieben lernen

Falls du keine frischen Frühlingsgefühle spürst nach deiner Menstruation, dann kannst du in dein Zyklus-Rad notieren, wie es dir im inneren Frühling jeweils geht und welche schweren oder mühsamen Gefühle in dir hochkommen. Siehst du Parallelen zu deiner Jugendzeit? Was konntest du nicht ausleben oder erleben? Besteht Nachholbedarf? Wie gestaltest du das, damit es liebevoll in dein Leben passt?

Aktiviere deine Verspieltheit in den Tagen des inneren Frühlings! Nimm unter die Lupe, was dir Freude macht! Und damit meine ich ganz normale, simple Dinge wie Gesellschaftsspiele machen oder mit den Kindern Verstecken spielen, Lieder singen, deinen Körper liebkosen und verwöhnen, Freundschaften stärken und geniessen.

Hier kannst du deinen Ernst mal für ein paar Tage vergessen und den Humor in dir suchen. Gibt es eigentlich noch Dinge in deinem Leben, die du machst, einfach weil sie dir Freude bereiten? Ohne Ziel, sondern aus dem alleinigen Grund, weil sie dich glücklich machen? Weil sie dich zum Lachen bringen? Falls dir jetzt spontan nichts einfällt, dann ist es höchste Zeit, Verspieltheit und Freude aufzuspüren und in dein Leben zu integrieren! So oft vergessen wir im Alltag das Spielen. Es gibt unzählige Dinge zu erledigen, wer hat da noch Zeit für Spiel und Spass? Ich garantiere dir aber, wenn du in deinem inneren Frühling ein paar lustige, unbeschwerte Aktivitäten einbaust, spürst du wieder mehr von diesen Frühlingsgefühlen!

Es gibt Zusammenhänge zwischen dem, was du im Zyklus-Frühling machst und wie du dich im Zyklus-Herbst fühlst. Wenn du dich überarbeitest, immer nur ernst und pflichtbewusst bist, oder wenn du völlig abhebst und ohne jegliche Bodenhaftung davonfliegst, kann es sein, dass du kurz vor der Mens viel schlechter drauf bist oder deine Energie voll im Keller ist. Erde dich, vergiss die Verbindung zwischen den vier inneren Jahreszeiten nicht. Atme auch hier mal durch und gehe an die Luft, lass deinen Frühlingsgefühlen draussen in der Natur ihren Lauf. Verliere dich nicht in unzähligen Projekten, sondern fokussiere dich auf das, was dir am meisten Freude bringt. Dein Leben darf leicht sein. Es darf Spass machen. Verbringe Zeit mit Jugendlichen, beobachte sie, achte auf ihre Qualitäten und schaue, wie du diese in deinen eigenen Alltag integrieren kannst. Geh an Theateraufführungen von Oberstufenklassen, besuche Chorkonzerte von jungen Menschen. Da steckt eine geballte Kraft Energie drin. Lass dich davon anstecken!

Der monatliche Neuanfang

Wir bekommen alle monatlich die Chance auf diesen frischen Start. Ein neues Momentum, eine nächste Runde. Die Mens und die Pause davor haben uns darauf vorbereitet und jeden Monat kannst du somit dein Leben etwas mehr deinen Bedürfnissen, deinen Träumen anpassen.

Den eigenen Zyklus zu kennen, verschafft Verbundenheit zwischen den Frauen und auch ein neues Verständnis. Es ist kein Wettlauf, kein Wettbewerb. Eine Frau im Zyklus-Frühling fühlt sich anders als im Zyklus-Herbst. Wenn wir immer alle genau gleich sein wollen, entsteht Konkurrenz, Missgunst, Neid. Fragen wir einander doch stattdessen: Wie geht es dir? An welchem Zyklustag bist du? Kann ich dir etwas Gutes tun? Miteinander. Füreinander da sein. Schwesternschaft leben.

Aktiv, angstfrei, und mit jedem neuen inneren Frühling besteht die Gelegenheit, ein neues Kapitel deines Lebens zu schreiben. Wenden wir uns doch uns selber, unseren Töchtern, Patentöchtern, Nichten, Schwestern, Müttern und anderen Frauen wieder mit der gleichen Dankbarkeit und Offenheit zu, die wir für den Frühling empfinden. Feiern wir doch jeden Monat unseren inneren Frühling, indem wir ihm Beachtung schenken. Lasst uns der Verspieltheit, der Neugier und dem Mut wieder Vorrang geben, denn wir dürfen ausgelassen sein, wir dürfen ohne Grund Spass haben, wir dürfen uns selber keck und schick finden. Nehmen wir uns doch immer wieder ein Vorbild an der Natur: Wir dürfen wachsen, uns entfalten und bunt sein.

DER INNERE SOMMER

MITTAG   VOLLMOND   EISPRUNG
SÜDEN   FEUER   MUTTER   ERNÄHRERIN

Sommer

WELT VERÄNDERN   ALLES IST EINS
LIEBE GEBEN UND EMPFANGEN
FEIERN   SICH ZEIGEN   LUST
GENIESSEN LACHEN

Die süsse Fülle des Sommers

Das erste Mal wieder barfuss laufen, was für eine Wonne. Hände, die in der warmen Erde graben, Blumen, die keck leuchten, warme Winde, die uns über die Haare streicheln. Der Sommer, die Fülle, ein Geschenk des Himmels. Ich liebe es, im Sommer auf Bäume zu klettern, den Duft des goldenen Harzes einzuatmen und meine Seele und meine Füsse baumeln zu lassen. Ein Vollmond im Hochsommer, das ist für mich jeweils ein sinnlicher, anziehender und ekstatischer Moment. Voller Leben und Dankbarkeit.

Wir Frauen erleben jeden Monat einen inneren Sommer und der wird von vielen geliebt! Ich kenne Frauen, die sich nur während dieser Tage im Monat «normal» fühlen. Oder sie kommen nur dann mit der schnellen, chaotischen und linearen Welt zurecht. «Don't stop me now» von Freddie Mercury ist mein Song in dieser Zeit – alles ist möglich, alle sind toll, Probleme hatte ich doch gar nie, ich bin bereit für ALLES. Hier sind wir oft verliebt, in uns und in andere, und fühlen uns eins mit der Welt, mit den Bäumen, den Bergen, den Blumen. Wir spüren eine Verschmelzung. Der innere Sommer ist geprägt von einer Verbundenheit mit der ganzen Welt. Hier werden Probleme kleiner oder wir vergessen aka verdrängen sie schlichtweg, wir haben einen Schwung und eine Energie, die für zehn Personen reicht und manchmal auch unsere Mitmenschen überfährt – ganz häufig auch die Männer.

Wie auch schon im inneren Frühling fällt es uns im inneren Sommer leichter, uns zu zeigen. Auf einer Bühne zu stehen, vor Menschen zu sprechen, bei einer Sitzung das Wort zu ergreifen. Hier bin ich, schaut mich an, ich bin so, wie ich bin.

Die Sommerfrau ist warmherzig, eine Weltverbesserin, präsent und liebevoll. Von der Lebensphase her repräsentiert sie die Mutter, die Ernährerin. Wie immer, wenn ich das Wort «Mutter» erwähne, schliesse ich auch hier alle Frauen mit ein, die Kreativität, Projekte, Bücher, Kunst, Musik, Leidenschaften und Träume nähren und gebären. Die Sommerenergie lebt in allen Frauen, egal, ob sie Babys geboren haben oder nicht. Im inneren Sommer spüren wir oft mütterliche Gefühle und kümmern uns gerne um alle ... Sei es der Chef (der während des Eisprungs ein ganzes Stück toller ist als den Rest des Monats), der Vereinskollege, die Familie, der Typ auf der Gasse, der schon wieder einen Stutz will. Ich zum Beispiel hatte jahrelang das Bedürfnis, ein Waisenhaus zu eröffnen – in wiederkehrenden Abständen. Heute weiss ich, dass ich diese Gedanken immer in meinem inneren Sommer hatte. Meine Liebe hätte locker für 50 elternlose Kinder ausgereicht. Die Vollmond-Mutter-Phase repräsentiert die Frauen, welche die Familien, die Stämme, die Dörfer, die Banden zusammenhalten. Fast unermüdlich oder bis zum Umfallen kümmert sich die Frau hier um die anderen.

Gute Fülle oder falsche Fülle?

Der innere Sommer, die Eisprungzeit – oder die Vollmondzeit – ist auch eine Zeit der Fülle. Der Mond ist voll, kugelrund, hell und strahlend. Der innere Sommer oder der Vollmond sind ein guter Zeitpunkt, um eine Dankbarkeitsliste zu schreiben. Wofür bist du dankbar in deinem Leben? Was läuft gut? Was bringt dir Freude? Fange doch ein Dankbarkeitstagebuch an und schreibe bei jedem neuen Vollmond weiter – und wenn du mal verzweifelte Zeiten hast, dann lies die Punkte durch. Dankbarkeit funktioniert.

Nimm dich in Acht vor dem sommerlichen Übermut, zu allem und allen JA zu sagen und dich dabei selber zu vergessen. Den inneren Sommer zu geniessen, ist eine Kunst. Es ist ein Balanceakt zwischen Geben und Nehmen. Man muss sich selber gut schauen und nähren, möchte aber gleichzeitig die ganze Welt retten. Der Sommer, innerlich wie äusserlich, ist die Zeit der Fülle und des Empfangens. In der schnelllebigen Zeit, in der wir leben, gibt es aber auch eine Kehrseite der Fülle – ich nenne sie die «falsche Fülle», die Fülle, die nicht nährt: Eine Fülle von Angeboten, von Attraktionen, von Ablenkung und von Reizüberflutung. Verlieren wir uns darin, kann es schon mal ganz schwer werden im Alltag.

Anziehend und lustvoll

Im inneren Sommer üben wir eine magische Anziehungskraft aus. Wir verdrehen Köpfe. Wir sind charmant, keck, frech und sexy. Es kann gut sein, dass du hier eine andere Kleiderwahl triffst als im inneren Winter. Farbiger, knalliger, enger. Oder genauso gut kann es sein, dass du dich in den ältesten Trainerhosen selber unwiderstehlich sexy findest. Du bist bereit! Bring it on, life! Introvertierte Frauen können jetzt besser etwas mitteilen, unter Leuten sein. Im inneren Sommer kann es zudem sein, dass dir Meditieren schwerer fällt und du dich stattdessen lieber mitteilst und austauschst. Oder Salsa tanzt. Und danach liebend gerne eine heisse Salsa vom Bauchnabel des heissen Salseros schlürfen würdest.

Fühlst du dich manchmal wie ein doppelter Espresso? Gut möglich, dass du in deinem inneren Sommer bist und deine Eier am Springen sind. Apropos springende Eier … Evolutionstechnisch gesehen macht das Ganze natürlich total viel Sinn: Die Eier springen im inneren Sommer, wir sind in dieser Zeit furchtbar fruchtbar. Es flutscht «da unten», der Zervix-Schleim zieht wunderbare Fäden, wir sind bereit für einen Mann. Wir verdrehen Köpfe, wir haben Lust, und genau darum existiert die Menschheit noch. Kein Wunder, liebt unsere Gesellschaft die Sommerfrauen. Vielleicht ist es auch die einzige Phase, mit der die grosse Masse was anzufangen weiss? Sommerfrauen sind die, welche schick angezogen die Aufmerksamkeit auf sich ziehen: Auf Plakaten, in der Werbung, in Filmen, an Präsentationen, Vorträgen oder auf der Bühne. Superwomen – this is your time to shine! Zum Glück leben wir aber auch in einer Zeit, wo jede von uns SELBER definieren kann, wie so eine Sommerfrau aussieht! Lass dich nicht in ein Korsett zwängen, das dir nicht entspricht, nur weil es gesellschaftstauglich ist. Ok?!

Der innere Sommer ist diese Zeit, wo ich in den Spiegel schaue, bevor ich aus dem Haus gehe, wo ich Ohrringe trage, wo ich mich schminke. Sonst eigentlich nie. Es ist die Zeit, wo ich mit den Augen aktiv nach schönen Männern «suche», wenn ich unterwegs bin, im Zug, in einer Stadt. Ich schaue ihnen in die Augen. Ich lächle. Und ich finde das lustig. Und wenn dann von einem schönen Mann ein breites Grinsen zurückkommt, dann kribbelts im Bauch und eben, die Happy-sexy-Zellen werden gefüllt. Schön. Tut gut. In meinem inneren Sommer finde ich übrigens auch viele Frauen wunderschön und bin begeistert ab der Vielfalt an Menschen auf unserem Planeten. Pass in deinem inneren Sommer aber auf, dass du deine Energien gut bei dir behältst. Mit so vielen plötzlich tollen Männern und Frauen um dich herum sinkt nämlich dein Bullshitometer und sogar dein doofer Typ, von dem du dich schon längst trennen möchtest, ist plötzlich wieder ganz ok. Wenn du auf Pirsch bist, sieht jeder zweite Mann «ganz ok» aus und ist «sicher ein Guter».

Ich habe ein paar ganz tolle, männliche Freunde. Und wie es der «Zufall» so will, habe ich einmal im Monat Lust darauf, sie zu kontaktieren. Ein Telefonat, eine Verabredung, eine kurze Nachricht schreiben, nachfragen, wie es so geht, was sie so machen. Ich habe jahrelang nicht gemerkt, dass sich das monatlich wiederholt. Das hat mich eine Zeit lang verwirrt, weil ich diese «Wow-all-die-tollen-Männer-Gefühle» nicht einordnen konnte. Heute kann ich darüber schmunzeln und den Kontakt und die Gespräche mit ihnen einfach nur geniessen. Ich geniesse das Kribbeln, wenn ich diese Männer sehe, mit ihnen plaudere. Und ich muss nicht mit ihnen ins Bett steigen! Ich kann einfach diese tolle Energie durch mich fliessen lassen und damit meine Zellen mit Happy-Vibes füllen, weil ich eine charmante, lustige Sommerfrau bin. Für einige Tage … Wenn ich die Zeit eine Woche nach vorne spule, sieht es nämlich so aus: Kuck mich jaaaa nicht an, Mann! Kein Flirten bitte, bin gerade genug mit mir selber beschäftigt, Danke schön. Und ich hab einen Pickel auf der Nase. Und meine Haare sehen beschissen aus. Und überhaupt, lass mich, ok?

Apropos Sex: Du kannst deine Lust auch solo geniessen und dich verwöhnen. Oder dir einfach bewusst sein, falls du eine ernsthafte Beziehung mit jemandem in Erwägung ziehst: Während der anderen drei inneren Jahreszeiten wirst du noch andere Empfindungen und Gefühle haben. Triffst du also eine neue Bekanntschaft ausschliesslich einmal pro Monat und zwar immer in deinem inneren Sommer, könnte es ein böses Erwachen geben, wenn du sie dann mal im inneren Herbst oder Winter triffst. Deshalb mein Tipp: Lege deine Dates in einer Kennenlernphase immer auf verschiedene innere Jahreszeiten, am besten auf alle, damit du vier verschiedene Beobachtungsfelder hast, die dir gut Aufschluss darüber geben, ob deine Gefühle liebevoll und nährend erwidert werden.

Zyklisch leben und denken in der Praxis

Ich weiss noch, wie mich Gruppenarbeiten während der Ausbildung fast in den Wahnsinn getrieben haben. Während einige Menschen das ja lieben, bin ich eher der «Ich machs gerne alleine, danke»-Typ. Aber rückblickend gesehen weiss ich nun auch, dass es einfach nicht zusammenpasst, wenn jemand im inneren Frühling ist und die grossartigsten und unmöglichsten

Vorschläge bringt, während die andere Person im inneren Herbst ist – sachlich, pragmatisch und fokussiert. Oder die innere Sommerfrau lieber aus ihrem Leben berichtet, alles lustig und einfach findet und die innere Winterfrau am liebsten gar nicht im Raum wäre. Was für ein Potenzial, wenn vier Frauen, die zusammen eine Gruppenarbeit machen müssen, alle ihren Zyklustag kennen und die Arbeiten entsprechend aufteilen würden. Die Frühlingsfrau könnte ein mutiges Konzept erstellen und ihrer Kreativität freien Lauf lassen. Die Sommerfrau könnte mündlich Abklärungen treffen, Interviews führen, bis in alle Nacht am Projekt sitzen, den Hauptteil der Arbeit erledigen. Die Herbstfrau könnte mit ihrem Adlerauge das Projekt im zeitlichen Rahmen halten und alles Überflüssige eliminieren. Die Winterfrau könnte schauen, ob das Projekt mit Menschlichkeit und Ethik im Einklang ist und der Welt dient. Und dazu Schokoladenkuchen essen und warmen Tee trinken.

Wenn du selbstständig bist, ist der innere Sommer eine tolle Zeit für Networking, für Fotoshootings oder um Vorträge und Präsentationen zu halten. Ein All-Nighter, bei dem du die ganze Nacht durcharbeitest, ist ausnahmsweise besser möglich, denn dein Energielevel ist hier am höchsten in deinem Zyklus. Wenn du deine Arbeit liebst und sie im Einklang mit deiner Philosophie und Wahrheit ist, kann der innere Sommer eine unglaublich tolle Zeit sein! Wow! Hier veränderst du die Welt. Diese innere Jahreszeit unterstreicht deine Gaben, sie hilft dir, der Welt zu geben, wofür du geboren wurdest.

Gut dosiert währt am längsten

Wenn wir uns aber IMMER im inneren Sommer bewegen würden – oh là là – was würden wir uns erschöpfen. Wollen wir wirklich immer die Frau im roten Kleid sein, die im Rampenlicht steht? Wollen wir den Fuss wirklich immer nur auf dem Gaspedal haben? Schneller, besser, weiter, höher? Wollen wir 24 Stunden im Bett verbringen und uns mit dem Salsero vergnügen? Oder können wir dankbar sein, dass als nächstes der innere Herbst kommt? Sind wir froh, dass unser Auto auch eine Bremse hat? Können wir aufatmen, weil wir wissen, es kommt danach wieder eine Zeit, in der es mehr um uns als um alle anderen geht? Einen Baum, der IMMER Früchte trägt, gibt es nicht. Die Kirschen sind nicht immer reif. Es gibt dem Leben einen Puls, einen gesunden Rhythmus, wenn ein Baum im Winter ausruhen darf, im Frühling blüht, im Sommer Früchte trägt und im Herbst strahlt und loslässt. Und genauso ist es auch in deinem Leben.

Kein Wunder, verstehen sich die Frauen oft selber nicht, wenn sie nach den Hochs des inneren Sommers im inneren Herbst wieder mit Selbstzweifeln beschäftigt sind und die Welt ein Stück trister aussieht, die Energie eben nicht mehr für «alles» reicht. Du kannst den inneren Sommer aber nutzen, um dir bereits jetzt ein wenig Selbstliebe für die kommende Jahreszeit entgegenzubringen: Nutze deine Energieschübe, um dir zwei oder drei feine, nährende Mahlzeiten für die Zeit deiner nächsten Menstruation vorzukochen und einzufrieren! Eine leckere Suppe, eine Lasagne, ein Curry. Du kannst ruhig von einer Mahlzeit, die du während deines inneren Sommers sowieso kochst, die doppelte Menge machen und die Hälfte einfrieren. Dieser Tipp ist so simpel, so gut machbar und er hat schon manche meiner Menszeiten verbessert oder mir zumindest zu einer Mini-Kochpause verholfen.

Und spätestens jetzt, in deinem inneren Sommer, gilt es, in deiner Agenda nachzuschauen, welche Termine in ca. 14 Tagen – also um deine Menstruation herum – anstehen. Fange an, Termine zu überdenken, zu schieben, zu streichen. Willst du wirklich mit den fünf besten Freundinnen am Zyklustag 1 oder 2 in den Ausgang gehen? Oder hast du dann nicht eher Lust auf ein gemütliches Abendessen mit einer einzelnen guten Freundin? Steh für dich ein und gestalte deine Zeit so, wie es DIR guttut! Und wenn du jetzt vielleicht noch nicht weisst, was dir wann guttut – keine Sorge, das braucht etwas Zeit. Aber je länger du deinen Zyklus aktiv beobachtest, desto besser weisst du Bescheid über deine Bedürfnisse während der verschiedenen Jahreszeiten.

Wenn der Sommer keine Sommergefühle auslöst

Himmelhoch jauchzend, zu Eisprung-Tode betrübt. Was ist los, wenn sich der innere Sommer beschissen anfühlt? Wenn du nicht in die Gänge kommst, wenn du erschöpft bist? Wenn du unsicher bist, wie dein Weg aussehen soll oder wenn du keine Lust empfindest? Es gibt das Phänomen des Eisprung-Tiefs. Die Energie sackt in den Keller, von Lust und guter Laune keine Spur.

Der innere Sommer kann ganz viele Erkenntnisse mit sich bringen und auch ungelöste Trauer, Wut, Verletzungen und Ängste auslösen. Kennen wir das Konzept des zyklischen Lebens nicht, kann uns das recht verwirren. Lies die folgenden Punkte und schau, was bei dir zutrifft. Es ist eine unvollständige Auflistung, es sind Fragen, die du dir stellen kannst, es sind Überlegungen, die auf dich zutreffen können oder auch nicht. Spüre hinein und sei ehrlich mit dir selber – du brauchst hier keine Maske zu tragen. Alle deine Antworten können Schlüssel dazu sein, falls du deinen inneren Sommer nicht geniessen kannst:

- 💜 Mutter sein: Bist du gerne Mutter? Ist dein Muttersein so, wie du es dir vorgestellt hast? Bist du eine gute Mutter? Und was bitte schön heisst das überhaupt?
- 💜 Deine Mutter: Wie ist das Verhältnis zu deiner Mutter? Leicht? Schwierig? Kompliziert? Belastend? Erfreulich? Bist du froh, ist sie deine Mutter? Wärst du froh, sie wäre in deiner Kindheit anders gewesen? Wie? Lebt deine Mutter noch? Falls nicht: Was vermisst du an ihr?
- 💜 Hattest du früher ein gutes Verhältnis zu deinen Geschwistern? Und wie sieht es heute aus? Spürst du noch etwas von der Verbundenheit? Vermisst du sie? Oder bist du froh, dass jeder seines eigenen Weges geht?
- 💜 Clan-Leben versus Kleinstfamilie: Bist du glücklich mit deiner Familienform? Stimmt es für dich, deinen Haushalt selbstständig zu führen und Mutter, Haushälterin, Putzfrau und Nanny gleichzeitig zu sein? Vermisst du die (Erinnerung an) Grossfamilien? Würdest du gerne in einer Sippe leben? Hast du genug davon, «alles alleine zu machen»?
- 💜 Denkst du manchmal, du bist ZU VIEL für diese Welt? Zu viele Ideen? Zu viele Träume und Wünsche? Zu lustvoll und zu sexy? Zu direkt? Zu frech? Zu vorlaut? Zu erfolgreich? Zu fähig? Too much woman?
- 💜 Macht dir deine eigene Grösse manchmal Angst? Was, wenn du nicht denkst: «Ich bring eh nichts auf die Reihe», sondern dein inneres Wissen, dein Urinstinkt dir sagt: «Ich kann alles»? Kann dir das zu viel sein?
- 💜 Hast du keinen Partner und sehnst du dich total nach jemandem, um deine Liebe zu teilen?

- Hast du einen sexuellen Übergriff oder Missbrauch erlebt?
- Hast du mehr Lust auf Sex als dein Mann?
- Hast du Angst, etwas zu verpassen? Möchtest du am liebsten auf jeder Hochzeit tanzen?
- Hast du den grossen, unstillbaren Wunsch in dir, mehr oder anders geliebt zu werden? Hast du den grossen Wunsch nach mehr Akzeptanz? Und zeigst du dich deshalb mit einer Maske? Angepasst, damit du nicht zu fest aus der Reihe tanzt, damit du nicht als Freak abgestempelt wirst?
- Hast du den Hang dazu, Probleme unter den Teppich zu kehren, in der Hoffnung, sie lösen sich von alleine?
- Präsentierst du dich gegen aussen ohne Probleme, cool, anziehend, charmant und tough und fühlst du dich innerlich anders?
- Fühlst du dich blockiert, weil du genug Energie hast, um ALLES anzupacken, du aber intuitiv spürst, dass ALLES eben viel zu viel ist und du deshalb den Wald vor lauter Bäumen nicht siehst und nicht weisst, wo du anfangen sollst?
- Bist zu zufrieden mit deiner Verhütung? Stimmt die Lösung für dich? Ist der Sex lustvoll, weil ihr eine gute Verhütungsmethode gefunden habt?
- Ist die Familienplanung abgeschlossen? Wünschst du dir sehnlichst weitere Kinder, dein Mann aber nicht? Oder umgekehrt?
- Wartest du seit Monaten oder Jahren auf ein Kindlein? Bist du Monat für Monat enttäuscht und traurig, wenn die Mens kommt?
- Hattest du je einen Schwangerschaftsabbruch?
- Hast du je ein Kindlein verloren? Hast du ein oder mehrere Sternenkinder? Hast du ein Kind nach der Geburt verloren und fühlen sich deine Arme leer an, weil du es so gerne «schätzelen» (umarmen, halten, tragen) willst?

Wenn etwas aus dieser Aufzählung auf dich zutrifft, kann es gut sein, dass genau dieses Thema sich im inneren Sommer wieder zeigt, beziehungsweise versucht, in dein Bewusstsein zu gelangen, damit es angenommen und geheilt werden kann. Der innere Sommer steht ganz im Zeichen der Mutter, der Ernährerin und der Familie. Wenn also in deinem inneren Sommer ungelöste Situationen oder Zustände im Zusammenhang mit deinem eigenen Muttersein oder deiner eigenen Mutter bestehen, kann es durchaus sein, dass sich dein innerer Sommer genau deswegen schwer und schwierig anfühlt. Auch hier hilft es extrem, Tagebuch zu führen oder dir im Zyklus-Rad ein paar Stichworte zu notieren zu der Thematik. Wenn es über mehrere Zyklen hinweg die gleichen bleiben, dann nimm sie genau unter die Lupe, vertraue dich jemandem an und versuche die Situation anzunehmen, zu verändern oder loszulassen, je nachdem, was sich für dich stimmiger anfühlt.

Ein persönliches Erlebnis

Ich wurde mit 24 ungeplant schwanger, aus sommerlichem Blödsinn, einer Stimmung irgendwo zwischen «Ist mir egal, bin glaub eh grad nicht fruchtbar» und «Jööö, ein Baby wäre doch herzig!» ... Ich war damals zu Beginn nicht mal so richtig in einer Beziehung mit diesem Mann. Nach vier schwierigen Jahren bin ich ausgezogen. Kurz danach lernte ich meinen jetzigen Mann kennen. Es klickte und das Schönste daran ist, es klickt noch immer. Doch auch unser Weg war kein Zuckerschlecken. Dass wir zusammen eine Familie gründen wollten, war keine Frage, er wünschte sich schon lange eine Frau, die mit ihm gerne Kinder haben wollte. Nach einem Jahr Beziehung wurde ich schwanger. Die Freude war riesig, doch einige Wochen später wachte ich eines Morgens mit starken Bauchschmerzen auf, rief bei der Frauenärztin an und lag drei Stunden später unter dem Messer: Es war eine Eileiterschwangerschaft, das heisst, das Kindlein hatte sich im Eileiter eingenistet. Hätten wir in einem anderen Land gelebt, fernab der Zivilisation, sässe ich nicht hier und würde dieses Buch schreiben, weil ich mausetot wäre.

Es war eine strube, emotionale Zeit, weil der Arzt den Eileiter herausoperieren musste und uns mitteilte, dass der zweite Eileiter aufgrund einer früheren Chlamydien-Infektion «wahrscheinlich» auch gänzlich verklebt sei. Mit dem Kindlein waren also auch ein Eileiter und die Hoffnung auf weitere Kinder weg. Etwas später folgte eine zweite Operation mit der anschliessenden Hiobsbotschaft, dass auch mein zweiter Eileiter komplett verklebt sei, dass wir also auf natürlichem Wege keine Kinder werden zeugen können. Wir sassen vor einigen schwierigen Entscheidungen und entschlossen uns dann schliesslich für eine In-vitro-Fertilisation.

Durch dieses ganze Prozedere kam ich auch das erste Mal auf eine hormonelle, medizinische Art in Kontakt mit meinem Zyklus. Wir hatten grosses

Glück und haben durch diese Befruchtungsart innert zwei Jahren zwei gesunde kleine Knöpfe geschenkt bekommen. Die Dankbarkeit ist heute noch genauso gross wie ganz am Anfang, als wir es kaum glauben konnten, dass es sehr unkompliziert und einfach geklappt hat.

Eine Stunde nach einer schmerzhaften, schnellen, guten und krassen Hausgeburt von meinem kleinen Mädchen wurde ich mit Blaulicht ins nächste Spital gefahren – die Plazenta hatte sich nicht vollständig gelöst, ich war eine Zeit lang mehr tot als lebendig. Zum zweiten Mal wurde mir durch die wunderbare Zivilisation, die schnell erreichbaren Spitäler und die kompetenten Ärzte das Leben geschenkt.

Zwei Jahre nach der Geburt meiner Tochter – dem jüngsten meiner Kinder – blieb meine Mens einmal aus. Ich hatte zum Glück einen regelmässigen Zyklus, wusste also, dass ich zu spät war. Es haben sich ein paar Fragezeichen aufgetan, da ich ja «theoretisch» nicht mehr hätte schwanger werden können. Der Frauenarzt meinte damals, die Chance sei kleiner als 1 %, dass es nochmals zu einer Schwangerschaft kommen könne, da der Eileiter ja komplett zu sei. Tja, meine Babys scheinen eine grosse Lust aufs Leben zu haben und der Schwangerschaftstest war positiv. Es folgten Untersuchungen, Blutabnahmen und unzählige Ultraschalls ... Und während ich im Spital auf ein Resultat aus dem Labor wartete, wurde es mir so klar: Es ist wieder eine Eileiterschwangerschaft, ich werde nochmals operiert werden. Mir wird also zum dritten Mal das Leben gerettet, aber ich werde zum zweiten Mal ein Kindlein verlieren. Ich hielt es nicht mehr aus im Spital – und fuhr in den nahen Wald. Ich wollte ein einziges Mal mit meinem kleinen Menschlein im Wald spazieren gehen. Wir sind quer durch den Wald gelaufen, über weiches Moos, es war ein kalter Februartag. Dem Arzt wären die Haare zu Berge gestanden, wenn er gewusst hätte, dass ich mich alleine, ohne Handy, abseits der Wege durch das Dickicht bewege, denn ein geplatzter Eileiter wäre verheerend gewesen. Ich wusste aber, dass ich diese halbe Stunde für mich brauchte, um den Rest bewältigen zu können. Mit schlammverschmierten Schuhen kam ich dann wieder im Spital an und wurde zwei Stunden später operiert.

Für unsere zwei kleinen Sternenkinder haben wir je ein Bäumchen gepflanzt, ein Quittenbäumchen und einen Haselnussstrauch. Es tut gut, über deren Blätter zu streichen, unter dem Bäumchen zu sitzen, und die Kinder auf diese Weise doch bei uns zu haben.

Warum es wichtig ist, darüber zu sprechen

Wisst ihr, als ich wegen der zweiten Eileiterschwangerschaft im Spital lag, da war es schwierig für mich, es meinen Freundinnen und meiner Familie zu sagen oder zu schreiben. Ich war so traurig. Aber ich wusste auch, dass ich es sagen MUSSTE. Weil ich den Austausch und das Mitgefühl für die Heilung brauchte. Es ist für mich nie einfach, etwas zu machen, wenn ich weiss, dass deswegen dann die Tränen fliessen. Aber meine Lebenserfahrung hat auch gezeigt, dass diese Tränen Medizin sind. Und alle Trauer, wenn sie auch noch so alt ist, hockt irgendwo im Körper, und sehr oft eben auch in der Gebärmutter. Medizin war es, als eine Freundin etwas fein Gekochtes vor unsere Haustüre stellte, damit wir in dieser schwierigen Zeit einmal weniger selber kochen mussten. Medizin war es, als mir eine Freundin ein passendes Buch schickte, weil sie weiss, was war. Medizin war es, dass mir eine Freundin Blumen geschickt hat, weil sie weiss, wie ich sie liebe und auch weiss, wie wichtig das Trauern ist. Ich hätte auch nichts sagen können. Niemandem, ausser meiner Familie. Aber ich hätte den Kummer darüber länger mit mir herumgetragen.

Erfahrungen, die den inneren Sommer trüben

... und so tragen viele von uns ihren Rucksack mit Erfahrungen, mit Erinnerungen, mit Gefühlen, mit Schwierigem. Deshalb kann auch das Vollmond-Eisprung-Thema nicht nur himmelhochjauchzend sein. Und manchmal tragen wir das auch von anderen mit. Allen voran von unseren Müttern und Grossmüttern.

Falls du mal ein Kindlein verloren hast, auch wenn es erst ein ganz winzig kleines war, war es ja doch schon dein Kind, und du darfst darüber traurig sein. Auch über Babys, die noch nicht geboren worden sind, die du dir aber wünschst, darfst du traurig sein. Und du darfst auch heilen und wieder froh werden. Und du musst da nicht alleine durch! Ich war immer in Kontakt mit Therapeuten, habe Aufstellungen gemacht, Traumatherapien, habe die Themen angeschaut, ausgesprochen (auch wenn ich lieber nicht wollte!). Such dir gute Personen, die dich mittragen. Knüpfe dir dein Netz an Vertrauten, ganz egal, ob die Themen schwerwiegend sind oder nicht. Ich finde nicht, es gibt «krassere» oder «weniger schlimme» Themen. Wenn du etwas auf dem Herzen hast, wenn dir eine Erinnerung Bauchweh macht, dann ist es gut, das anzuschauen. Hinschauen ist immer besser, auch wenn es am Anfang schwieriger erscheint.

Alles ist möglich, alles gehört dazu

So, jetzt sind wir von sexy Vollmondtänzen in knallroten Kleidern zum Kummer gekommen. Aber alles ist enthalten im Leben, alles ist enthalten in einem Zyklus. Und nur du lebst dein Leben und weisst, wie es sich anfühlt für dich. Es kann schwer zu tragen sein oder auch leicht. Es kann sich immer ändern (wird es höchstwahrscheinlich auch). Es liegt auch eine schöne Kraft in der Veränderung, denn das heisst, dass auch DU die Weisheit in dir trägst, deine Medizin zu finden. Jeden Monat kannst du ein neues Mosaiksteinchen an Erfahrungen und Erkenntnissen zu deinem Lebensmosaik hinzufügen.

Finde deine Medizin für deine Heilung. Schreibe, was das Zeug hält. Male. Komponiere. Sprich darüber. Schrei es in den Wind, erzähl es einem Baum, wirf Steine ins Meer und weine. Suche professionelle oder andere gute Menschen, die dich begleiten. Du bist nicht allein.

Den inneren Sommer annehmen und lieben lernen

Mit den folgenden Überlegungen oder Fragestellungen kannst du dich auf verschiedene Arten mit deinem inneren Sommer anfreunden, damit er schlussendlich so ist, dass er dir guttut und du dich jeden Monat darauf freust. Schreibe die Antworten zu diesen Fragen auf, damit du dich dem Gefühl des inneren Sommers annähern kannst. Überfordern dich diese vielen Fragen? Dann wähle eine aus und arbeite mit ihr für einige Zyklen. Zyklisch leben funktioniert am besten, wenn du dich jeden Zyklus in kleinen Happen um dein Wohlgefühl kümmerst.

Die Themen des inneren Sommers sind Fülle, ernähren, die Welt mittragen, Mutter sein, Liebe, Verbindung, feiern, Familie, Verschmelzung. Wenn du dich diesen Fragen annimmst, wird dein inneren Sommer zukünftig zu einem Fest.

Fülle – kannst du die Fülle geniessen? Annehmen? Deine Batterien damit auftanken? Was, wenn du auch trotz vermeintlicher Fülle nie zufrieden bist? Mehr Kleider, mehr Männer, mehr Schokolade, mehr Schuhe, mehr alles. Ist das die RICHTIGE Fülle? Mach dich auf die Suche nach deinen Antworten. Schreibe Listen mit Dingen, die dich erfreuen, dir Spass machen, die deine Reserven für schwierigere Zeiten stärken. Nutze deine Sommer-Energie, um langersehnte Träume umzusetzen. Nutze sie, um Freundschaften zu vertiefen, um Projekte zum Erblühen zu bringen. Spüre heraus, was für dich echte Fülle und was falsche Fülle ist.

Werde ich geliebt für das, was ich bin? Werde ich geliebt für das, was ich mache? Von wem? Und die wichtigste Frage überhaupt: Liebe ich mich selber für das, was ich mache, für die, die ich bin? Finde ich mich als Frau, als Mensch, recht toll? Kann ich in den Spiegel schauen und sagen: Schön, gibt es dich? Schmerzt es dich, wenn du wenig oder keine Liebe empfindest dir selber und/oder anderen gegenüber? Wie drückt sich das aus?

Für was in deinem Leben hätte es eigentlich eine Feier geben müssen? Wo wurde (von anderen oder von dir selber) nicht anerkannt, dass du Grossartiges leistest oder geleistet hast? Gibt es kleine persönliche Erfolge, die jedes Mal persönliche Verbesserungen in dein Leben gebracht haben, die du nachträglich noch wertschätzen willst? Wie willst du diese Feier nachholen?

Beobachte dich auch in deinem inneren Sommer gut. Nur weil hier vieles wie von selber in Bewegung gerät und es vielen Frauen hier vögeliwohl ist, heisst das noch lange nicht, dass es kein Verbesserungspotenzial gibt. Bist du ein hektischer Mensch, immer in Bewegung, brauchst du viele Worte? Tippst du alle drei Minuten auf deinem Handy rum, um zu schauen, ob du eine neue Nachricht hast? Wirst du nervös, wenn du dein Handy mehr als zwei Stunden nicht in den Händen hast? Falls etwas davon auf dich zutrifft:

Wie könntest du mehr Ruhe in dein Leben bringen? Kannst du dir Handy-freie Zeiten oder Zonen einplanen? Du kannst dich auch selber überlisten und zum Beispiel in die Sauna gehen, damit du es auch wirklich schaffst.

Kannst du in deinem inneren Sommer auch mal eine Pause einschieben, ohne gleich in Panik zu geraten, dass du doch noch soooo viel erledigen müsstest? Kannst du einen Abend lang mit einer Freundin quatschen oder Besuch einladen und danach NICHT mehr an den Rechner sitzen, um noch kurz was zu erledigen oder die News zu schauen?

Bist du in deinem inneren Sommer Speedy Gonzales? Und leidest du stark unter PMS, schlechter Laune kurz vor den Tagen oder einer äusserst schmerzhaften Mens? Dann ist es gut möglich, dass du wie eine kopflose Ente rumrennst und dann blindlings über die Felskante rausflitzt und fällst – und zwar in deinen inneren Herbst. Falling into fall. Autsch.

Setze den Fokus auf das, was dich erfüllt, was dich nährt, was dir hilft, dein Leben schön zu machen. Wenn du im inneren Sommer den Fokus auf Un-wichtiges oder nur nach aussen richtest, allen anderen dienst, dann kannst du dich während der zweiten Zyklushälfte leer oder traurig fühlen. Wenn du dich hier zu fest verausgabst, alles gibst, dir nicht schaust und zum Bei-spiel nicht genügend schläfst oder ungesund isst, ausbrennst, dann kann es ganz gut sein, dass du während der Mens stärkere Schmerzen/Leiden hast. Schaue also gut, worauf dein Fokus liegt: Wie kannst du in erster Linie DICH nähren? Was stärkt DICH? Was tut DIR gut?

Kennst du den Film «Chocolat»? Lauf runter zum Fluss, lass dich von der Musik verzaubern (von Johnny Depp natürlich auch) und tanze mit. Dieses Gefühl wird dich weitertragen und dir das Herz öffnen für die Liebe – in ers-ter Linie die Liebe für dich selber, die du danach mit anderen teilen kannst.

Mothering the mother

Von meiner Hebamme kenne ich den Ausdruck «mothering the mother», zu Deutsch «die Mutter bemuttern» oder «die Mutter nähren». Wo kannst du dir selber das Stück Liebe bereitstellen, das du vielleicht von deiner eigenen

Mutter nie bekommen hast? Wo kannst du zuerst zu deinen Bedürfnissen und danach zu den Bedürfnissen der anderen schauen? Falls deine eigene Mutter dir keine ist oder war: Kannst du dich auf die Suche machen nach einer älteren Frau, die dir Mutterersatz sein will? Es gibt tolle ältere Frauen, die ihre Tochter vermissen, entweder weil sie keinen Draht zu ihr mehr haben oder weil sie nie eine hatten.

Gehe nur so weit, wie du gehen kannst!

Während des inneren Sommers ist es sehr einfach, grosszügig zu sein. Grosszügig zu helfen, zu spenden, zu kochen, anderen Aufgaben abzunehmen. Hier bist du ja Wonder Woman und es gefällt dir, für deine Hilfsbereitschaft und Unkompliziertheit geliebt zu werden. Die eigenen Bedürfnisse zu vergessen oder sie nicht mal zu spüren, ist im inneren Sommer gang und gäbe. Wir planen hier höchst selten Ruheinseln ein, weil ja ALLES geht, die Energie für alles ausreicht. Und dieses Gefühl darfst du durchaus auch geniessen! Ich finde nicht, dass eine Frau im Saft gebremst werden muss! Es darf ja auch fliessen, wirken, sprudeln und mit dem Vollmond getanzt werden, absolut. Wenn mir aber die gleiche Frau erzählt, wie tief der Fall in den inneren Herbst ist, wie stark sie unter PMS leidet, die ganze Welt zum Teufel schicken will und nur noch aus einem Häufchen Selbstzweifeln besteht, ja DANN bin ich stark der Meinung, dass die Verausgabung im inneren Sommer einfach zu intensiv war. Wenn eine Frau während der Mens unter starken Krämpfen leidet und eine dunkle Wolke über sich sieht, dann ist es ganz spannend, den vorangehenden inneren Sommer genau unter die Lupe zu nehmen. Denn wer dann das ganze Holz schon verbrannt hat, der hat für den Zyklus-Herbst und -Winter nichts mehr übrig.

JA!

Kannst du JA zu dir selber sagen? Ich meine hier so ein ganz grundsätzliches JA. JA, es ist ok, dass es mich gibt. JA, es ist gut, dass ich auf dieser Erde bin. JA, ich darf hier sein. JA, ich habe einen Platz auf dieser Welt. Ist das für dich schwierig? Falls ja, schreibe für ein paar Wochen lang ein fettes, dickes JA auf deinen Bauch (geht zum Beispiel gut mit Lippenstift), auf deine Fusssohlen, auf deine Einkaufsliste, auf den angelaufenen Badezimmerspiegel nach der heissen Dusche, auf die dreckige Heckscheibe (d) eines Autos. Male eine Gebärmutter oder einen Vollmond und schreibe in die Mitte JA. Schreibe JA auf Steine, mit einem Stück Kohle aus dem Feuer. Rufe JA während eines Orgasmus. Suche in Zeitschriften und Texten nach dem Wort JA. Suche es in anderen Sprachen.

Pausen auch im Sommer!

Mache pro Tag eine Liste mit Dingen, die du erledigt hast. Egal, wie klein sie sind oder wie alltäglich, führe dir vor Augen, was du alles in einen Tag reinpackst. Du wirst erstaunt sein, wie lang die Liste wird. Diese Übung zeigt dir, dass du bereits genug machst und dass Pausen drin liegen. Unser liebes Hirn meint nämlich oft, dass wir immer noch mehr müssen, noch mehr erledigen, noch mehr anreissen, noch mehr Engagement zeigen. Was, wenn du mit einer Ruhe auf deine Liste schauen kannst und sagst: Ok, ich habe heute schon recht viel gemacht, ich mach mal eine Pause? Funktioniert!

Die Natur macht es uns vor

Der Abschied vom inneren Sommer fällt oft schwerer als jener vom inneren Winter, also von der Menstruation. Das können wir auch in den Jahreszeiten der Natur beobachten. Das schöne Gefühl im Frühling, wenn die ersten Krokusse blühen, ist so beflügelnd. Das «Auftauen» der Mutter Erde empfinde ich jedes Mal als Wunder, und meistens ist es mir egal, oder sogar sehr recht, dass der Winter vorbei ist. Der Abschied vom Sommer hingegen fühlt sich echt anders an, da schwingt bei mir – vor allem in den Übergangstagen, wo noch nicht so ganz klar ist, ob der Sommer nun wirklich schon vorbei ist – viel mehr Wehmut mit, ich möchte eigentlich noch viel mehr warme Sommernächte geniessen.

Ein Wechsel bedeutet fast immer auch Veränderung und eine Ungewissheit, was kommt. Das kann verunsichern. Manchmal wollen wir einfach nur, dass alles so bleibt, wie es war, weil wir es als weniger anstrengend empfinden. Deine Emotionen erzählen deinem Körper die Wahrheit. Deine Gefühle sind echt und du darfst auch mal keine Lust haben auf Veränderung. Du darfst auch Angst haben vor Veränderung, vor der nächsten inneren Jahreszeit. Vor allem dann, wenn du schlechte Erfahrungen gemacht hast. Das Leben besteht aus Veränderungen und mit dem Zyklus haben wir ein Riesengeschenk bekommen und können monatlich üben, mit Veränderung umzugehen. Mit Abschied, mit Vorfreude, mit Widerwillen, mit Lust. Alles hat Platz, alles darf sein, weil DU stimmst, so wie du bist.

Ich weiss, dass diese Zeilen viel auslösen können – aber auch viel auflösen werden. Zyklisch zu leben bringt uns in Berührung mit unserer Essenz, unserem Zentrum, unserer Mitte. Und die zu vernachlässigen ist so einfach. Mit diesem Buch kommt einiges in Bewegung, Gefühle werden durcheinandergewirbelt, Ansichten verworfen, alte Muster in Frage gestellt – vielleicht ist das Buch total anders, als du erwartet hast und du bist erstaunt, was ich hier für Themen anspreche. Aber zyklisch zu leben und die gewonnenen Erkenntnisse daraus sind so wichtig, so nötig, damit sich dein Leben neu sortieren kann, und du so DEINEN Weg gehst, der 100 % zu dir passt und dich glücklich macht. Ich ermutige dich, dran zu bleiben, weiterzulesen, und die neuen Gefühle, Gedanken, Empfindungen auszuhalten und ganz ehrlich zu dir zu sein: Was brauchst du, was willst du, was dient dir nicht mehr? Und dann lerne Tag für Tag, Zyklus für Zyklus, für dich selber einzustehen.

Vergiss nie: Du bist wunderbar. Du bist ein wichtiger Teil eines grossen Ganzen. Du hast eine Aufgabe auf dieser Welt. Du hast Gaben. Du hast Fähigkeiten, die gebraucht werden.

Mache einen Nachtspaziergang und lass dir von La Luna den Weg leuchten. Verbinde dich immer wieder mit der Fülle und sei dankbar für dein Leben, denn es ist so kostbar.

WESTEN WASSER WILDE FRAU
ABEND ABNEHMENDER MOND

Herbst

IM INNEREN UND ÄUSSEREN AUFRÄUMEN
FOKUS KLARHEIT ERWACHENDE KREATIVITÄT
ILLUSIONEN FALLEN WEG ICH-ZEIT
LOSLASSEN FREIHEIT ERNTEN

Wilde Drachentage und Illusionen, die weichen müssen

Leuchtende Blätter, farbige Wälder, kühle Luft – für viele ist der Herbst ein willkommener Gast. Endlich wieder tief einatmen, ohne gleich die ganze Sommerschwüle zu spüren. Wieder einmal eine heisse Tasse Tee geniessen, ohne in Hitzewallungen auszubrechen. Der kuschlige Schal kommt zum Einsatz. Und den Kindern ist jedes einzelne warme Kleidungsstück, das im Frühjahr noch passte, zu klein geworden. Der Herbst bringt oft auch Wehmut mit sich. Vorbei die lauen Abende im Freien. Der erste Nebel zieht über die Felder. Leise Panik macht sich breit: «War es das echt schon? War das der ganze Sommer? Oh nein, ich habe zu wenig Wärme getankt». Kurz gesagt, der Herbst bringt viele gemischte Gefühle mit sich.

Wir Frauen erleben jeden Monat einen inneren Herbst. Der innere Herbst ist die Zeit vor der Menstruation, es sind die Tage vor den Tagen. Auch PMS-Phase oder Drachentage genannt. Die Zeit, wo die Menschen um uns herum ab und zu (oder immer) unsere Krallen zu spüren bekommen, wo wir fauchen, stampfen, wütend und gereizt sind. Und oft gar nicht wissen, wieso. Und dann grübeln und uns selber in Frage stellen. Schon manche Frau hat mir gesagt, sie finde sich als Herbstfrau absolut unattraktiv, ihre Familie tue ihr leid, weil sie so gemein zu ihnen sei. Sie könne sich nicht zurückhalten, wenn es ums Zeigen ihrer Gefühle geht, sie sei sehr kritisch und manchmal auch böse – mit sich selber und mit anderen. Der innere Herbst ist oft die Zeit, in der die Zweifel keimen. Der Übergang vom inneren Sommer – der geprägt ist von Lust, Leichtigkeit und einer Verbundenheit mit der ganzen Welt – zum inneren Herbst ist für viele Frauen verwirrend: «Vor ein paar Tagen war doch noch alles in Ordnung, und jetzt? Jetzt würde ich am liebsten alle auf den Mond schiessen. Jetzt will ich Ruhe. Jetzt will ich Zeit für mich.»

Der innere Herbst ist die Zeit, wo Illusionen keinen Platz mehr haben. Ich nenne sie deshalb auch die No-Bullshit-Zeit. Und woah, ist die manchmal anstrengend! Da kommen Gefühle hoch, von denen ich gar nichts wusste. Eine Ungeduld gegenüber den Kindern zeigt sich in Form von wütenden Kommentaren, genervten Antworten, Rumgemotze meinerseits über Kleinigkeiten, über die ich im inneren Sommer nicht mal nachdenke.

Meine Geduld für Small-Talk und Oberflächlichkeiten ist hier gleich null. «Falsche» Personen sind mir hier zu viel. Mütter, die ihren Kindern auf dem Spielplatz sagen, was sie alles nicht dürfen, «sonst gehen wir jetzt dann gleich sofort heim!» … und dann bleiben sie doch noch zwei Stunden am Handy sitzen und das Kind klatscht weiterhin schön ruhig nassen Sand auf das Auto nebenan? Da kriege ich allergische Reaktionen (und zwar nicht wegen des Kindes, ich finde die Idee noch recht lustig mit dem Sand)!

Zu viel, zu laut, zu schnell

Im inneren Herbst wird «die Welt» als Ganzes oft als zu viel empfunden. Zu laut, zu störend, zu hell, zu schnell, zu alles. Rasch stecken wir hier in einer Abwärtsspirale – hier können uns zum Beispiel Nachrichten aus Kriegsgebieten in ein Tränental treiben. Vielleicht haben wir im inneren Sommer die Energie, um eine Flüchtlingsfamilie zu besuchen und uns mit diesen Menschen auszutauschen. Ein solcher Akt kann im inneren Herbst unmöglich erscheinen, da das Leid dieser Familie so feinfühlig wahrgenommen wird und es einem selber weh tut. Oder, und jetzt widerspreche ich mir nicht, aber es ist eben vieles möglich in einem inneren Herbst – oder: Genau WEIL du im inneren Herbst bist, genau WEIL dann dein Bullshitometer auf null ist, kannst du eben bei dieser Familie vorbei gehen und sie fragen, wie es ihr geht. Denn darauf kommt es doch an: Wie geht es uns, wie geht es ihnen, und was können wir beitragen, damit das Leben besser wird? Im inneren Herbst können wir viele von diesen «weltlichen» Verpflichtungen spüren. Das kann uns eben entweder erdrücken oder uns auch den nötigen Mut geben, für Ungerechtigkeiten einzustehen.

Der innere Herbst ist die Zeit des Loslassens. Wie die Blätter, die sich langsam von den Bäumen lösen, könn(t)en wir «gracefully» loslassen. Und das können wir auch in kleinen Dingen üben, dazu müssen wir nicht jeden Monat die krassesten Dinge wie Mann, Job, Haus oder Verpflichtungen los- und ziehen lassen! Doch der Drang nach Freiheit ist im inneren Herbst gross, die Lust auf einen wilden Flug, Hauptsache weit weg, am liebsten alleine auf einem Drachen klingt verführerisch. Alleine gestalten, erschaffen, kreativ sein, nicht reden müssen, dringende Dinge erledigen, ein Nest erschaffen für die nahende Menszeit, all das klafft so stark auseinander mit unserem Alltagsdasein: Genau wie auch an den restlichen Tagen des Zyklus soll gekocht, geputzt, müssen Termine wahrgenommen werden. Immer gleich beständig, immer gleich präsent und liebevoll für die Familie da sein. Das mit dem Putzen auf Aufräumen klappt aber zum Glück sehr gut im inneren Herbst – wenn ich schon vor dem Frühstück die Besteckschublade schön einräume, dann weiss ich mit hundertprozentiger Sicherheit: Die Mens steht schon bald vor der Tür.

Ich sehe im inneren Herbst viele Parallelen zur Zeit vor einer Geburt: Nestbau, langsamer werden, aufräumen, sortieren, bereit machen, damit dann Zeit da ist für das Baby, das Wochenbett. Übersetzt auf den Menstruationszyklus ist der innere Herbst die Vorbereitung, damit wir uns während der Mens besser um uns selber kümmern können, damit wir Zeit haben zum Sein, zum Loslassen und uns von Alltagslasten befreien können.

Den inneren Herbst anzunehmen und sich auf ihn einzulassen, ist eine Kunst. Es ist ein Balanceakt: Man soll für sich selber einstehen und doch auch weiter für die Familie da sein oder bei der Arbeit Leistung bringen. Die Liste von über 200 PMS-Symptomen würde drastisch kürzer werden, wenn wir alle unseren inneren Herbst kennen- und schätzen lernten. Du bist auf dem besten Weg dazu, denn du liest diese Zeilen! Ein Hoch auf dich!

Heute bin ich jeden Monat dankbar für die Drachentage und ich freue mich auf sie. Hätte mir das jemand vor fünf Jahren gesagt, hätte ich nur die Augen verdreht (oder dem anderen einfach mal kurz und heftig in die Nase gebissen). Wer will schon beschissen drauf sein und freut sich dann auch noch darüber? Doch seit ich zyklisch lebe, schätze ich die Qualitäten dieser Herbst-Phase ganz besonders. In dieser Zeit steckt ganz viel Weisheit und Klarsicht. Diese Phase wurde für mich zum Schlüssel, um herauszufinden, was ich in meinem Leben will und was ich ganz bestimmt nicht mehr will oder nicht mehr brauche. Und diese kristallklaren Herbst-Momente wünsche ich mir auch ganz fest für euch!

Lasst uns direkt loslegen: Der Tanz mit der linearen, nach aussen gerichteten Welt hat in den letzten zwei Wochen, im inneren Frühling und Sommer, recht gut funktioniert. Und jetzt? Jetzt beginnt der Tanz mit der zyklischen Welt. Gelingt da der andere Takt? Kannst du den neuen Rhythmus erkennen, einfangen, in den Alltag integrieren?

Frauen im inneren Herbst werden oft als labil, launisch, schwankend, unzumutbar oder gar unerträglich bezeichnet. Ein Ex-Partner konnte mich fast zum Explodieren bringen, wenn er an meinen Drachentagen mit folgendem Spruch kam: «Jeder ist seines eigenen Glückes Schmied.» Da hätte ich ihn am liebsten auf den Kopf gehauen. Mit dem Amboss. Im Sekundentakt.

Starke Frauen machen Angst

Unsere Gesellschaft, und hier schliesse ich uns Frauen gleich mal schön mit ein, hat keine Ahnung, was sie anfangen soll mit Frauen, die klar wissen, was sie wollen. Sie hat Angst vor wilden Weibern. Vor starken Frauen, die ihre Klappe nicht halten. Frühlingshaft jung und hübsch wird total toleriert, sexy und mütterlich und für die ganze Welt sorgend ist auch anerkannt. Aber so eine widerspenstige Herbstfrau? Oh là là, die hat es in sich! Gib der Gesellschaft junge, knackige Frauen und sie ist glücklich. Gib ihr wütende, klare, stolze, starke, weinende oder direkte Herbstfrauen – und sie kehrt dir den Rücken zu. Kein Wunder, verstehen sich die Frauen oft selbst nicht mehr, wenn im inneren Herbst die Selbstzweifel und die innere Kritikerin plötzlich laut werden, wenn sie wegen kleinen Sachen gekränkt sind und schmollen oder gar in Tränen ausbrechen. Sie dürfen das ja nicht. Das ist ja nicht normal. Sie sollten doch anders sein. Sie sollten doch grazil, gut gelaunt und formbar sein. Wenn wir mit diesen schweren Gefühlen so tun, als wäre alles ok, gegen aussen also eine Maske zeigen, dann kann ganz vieles im Inneren zerbrechen. Sich jeden Zyklus, jeden Monat zwei Wochen lang zu verbiegen, kann zu einem Bruch führen. Dem Bruch mit dir selber. Natürlich habe ich genau all das auch gemacht, und zwar mehr als 20 Jahre lang. Regelmässig. Immer vor der Mens. Und habe es selber nicht erkannt. Die Männer um mich herum wussten immer vor mir, wenn es wieder soweit war. Mir selber ist erst ein Lichtlein aufgegangen (ok, Untertreibung des Jahrhunderts – es war der hellste Scheinwerfer, den du dir vorstellen kannst), als ich meinen Zyklus kennengelernt habe, als ich etwas über das zyklische Leben und die vier inneren Jahreszeiten erfahren habe.

Der innere Herbst ist die Zeit für Reflexion

Im inneren Herbst schauen wir nach innen, wir machen Bestandesaufnahme und schauen, wie es uns geht. Dafür brauchen wir Zeit und Raum. Das geht nicht gut im Alltagstrudel, umgeben von elektronischen Geräten und 100 Kinderfragen. Der innere Herbst ist diese wunderbare Zeit, wo die Kreativität erwacht, um uns zu nähren. Die Zeit, wo wir selber unseren Tank füllen müssen, damit wir nicht ausbrennen, weil wir immer nur geben. Grosse Künstlerinnen erschaffen tiefgründige, manchmal auch schwierige, grandiose Kunst in dieser Phase. Wenn ich an eine Herbstfrau denke, sehe ich immer eine Flamencotänzerin vor mir. Feuer und Leidenschaft, Stampfen und Klatschen, das Kinn stolz erhoben, die Augen funkelnd wie Sterne. Also ich sehe nicht irgendeine Flamencotänzerin vor mir, sondern meine liebe Freundin Nicole. Wenn sie tanzt, dann zaubert sie. Wer ihr beim Tanzen zusieht, wird berührt. Wenn sie tanzt, bekomme ich Hühnerhaut. Ich versinke in ihre fliessenden, weichen Bewegungen und bin «in awe», wie das Weiche und das Kräftige, das Fliessende und das Stolze Hand in Hand gehen. Wenn sie tanzt, sehe ich eine zyklische Frau. Immer anders, immer im Fluss, immer ganz sie selber.

Wenn wir in unserem inneren Frühling sozial und gesprächig sind, kann es gut sein, dass wir im Herbst lange Schweigephasen bevorzugen. Wo wir ganz tief in ein Projekt sinken können, ohne mit einer Menschenseele sprechen zu müssen. Malen, zeichnen und dabei tief in die Materie einsinken, ohne die Aussenwelt wahrzunehmen. All das sind Aktivitäten oder sogar Lebensnotwendigkeiten, die einer Herbstfrau guttun. Und so oft gehen diese Aktivitäten drauf, weil unser Alltag zu voll ist, weil Termin auf Termin folgt, weil der innere Herbst nicht eingeplant wird, weil wir so weiter rattern wie durch den inneren Frühling und Sommer. Der Kontrast von der Leichtigkeit, dem Schwung der inneren jungen Frau, der Ernährerin und Mutterfigur und der intensiven, wissenden, gradlinigen Herbstfrau ist gross. Wenn wir so tun, als ob wir den ganzen Zyklus lang Frühling und Sommer hätten, stürzen wir oft mit schmerzhaften Gefühlen, verletzenden Worten und einem grossen Unverständnis in diesen Herbst.

Diese innere Herbstzeit ist die Zeit der Klarheit. Leere Versprechungen, Floskeln und Oberflächlichkeiten werden hier schlecht ertragen. Das Gespür für das Gegenüber ist fein – ist der Mensch echt, authentisch oder spielt er mir was vor? Die Herbstfrau ist eine Frau, die weiss, was sie will. Und noch besser weiss sie, was sie nicht will. Die Herbstfrau ist selbstbewusst, stolz, eine geheimnisvolle Zauberin. Sie erkennt genau, was sie in ihrem Leben nicht mehr braucht, nicht mehr will, und fängt an, loszulassen. Auszusortieren. Auszumisten. Rauszuschmeissen. Kleider, Möbel, Bücher, Menschen, Umstände.

Diese Kraft, diese Wildheit, die in diesen Tagen steckt, erschreckt – vor allem uns selber. Diese Wildheit hat keinen Platz in unserer Gesellschaft. Oder noch keinen. Oder keinen mehr. Deswegen wurden wir verbrannt. Die Angst davor sitzt uns immer noch in den Knochen. Wir haben nie gelernt, für uns selber einzustehen. Laut auszusprechen, was unsere Wünsche sind. Unser inneres Mädchen will allen gefallen, allen alles recht machen – immer. Das lässt sich schlecht vereinbaren mit dem Drang nach Rückzug, nach Freiheit, nach laut sein, nach mal auf den Tisch hauen.

Diese Zyklusphase stimmt von der Lebensphase her mit der Menopause, den Wechseljahren überein. Und die wilden Menopausen-Frauen verändern die Welt, denn sie haben den Raum, die Plattform dazu. Sie haben das Wissen, weil sie davor 30 Jahre ihren Zyklus beobachtet haben und sich in- und auswendig kennen. Sie können sich voll und ganz ihrer Lebensaufgabe widmen, die Kinder sind aus dem Haus. Voll im Saft mit Kraft und Klarheit. An den Drachentagen spüren wir das. Es ist ein Sehnen, ein Erinnern, ein Spüren dieser starken Kräfte. Hier habe ich zum Beispiel den sechsten Sinn (oder war es der siebte?). Und du auch. Unser innerer Herbst gibt uns also einen Vorgeschmack auf unsere Wechseljahre. Und jetzt kommt es: Hast du schon mal einen tollen Werbespot, ein Buch, einen Film gesehen, der diese Phase feiert? Der uns sagt: «Jetzt wird's dann noch besser, freu dich drauf!» Nein, nein, eher im Gegenteil, oder? In Wirklichkeit klingt es ja so: «Du kannst dann uh viele Produkte und Medikamente nehmen gegen deine Schwankungen. Gegen deine Wallungen. Gegen dein inneres Feuer. Und neue Binden gibts auch, weil wir dann ja alle auslaufen vor Inkontinenz.» Du pinkelst dann violett, was nur logisch ist, da du ja zuvor blau geblutet hast. Ok, Ironie off.

Der Herbst als Qualitätskontrolle

Im inneren Herbst reisse ich persönlich keine neuen Projekte an. Hier mache ich aber den Feinschliff bei bestehenden Projekten, bringe etwas zu Ende. Ein Beispiel aus der Praxis: Es funktioniert wunderbar, im inneren Winter, also während der Mens, eine Vision, einen Traum, einen Wunsch zu haben. Dies kann eine kleine Sache sein, sagen wir mal, du hast Lust drauf, einen Workshop zu organisieren. Im inneren Frühling fängst du an zu planen, aufzuschreiben, sammelst deine Ideen, suchst einen Durchführungsort, du wirst aktiv. Im inneren Sommer kümmerst du dich um Flyer, machst die Texte und Fotos, um den Kurs auszuschreiben. Und im inneren Herbst? Dann gehst du mit deiner ganzen Herbst-Klarheit nochmals über die Texte und wirst schnell merken, ob du präzise und deutlich genug geschrieben hast. Ausserdem prüfst du, ob der Preis ok oder zu tief angesetzt ist. Ob das Datum überhaupt passt. Wie sieht es die Tage vor und nach dem Workshop in deiner Agenda aus? Nimmst du dir zu viel vor oder passt es gut? Und falls du einen mehr oder weniger regelmässigen Zyklus hast, schaust du nach, an welchem Zyklustag du dann ungefähr stehen wirst. Voilà, der Zauber des zyklusorientierten Arbeitens.

Ein weiteres Beispiel: Wenn du eine Ausbildung machst oder im Studium bist, ist der innere Herbst perfekt, um alleine und fokussiert zu lernen. Im inneren Frühling lässt du dich viel schneller und lieber ablenken und im inneren Sommer gibt es tausend kleine Ablenkungen (zum Beispiel Sex – das finde ich eine wirklich tolle Ablenkung). Aber im Herbst? Sich hinsetzen, vertiefen, Wissen aufsaugen, Arbeiten strukturieren. Das macht in dieser Zeit sogar Spass!

Lustig ist auch das Einkaufsverhalten im inneren Herbst: Manche Frau hat schon aus Frust über die innere Stimmung oder über die blöden Männer, Chefs, Kinder, Kolleginnen Frustkäufe gemacht. Im inneren Frühling dachte sie: «Ich bin es nicht wert, XY zu kaufen, ich habe doch nicht so viel Geld.» Und im inneren Sommer dachte sie: «Ich brauche doch nichts, ich hab ja alles, ich bin doch zufrieden, andere haben viel weniger.» Und dann im inneren Herbst: «Gopfertammi namal, ich bin mir das wert, ich kaufe mir das jetzt!»

Dieses Buch ist nur die Spitze des Eisbergs, eine Erinnerung an das Wissen, das sowieso in dir wohnt. Und was ich hier anspreche und erwähne, darf ein ganzes Leben lang geübt und beobachtet werden. Wir bluten ca. 30 bis 40 Jahre lang, und klar, je früher wir etwas vom Zyklus-Wissen mitbekommen, desto länger haben wir Zeit, uns zu beobachten. Das Schöne ist ja, dass immer wieder ein nächster Zyklus kommt und dass wir wirklich lange Zeit haben, uns selber gut kennenzulernen und zu erforschen, wie wir zyklisch ticken. Denn keine zwei Frauen ticken gleich. Mit dem Lesen dieses Buches muss sich in deinem Leben nicht gleich alles verändern. Du musst nicht alles verstehen, erkennen oder ändern! Nein, es ist keine Aufgabe, die schnell erledigt ist. Ich würde es nicht einmal Aufgabe nennen, sondern einen Liebesdienst an dich selber und die zukünftigen Mädchengenerationen. Ein Schritt nach dem anderen. Ein Zyklus nach dem anderen. Nimm dir die Zeit, das Gelesene erst einmal zu sortieren und zu verdauen. Tage. Wochen. Monate. Jahre.

Zurück zum Drachen: PMS ist die innere wilde Frau, die ihre Schnauze einfach nicht halten kann. Und auch nicht soll! Es gibt ganz klar ein paar Symptome, die in die Hände einer guten Naturheilpraktikerin oder Frauenärztin gehören. Doch die Liste der über 200 Symptome, die zu dieser Phase gezählt werden, wird wirklich markant kürzer, wenn erst einmal Ordnung im Fadenkorb gemacht wird. Welcher Faden gehört auf welche Spule? Diese Fäden zu sortieren ist eine Lebensaufgabe.

Frauen schlucken Medikamente, die sie «regulieren» sollten. Die Stimmungsschwankungen auffangen. Die Symptome unterdrücken. Warum? Damit sie «normal» werden. Damit sie besser auszuhalten sind.
Klar leidet auch eine Frau unter schwierigen, unberechenbaren Gefühlen! Das ist kein schönes Gefühl und das will ich auch nicht unter den Teppich kehren. Aber ist die Frage nach der Wurzel denn nicht viel spannender? Wieso ist eine Frau gereizt? Was nervt sie denn so? Vielleicht hat sie ja total gute Gründe dazu? Vielleicht gibt es ja Situationen und Personen in ihrem Leben, die echt auf keine Kuhhaut gehen (dumm ist, wenn das die eigenen Kinder sind – aber auch da kann, darf und soll nicht weggeschaut werden)? Vielleicht gibt es Ungerechtigkeiten, die endlich gelöst werden sollten? Vielleicht gibt es ganz schwierige Umstände in der Herkunftsfamilie? Vielleicht ist ALLES zu viel?

Du musst im inneren Herbst nicht die immer nur Brave, Nette sein. Verletze niemanden mit deinen Worten, vor allem nicht dich selber, aber ordne dein Leben so, wie du es liebst. Und da hilft dir die allmonatliche Klarheit, die dich im Herbst besucht, ganz deutlich.

Ich war immer sehr launisch vor meinen Tagen. Im Wort «launisch» versteckt sich La Luna, die Mondin. Ich war wohl ein Biest. Nicht nett zu anderen Menschen, aber noch schlimmer, nicht nett zu mir selber. Und dann war ich mal auf Reisen, neun Monate lang in Kanada, und dann nochmals neun Monate in Zentralamerika. Alleine. Und siehe da: Keine Spur von schlechter Laune. Ich war einfach sehr in mich gekehrt vor der Mens, fast schon ein bisschen in einer «Höhle». Aber sehr entspannt und friedlich. Warum? Weil ich ZEIT und RAUM hatte für meine Gedanken. Weil nichts (ausser den feinen Tamales der Dorffrauen) von aussen an mich herangetragen wurde. Ich musste mir keine Meinung bilden. Ich musste keine Stellung nehmen. Keine schwerwiegenden Entscheidungen treffen (wie zum Beispiel: Darf die 3-jährige Tochter 30 Minuten vor dem Abendessen noch ein Brötli mit Ankä haben? Ooohhh, dieser Zwiespalt! Klar darf sie nicht! Aber ich will ja IN RUHE KOCHEN! Und darum ist das eine verzwickte Sache, echt jetzt!). Ich musste keine Termine einhalten. Und ich musste keine Leistung erbringen. Und bis heute vermisse ich es, dass mir jemand im inneren Herbst feines Essen bringt (well, eigentlich vermisse ich das den ganzen Monat, aber das ist eine andere Geschichte ...).

Loslassen als Übung

Das ganze Leben, ab der Geburt, ist ein Prozess des Loslassens. Wir haben die Tendenz, klammern und festhalten zu wollen. Wenn wir uns aber Zyklus für Zyklus im Loslassen üben, dann sind wir eher bereit für das Grosse Loslassen, welches unweigerlich eines Tages in unser Leben tritt: Das eigene Sterben. Oder auch das Sterben lieber Menschen um uns herum. Ja, wir sterben – alle. Einfach, falls ihr das zwischenzeitlich vergessen habt. Ohne Ausnahme. Krass, gell?

Loslassen kann im Kleinen geübt werden. Soll meiner Meinung nach sogar an kleinen Dingen geübt werden. Wenn wir es üben, wird das Loslassen so zu einem vertrauten Gefühl, auf das wir in schwierigen Zeiten zurückgreifen können. Ich kann im inneren Herbst zum Beispiel wunderbar Newsletter abbestellen, die ich eh nicht lese. Fotos löschen (echt jetzt, wer braucht schon 400 verschwommene Bilder von einer Ringelblume auf dem PC? Reichen die fünf guten Fotos nicht?), Facebook-Freunde löschen. Kleider ausmisten. Doofe 20-jährige Tupperware-Dosen rausschmeissen. Ach ja, und die Wohnung umstellen. Und putzen. Diese Verlässlichkeit finde ich grossartig – ich weiss, dass ich wenigstens einmal im Monat putze. So kann ich im Frühling denken: Ich machs dann im inneren Herbst, der kommt ja bald wieder. Und wisst ihr, wie oft ich das Bett frisch bezogen habe, nur um es dann in der nächsten Nacht zu verbluten, weil – hach, oh Wunder, wer hätte das gedacht – die Mens kam? Oft!

Gegen Ende des inneren Herbstes gibt es übrigens ein spannendes Phänomen: Die schlaflose Nacht vor der Mens. Viele Frauen liegen dann wach, wälzen sich im Bett, können nicht schlafen. Ich habe mich lange darüber genervt und erst dann bemerkt, dass es immer die Nacht vor der Mens ist, als ich das Zyklus-Rad einige Monate lang ausgefüllt habe. Falls dich das auch betrifft: Wie kannst du diese schlaflose Zeit nutzen? Ich habe es für mich so gelöst: Ich bleibe im Bett liegen und träume mir die Welt neu. Ich stelle mir bis ins kleinste Detail vor, wie mein Traumleben aussehen würde, was alles dazu gehört und dann spinne ich diesen Faden weiter, bis ich den Planeten auf diese Art neu erschaffen habe. Stell dir vor, wenn das Millionen von Frauen machen würden … Vielleicht wäre ja DAS der Wandel, den die Welt braucht?

Wenn sich der innere Herbst weder gut noch klar anfühlt

Im inneren Herbst drängt sich oft das in den Vordergrund, was nicht stimmt, nicht funktioniert, weh tut. Das zeigt uns dann auch unser Körper. Deshalb ist es eine gute Zeit, um körperliche Schmerzen, Ängste und Vermutungen um den Gesundheitszustand mit einer guten Naturheilpraktikerin oder Ärztin anzuschauen. Pragmatisch gesagt: Rufe in der Arztpraxis an, um endlich den Termin abzumachen. Denn wenn du es nicht machst, ändert sich nichts. Und wenn die Mens kommt, willst du vielleicht nicht mit solchen weltlichen Dingen wie «Termine abmachen» zu tun haben. Und wenn erst der Frühling und Sommer da ist, tja dann, dann ist es schon wieder vergessen, weil es ja nicht soooo schlimm ist. Oder finde endlich einen anderen Arzt, wenn dir deiner nicht mehr passt. Nutze die Weisheit deines Bauches und treffe Entscheidungen, die DIR dienen! JA, du darfst den Arzt wechseln und Zweit- und Drittmeinungen einholen! Du musst dich dafür niemandem erklären. Es ist dein Leben, du entscheidest. Nimm dich doch ernst. Der innere Herbst erinnert uns also oft an die Dinge, die nicht im Lot sind. Und Vogel-Strauss-Taktik funktioniert nicht mehr. Kopf in den Sand passt nicht zu Herbstfrauen. Und wenn sie es doch machen? Dann tut es weh, in der Seele, im Bauch, im Herzen, im Körper.

Der innere Herbst, das Prämenstruum, kann sich anfühlen wie ein Auseinanderbrechen. Es ist oft ein unangenehmes Gefühl, nicht alles in sich drin halten zu können oder zu wollen. Weil es zu viel ist. Oder weil es nicht mehr zu einem passt. Es ist ein Brechen mit Illusionen, ein Abschiednehmen von Ausgedientem, und das kann mitunter ganz schön wehtun. Hier besteht die grosse Aufgabe darin, HINzuschauen und nicht WEGzuschauen. Wenn du dieses Auseinanderbrechen oder auch die Trauer, die Wut, auflösen willst, hilft wirklich nur eines: die Auseinandersetzung damit.

Stell dir vor, du hast eine Kerze in der Hand. Dein Licht. In der ersten Zyklushälfte leuchtest du dieses Licht auf die Welt, die anderen Menschen, deine Projekte – gegen aussen. In deinem inneren Herbst leuchtest du mit diesem Licht dein Leben ab – dein Inneres. Deine Gefühle, deine Wünsche und Träume, deine Sehnsucht. Der innere Herbst ist die Zeit der Reflexion. Zeit passiert ja nicht einfach so … Somit stellt sich diese Frage: Planst du Zeit ein für dich selber? Zeit für Stille, für Reflexion? Und dann horche mal genau in dich hinein:

- 💜 Was bricht auseinander? Wieso tut es weh?
- 💜 Was braucht deine ganze Kraft und Energie?
- 💜 Wo fühlst du dich alleine gelassen beim «Zusammenhalten»?
- 💜 Was braucht mehr Kraft: Eine Situation zusammenzuhalten oder sie auseinanderbrechen zu lassen?
- 💜 Wo verpuffst du sehr viel von deiner Lebensenergie, weil du nicht auf dein Bauchgefühl hörst?
- 💜 Wo liegt viel zu viel Verantwortung auf deinen Schultern?

💜 Wo fällt es dir schwer, diese Verantwortung abzugeben?
Wo also WILLST du sie tragen, und wozu dient es dir?

Reflektiere diese Fragen und schreibe deine Gedanken dazu auf. Beobachte in den nächsten Monaten, ob sich dir aus deinem Inneren Antworten aufzeigen. Setze davon um, was dir dient, damit dein Leben leichter und lustvoller wird!

Das innere und äussere Zuhause

Der innere Herbst könnte sich, wie auch die Zeit der Menstruation, wie dein Zuhause anfühlen. Im inneren Frühling und Sommer bist du sinnbildlich gesprochen auf den Strassen, in der Welt unterwegs, und im inneren Herbst kommst du in dein Haus zurück. Darum frage dich: Gefällt dir dein Zuhause? Ist es dir wohl, ist es dein Rückzugsort, deine Höhle, wo du ganz dich selber sein kannst? Empfindest du ein Gefühl von Sicherheit und Geborgenheit in deinen vier Wänden? Falls nicht: Was bräuchte es, damit es sich besser anfühlt? Wohnst du am richtigen Ort? Mit den richtigen Menschen zusammen? In der richtigen Stadt? Im richtigen Land? Das sind alles GROSSE Fragen … Und die sind nicht innerhalb eines oder zwei Zyklen beantwortet. Notiere deine Beobachtungen in dein Zyklus-Rad! Wenn nach vielen, vielen Monaten aber immer noch steht: «Scheisshaus, Scheissdorf …», tja dann … Die Antwort mit der dazugehörigen Handlung überlasse ich dir. Aber diesen Gedanken dazu gebe ich dir noch mit: Wir denken stark schwarz-weiss. Anstatt die Wohnung aufzugeben, das Dorf zu verlassen, gibt es noch andere Ideen: Du könntest dich mit Feng-Shui beschäftigen und dich von jemandem beraten lassen, der sich darin auskennt. Du könntest ehrlich ausmisten und den ganzen alten Müll ins Brockenhaus bringen. Du könntest schauen, ob du nur jammerst oder auch einen aktiven, positiven Beitrag zum Dorf- oder Quartierleben leistest. Bist du da? Präsent? Dabei? Den Kreativen gehört die Welt, die Herbstfrauen verändern die Welt (und jammern ist nicht besonders mutig oder kreativ, finde ich …).

Energie für den Schlussspurt?

In unserem Zyklus hängt alles zusammen, deshalb verschaff dir mal einen Überblick über die letzten beiden Wochen, wenn sich dein innerer Herbst eben nicht klar oder stark anfühlt. Bist du nicht nur durch die Mens durchgerattert, ohne dir eine Pause zu gönnen, sondern hast auch im inneren Frühling und Sommer Vollgas gegeben? Dann wundere dich nicht: Manchmal reicht im inneren Herbst die Luft nicht mehr aus, weil die ganze Zyklus-Energie schon verpufft ist. Du kannst dir ein Feuer vorstellen, daneben einen Stapel Holz. Wenn du im inneren Frühling und Sommer schon das ganze Holz verbrennst, hast du im Herbst nichts mehr übrig. Sei also beim nächsten Zyklus darauf bedacht, nicht gerade schon das ganze Holz zu verfeuern. Es hat genug, aber teile es weise ein.

Der Energiehaushalt ändert sich

Im inneren Herbst haben wir allgemein oft weniger Energie, doch leider fehlt diese Information vielen Frauen. Unser Energielevel fällt hormonbedingt und sogar das Immunsystem wird heruntergefahren! Darum tut uns im inneren Herbst und Winter eine Stunde mehr Schlaf sehr gut. Runterfahren, Termine absagen, müde sein, halb krank, aber doch auf den Beinen: All das wird als Schwäche angeschaut. Auf Halbmast zu sein, wird selten toleriert – weder von anderen, noch von uns selber. Stell dir nun mal vor, das Innehalten und Reflektieren würde als GUTE, anerkannte Eigenschaft angeschaut werden. So im Stile von: «Ah, du bist gerade am Reflektieren? Dann koche ich heute gerne für dich und deine Familie.» Oder: «Ah, du leuchtest gerade mit einer Kerze in dir rum? Geht es? Kann ich dich unterstützen? Willst du dich ein bisschen ausweinen bei mir? Soll ich bei dir sein, präsent, ohne Worte?» FRAUEN! MÄNNER! MAMMA MIA! Stellt euch mal vor, was für ein Potenzial in uns Menschen stecken würde, wenn wir auf diese Art miteinander umgehen und kommunizieren würden.

Von meinen Kursfrauen weiss ich, dass Migränen so oft während des inneren Herbstes und Winters vorkommen. Im inneren Frühling und Sommer leiden die Frauen viel seltener darunter. Könnten Migränen ganz laute Rufe sein, um abzuschalten? Sozusagen DER Lautsprecher, den dir jemand an den Kopf hält und reinschreit: «Fertig rumgehüpft. Jetzt mal Pause. Ab ins Dunkle!» Ein Mediziner mag mir widersprechen – soll er doch. Aber ich habe schon manche Frau auf ihrem Zyklusweg begleitet und die Migränen nahmen stetig ab, je mehr Raum für Selbstliebe und Selbstfürsorge geschaffen wurde. Beobachte doch mal anhand eines Schmerztagebuches, wann deine Schmerzen stärker sind – seien es nun Migräne- oder andere Schmerzen.

Ich selber leide seit Jahren an einer rheumatischen Erkrankung und die Schmerzen sind im inneren Herbst bedeutend stärker. Wenn ich nun diese Schmerzen kombiniere mit Ungeduld, mit einer allgemeinen fuck-you-everyone-Stimmung, dann sehen die Tage recht grau aus. Ich bin in Kontakt mit vielen Frauen, die ein Schmerztagebuch führen. Und alleine schon das Wissen um den Zyklus, beziehungsweise die Kenntnis, an welchen Zyklustagen die Schmerzen stärker sein können, helfen, um einen besseren Umgang damit zu finden. Und mit einem besseren Umgang meine ich nicht, wie die Schmerzen besser ausgemerzt oder ruhiggestellt werden können! Im inneren Herbst war ich schon oft an so einem Alles-tut-weh-im-Rücken-Tiefpunkt, dass ich geradezu dazu gedrängt wurde, endlich wieder in Cantienica-Klassen (super Aufrichte- und Spannungstraining) zu gehen, einen Termin bei einem Therapeuten abzumachen, das Gespräch mit einem Rheumatologen zu suchen und an diesen Tagen mehr schmerzlindernde Dinge zu tun (in meinem Fall mehr Bewegung, Nieren stärken, Johannisblütenöl eimassieren). Weil das Wegschauen oder Unterdrücken eben nicht mehr funktioniert hat. Der innere Herbst hat eine grandiose Funktion!

Herbstmütter

Ein weiteres wichtiges Thema, wenn du Mühe mit deinem inneren Herbst hast: Wenn du Mutter bist, dann beobachte, wie du dich damit im inneren Herbst fühlst. In der Gesellschaft (WIR sind die Gesellschaft) ist die Sommermutter besser angesehen. Die liebevolle Mutter, die ihre Kinder überall hinfährt, die kleinen Freundinnen und Freunde ihrer Kinder hütet und auch noch deren Popo abwischt, die Lustige, die Einfallsreiche, die Konstante ist «besser». Und die Herbstmutter? Die Herbstmutter ist eine Egoistin. Die will Zeit für sich! Die will wieder mal fünf Minuten alleine ins Badezimmer, um in Ruhe kacken zu können! Himmelherrgott nochmal, was für eine Rabenmutter. Sie will wieder mal ein Bild malen mit dem Wasserfarbkasten ihrer Kinder, ohne dass das Wasserglas über die Zeichnung kippt. Sie möchte durch die Wälder schreiten, ohne nach drei Minuten zu hören: «Mama, ich mag nicht mehr laufen» ... Sie will vielleicht sogar ALLEINE in den Wald. Jesses.

Beobachte also, was du für eine Herbstmutter bist. Herbstmütter sind anders als Frühlings- und Sommermütter, und das dürfen sie auch sein. Herbstmütter können zum Beispiel ihre Grenzen besser aufrechterhalten und sind nicht so nachgiebig, lassen sich nicht so schnell erweichen. Und das ist doch manchmal gut so! Teenager brauchen zum Beispiel eine gute Portion Klarheit und dürfen auch mal die Stärke einer Herbstmutter spüren. Erforsche deine Qualitäten im inneren Herbst, notiere sie dir im Zyklus-Rad, damit du dir eine Liste schreiben kannst, welche Gaben und Qualitäten du in der Herbst-Zeit in die Familie einbringen kannst (wer ausser mir ist auch noch ein Fan von Listen?). Vor allem kleinere Kinder von Herbstmüttern haben ein ganz feines Gespür dafür, wenn ihre Mama nicht echt, nicht präsent ist. Sie merken es einfach, wenn man innerlich abwesend ist. Und was machen sie dann? Sie klammern. Und die Mutter bekommt fast keine Luft mehr. Im Kapitel «Zyklisch leben im Familienalltag» schreibe ich dazu noch einige Tipps, die du ausprobieren kannst.

Zyklusgerechte Sprache

Gute Kommunikation und eine zyklusgerechte Sprache müssen wir wahrscheinlich neu lernen: Wie kannst du deine Wünsche im inneren Herbst klar, deutlich und bestimmt ausdrücken und auch durchsetzen? Wie schaffst du es, dass andere nicht auf dir rumtrampeln? Wie kannst du Aussagen machen, die andere nicht verletzen und trotzdem für dich selber einstehen? Üben, üben, üben. Und nein, ich kann es auch nicht immer. Noch nicht immer. Vielleicht auch nie immer. Aber ich bin am Üben. Die «Gewaltfreie Kommunikation nach Marshall B. Rosenberg» ist mir eine grosse Hilfe auf diesem Weg.

Stell dir die Frage, wer du wärst, wenn du auf einer einsamen Insel leben würdest. Wenn du keine Definition von aussen bekommst, wenn du keinen

Stempel hast wie «Mutter», «Single», «Frau», «Arbeitnehmerin», «Chefin». Durch was bekommst du im Leben Bestätigung? Was gibt dir eine Zufriedenheit im Bauch? Wer bist du ohne «Label»? Durch welche Bereiche im Leben definierst du dich? Erträume die Frau, die du wärst, wenn du jeden Teil deines Lebens selbstbestimmt und doch zum Wohle aller gestalten könntest (aber vergiss nicht, du stehst als erste in der Reihe dieser «aller»!). Und jetzt kommt Josianne und sagt: Du kannst. Bäng!

Wenn du im inneren Herbst regelmässig mit deinem Partner streitest, dann beobachte das mal einige Wochen, Monate. Was genau sind die Themen? Könnt ihr sie lösen, ohne dem anderen den Kopf abzureissen, aber auch ohne allzu grosse Kompromisse einzugehen («nichts mehr sagen» und den Frust runterschlucken ist keine Lösung. Das gibt Schluckbeschwerden und Bauchweh). Beobachte im inneren Herbst, wo es klemmt, und suche das Gespräch dann aber im Frühling, im Sommer. So empfehle ich es Frauen, die noch nicht so lange auf dem zyklischen Weg unterwegs sind. Wenn du aber bereits eine klare Herbstfrau bist, die in dieser Zeit gut und nicht verletzend kommunizieren kann, dann um Himmels Willen immer raus mit der Sprache und das Gespräch nicht aufschieben.

Was ebenfalls zu einem schwierigen Herbst beitragen kann, ist das Thema Familienplanung und Kinderwunsch: Ist wieder ein Eisprung vergangen, ohne dass du Sex hattest? Bist du traurig deswegen? Kennst du eine Frau, der du dich mit dieser Trauer anvertrauen könntest?

Und frag dich mal ganz allgemein: Hast du Unterstützung in deinem Alltag? Oder hast du das Gefühl, dass du alles alleine machen musst? Sagt dir dein Bauchgefühl, dass sich unsere Klein-Familien, jede für sich, nicht natürlich anfühlen? Gibt es eine Sehnsucht in dir drin nach einem Sippen-Leben? Hast du ein Netz an guten Menschen um dich herum? Falls nicht, dann ist es Zeit, eines aufzubauen. Mache dir eine Liste mit Wünschen und Ideen dazu und überlege dir dann ganz konkret, wie du eine erste Idee umsetzen könntest. Hast du eine Freundin mit Kindern und könnte sie alle zwei Wochen an einem Nachmittag deine Kinder hüten? Und du dann zwei Wochen danach ihre? Hast du Nachbarn, die auch tagtäglich kochen und könntet ihr 1 x pro Woche für die anderen mitkochen und das fertige Essen rüberbringen? Hast du Teenager zu Hause? Haben sie Fragen zum Leben?

Provozieren sie mit ihren Fragen? Hast du Freunde, mit denen sie sich zu diesen Fragen austauschen können? Hast du Freunde, die mit ihnen Teenager-Dinge unternehmen könnten, falls du keine Lust oder Energie dazu hast? Hast du unter deinen Freunden Singles? Leute, jüngere oder ältere, mit oder ohne Kinderwunsch? Könntest du dir vorstellen, dass sie mal ein Wochenende zu euch kommen, um mit deinem Partner und den Kindern zusammen ein lustiges Wochenende zu erleben, während du wegkannst? Wie wäre es, wenn du solche Ideen nun andenkst und dann Nägel mit Köpfen machst, jemanden anfragst? Das braucht vielleicht Überwindung, aber ich habe gemerkt, dass solche Anfragen meistens viel öfters Freude auslösen, als dass man auf Ablehnung stösst.

Gerade wenn man sich Hilfe holt, aber auch ganz allgemein ist es wichtig, dass wir keinen falschen Stolz zeigen. Wir Frauen haben manchmal eine komische Vorstellung davon, «gut» oder sogar «perfekt» sein zu wollen. Wir sind mitunter stolz auf merkwürdige Dinge wie saubere Wohnungen, gescheite Kinder, einen guten Lohn, die richtigen Kleider oder eine schöne Frisur. Das neue Haus. Die richtige Dekoration im neuen Haus. Doch wer definiert solche Dinge? Ist eine Mutter, die leidenschaftlich gerne kocht, eine bessere Mutter? Ist eine Mutter, die ALLES für ihre Kinder macht, eine bessere Mutter? Ist es erstrebenswert, die BESTE Arbeitnehmerin oder Arbeitgeberin im Lande zu sein? Wo verbiegen wir uns, bis wir zerbrechen?

Wo haben wir die Eier(stöcke!), dass jede von uns SELBER definiert, was wir unter «gut» verstehen? Und können wir als Frauen akzeptieren, dass wir einen Zyklus haben und nicht jede Frau zu jedem Zeitpunkt gleich sein MUSS? Können wir weicher, sanfter, netter werden? Zu uns selber, zu den anderen? Können wir bitte wieder bunter, kreativer, lustiger, lustvoller und wilder werden? Und darum stelle ich dir diese Herbst-Frage: Hast du den Mut, zu sein, wie du willst? Hast du den Mut zur Veränderung? Hast du den Mut, eine unbequeme Situation auszuhalten? Gehörst du zu den Frauen, welche die Welt im Grossen und im Kleinen (was nicht weniger wichtig ist!) verbessern können? Klar gehörst du zu diesen Frauen! Weil du eine zyklische Frau bist. Weil du eine ehrliche, gradlinige Herbstfrau bist. Weil du damit ausgestattet wurdest, dein Naturell auszuleben. Weil du eine Gabe (oder mehrere!) hast, die dir und anderen guttut. Stell dein Licht nicht unter einen Scheffel (ich weiss zwar gar nicht, was ein Scheffel ist, aber sagt man doch so, oder?). Den Mutigen gehört die Welt.

Eine liebe Kursfrau hat schon nach der ersten Woche in meinem Mondzeit-Onlinekurs gesagt: «Ich bin also DOCH nicht wahnsinnig.» Mich hat dieser Satz total berührt, bin ich doch ständig mit Frauen in Kontakt, die sich selber in Frage stellen. Und ich möchte dann am liebsten mit einem Megaphon in die Welt hinausschreien: «MIT DIR STIMMT ALLES!! ALLES IST GUT! DU BIST GUT! DU BIST OK! DU STIMMST!!! DU HAST VIER INNERE JAHRESZEITEN. DU DARFST DICH BEWEGLICH, FLIESSEND, VERÄNDERND DURCH DEINEN MONAT BEWEGEN.» Aber was machen wir Frauen? Wir stellen uns selber in Frage, anstatt uns mit einer unbequemen Thematik auseinanderzusetzen. WAS genau macht uns unzufrieden? Was macht uns traurig? Was ist kaum auszuhalten? Und vielleicht die beängstigende Frage dazu: WAS, wenn ich RECHT habe, mir diese Fragen zu stellen? WAS, wenn es meine Aufgabe ist, mir diese Fragen zu stellen? WAS, wenn es meine Verantwortung mir selber gegenüber ist, mein Leben so zu gestalten, dass ich morgens aufwache und mich auf den Tag freue?

Stürme hat das Leben genug für uns bereit. Im inneren Herbst stärken wir unsere Wurzeln. Ohne starke Wurzeln haut es uns um, und zwar schon bei einem starken Wind, da braucht es gar keinen Sturm dazu. Es ist eine unserer Lebensaufgaben, unsere Wurzeln zu stärken. It's so bloody important! Schau hin – auf dich – und nicht weg. Sei dein Wegweiser, sei der Boden deiner Lebenspizza, spüre deine Wurzeln tief und fest verankert in Mutter Erde.

Ich habe sehr lange an mir gezweifelt, weil ich mit meinen wechselnden Gefühlen, die ich in der Beziehung zu meinem Ex-Partner hatte, nicht zurechtkam. Ich habe mich jahrelang in Frage gestellt und das ist definitiv nicht gut für die Psyche. So ging ich lange zu einer Familientherapeutin, weil ich mich selber nicht verstehen konnte. Wenn ich mir heute, mit dem Zyklus-Wissen, vorstelle, dass sie zu mir gesagt hätte, ich solle meinen Zyklus mal beobachten … Hui, ich wäre 100 x schneller zu mehr Klarheit gekommen. Aber da ich meinen Zyklus ja noch nicht kannte, könnt ihr euch ja vorstellen, was passiert ist: Ich habe der Dame jedes Mal etwas anderes erzählt. Das eine Mal sagte ich ihr, dass alles in Butter sei, das nächste Mal war ich wieder ein Häufchen Elend. Es war ein Auf und Ab. Und das konnte ich monatelang, jahrelang nicht einordnen.

Ich wünschte mir, dass jede Therapeutin, jeder Coach, Psychiater, Psychologe, Familientherapeut, ja jede Frau, die einer anderen zuhört, mit der Frau über den Zyklus spricht, ihr diesen erklärt. Ich bin ganz sicher, dass dies viel, viel Klarheit in viele Leben bringen würde. Zyklus-Wissen kann DER Wegweiser in die gute Richtung sein. Wenn ihr also in eurem Leben nur Baustellen seht, dann vergesst nicht: Ihr seid nicht alleine, ihr müsst das nicht alleine lösen. Macht euch auf die Suche nach einem guten Coaching, einem Programm, einem Therapeuten, oder einer Frau, die euch ganzheitlich dabei unterstützen kann. Schämt euch nicht dafür. Nie. Hilfe annehmen ist nicht schwach, im Gegenteil: Wer selber weiss, dass es alleine nicht klappt und sich jemandem anvertraut, ist weise und schlau. Und ja, solche Therapien oder Coachings kosten Geld, vor allem, wenn der Weg nicht über die Schulmedizin geht. Und wir Frauen sind es nicht gewohnt, für uns selber etwas auszugeben. In uns selber zu investieren. Solchen Sachen sind immer zu teuer. Aber ich sage euch, sie sind so wertvoll. Wertvoller als jedes Paar Schuhe, als jeder Coiffeur-Besuch. Wertvoller, als auswärts essen zu gehen. Schaut, wie ihr zu dem Geld kommt und investiert es in euch selber.

Zusammengefasst kann man sagen: Der innere Herbst ist eine geniale Zeit für Reflexion – was will ich? Und was will ich nicht mehr? Was will ich ändern? Beobachtungen, Ahas und Einsichten, die sich in deinem inneren Herbst zeigen, werden dein Leben ganz bestimmt leichter machen.

Die innere Kritikerin

Der innere Herbst ist auch das Zuhause deiner inneren Kritikerin. Ihr habt in dieser Zeit sozusagen eine Wohngemeinschaft. Es ist sehr wichtig, deine Mitbewohnerin mal genauer unter die Lupe zu nehmen. Du willst schliesslich nicht mit einer doofen Fremden deinen Raum teilen, oder?

Auf den ersten Blick ist deine innere Kritikerin ein Arsch. Deine innere Stimme, die dir sagt, dass du nicht gut genug bist. Dass du es nicht kannst. Dass du es nicht wagen sollst. Wer bist du überhaupt, um etwas Grossartiges zu sagen, zu machen, zu denken? Die innere Kritikerin teilt dir unverblümt alles mit, was nicht gut läuft. Sie erzählt lang und breit, weshalb du nicht gut genug bist.

Die innere Kritikerin ist heutzutage schon fast salonfähig: Links und rechts und in der Schule wird uns gesagt, wie wir zu sein brauchen und wie wir was machen müssen. So und nicht anders. So anziehen und nicht anders. So Aufgaben erledigen und nicht anders. Wenn wir uns aber anders FÜHLEN, wenn unser Bauchgefühl etwas anderes sagt, sind wir bereits im Clinch mit uns selber. Und irgendwann entsteht das unschöne Gefühl von Scham und das Selbstbewusstsein sinkt.

Die innere Kritikerin denkt, wir haben 24 Stunden geöffnet. Sie könne kommen und gehen, wie sie will, wann sie will. Sie kennt keine Grenzen und hält sich nicht an Regeln. Deshalb ist es UNSER Job, sie in die Schranken zu weisen und ihr ihren Platz zu zeigen. Wie das geht? Dazu komme ich gleich. Lasst uns aber erst einmal die Basics festlegen: Es gibt zwei verschiedene Arten der Kritikerin. Denke dir zu jeder Art ein Bild aus, gib ihr eine Gestalt. Oder ihm. Eine Gestalt aus einem Film, einer Serie. Funktioniert gut.

Schauen wir die erste Art an, ich nenne sie mal die «unnötige, überflüssige innere Kritikerin». Die Art, die uns runterzieht, die schlechte Gefühle auslöst. Diese Kritikerin macht es sich zu einfach mit uns, sie ist auch wirklich ein bisschen doof: Sie macht zum Beispiel nur generelle Aussagen. Sie sagt: «Das kannst du ja eh nicht.» Und das wars auch schon. Nicht sehr aufschlussreich, oder? WAS kannst du denn genau nicht? Sie ist ein Motzkopf. Ein Trotzkind. Unreif. Sie macht auf krass, ist es aber nicht. Diese Gestalt könnte zum Beispiel Arnold Schwarzenegger in Terminator sein. Ein bisschen doof, ein bisschen krass, viel Gehabe und Muskelzucken, wenig gescheite Worte, Hauptsache knallen und Bum Bum. Diese Kritikerin sagt etwas einfältig: «You can't do this, you can't do that. You are not good enough. You are stupid.» Dieser Gestalt können wir gut sagen: «Fuck off, selber doof.» Oder: «Du bist hier nicht willkommen. Ich hab keine Zeit für dich, du kannst mich mal.»

Die zweite Art der inneren Kritikerin ist die «nötige, positive Kritikerin»: Sie gibt uns Schlüsselhinweise, was geht und was nicht. Es ist nicht so, dass ich sie persönlich sehr mag, aber ich habe angefangen, sie zu respektieren. Durch die Arbeit mit ihr ist meine Selbstachtung gestiegen, wir sind mittlerweile ein recht gutes Team. Diese innere Kritikerin bringt uns zwei Geschenke mit: Wahrheit und Klarheit. Und das tut ja manchmal schon auch weh, das ist nicht immer ein Zuckerschlecken. Wie könnte denn diese Gestalt aussehen? Vielleicht wie Judi Dench als «Armande» im Film Chocolat? Diese Gestalt könnte aber auch eine Ninja-Kriegerin sein oder eine störrische, geniale, unbequeme Tante. Ein Bad-Ass. Denk dir ein Bild aus. Sie sagt dir nicht: «Gut gemacht, toll!», sondern sie verschwindet still und schnell, nachdem sie ihre Botschaft abgeliefert hat. Sie hängt nicht rum und besänftigt dich. Sie ist eine Kurierin. Sie liefert dir Informationen, die manchmal wehtun, aber immer dienen, um deinen nächsten Schritt zu sehen. Diese positive Kritikerin bringt immer einen Funken Wahrheit mit, sie streut dir ein wenig Salz in die Wunden. Doch sie ist auch fair und macht dich auf Dinge aufmerksam, denen du schon lange deine Aufmerksamkeit schenken solltest. Ihr streitet immer über die gleichen Themen? Entweder ihr macht das noch 10 weitere Jahre so oder ihr schaut es an, sprecht euch aus, verändert was an der Situation. Jeden Montagmorgen der gleiche innere Groll gegen deine Arbeit? Im inneren Herbst zeigt dir die innere Kritikerin ganz genau auf, dass es in deiner Verantwortung steht, etwas zu verändern.

Wichtig ist, diese zwei Arten von inneren Kritikerinnen auseinanderzuhalten. Sozusagen die Spreu vom Weizen zu trennen. Wo sagt dir der lahme Arnold Dinge, die du getrost durchwinken kannst? Und wo ist es Armande, die dir ein wenig Angst einflösst, weil sie so krass ist und dir in schweren Zeiten nie Händchen halten wird? Wie kannst du dieser Armande mit geradem Rücken, erhobenen Hauptes, in die Augen schauen und sagen: «Ok, sags mir, ich höre dir zu»? Indem du ihr ihren Platz zuweist. Sie hat nämlich ihre Bühne, diese Art der inneren Kritikerin, und auf dieser ist sie auch willkommen (aber nur sie, Arnold nicht).

Ihre Bühne ist der INNERE HERBST.

Schauen wir die «gute» innere Kritikerin aus zyklischer Sicht an:
Im inneren Frühling bewegen wir uns in einer Unschuld, im Optimismus, wir haben unzählige Möglichkeiten. Ideen sind noch am Erwachen, noch nicht reif. Wir sind hier eher noch verletzlich und ertragen nicht viel Kritik. Das wäre wie Frost, der die ersten Keimlinge killt. Falls wir in unseren jungen Frauenjahren viel Kritik einstecken mussten, dann steckt diese wahrscheinlich noch irgendwo in uns drin. Eltern, Lehrer, Lehrmeister, erste

Freunde, Freundinnen ... Falls das der Fall war, ist es möglich, dass deine innere Kritikerin auch heutzutage im Herbst noch zu präsent ist und dich verletzt. Schau das an, am besten mit einem Coach, einem (naturheilkundlichen) Therapeuten, in einem Frauenkreis.

Im inneren Sommer sind wir wenig anfällig für die innere Kritikerin, da wir in voller Blüte, im Saft sind. Und falls sie da trotzdem auftaucht, ist es oft Kritik auf diese Art: «Du bist zu viel. Du bist zu laut. Du bist zu sexy. Du bist zu stark.»

Im inneren Herbst hat die innere Kritikerin nun ihren Auftritt. Die Bühne ist bereit für sie, das Scheinwerferlicht ist an. Wenn wir sie hier nicht erwarten, nicht auf sie gefasst sind, kann es sich so anfühlen, wie wenn du auf der Strasse in so ein Hügel-Dings für den Slow Down reinfährst. Es kann dich durchschütteln. Also, die Bühne ist bereit, die innere Kritikerin wartet, um dir eine Nachricht zu überbringen. Um ihren Job zu erledigen, damit sie wieder abhauen kann: SIE FRAGT DICH (ziemlich harsch) ...

... ob du dir selber treu bist.
... ob du auf dem Weg geblieben bist.
... ob du bei deiner Vision bist.

Sie faucht dich an, falls du immer nur für andere da bist. Sie schüttelt dich, wenn du ein Problem ignorierst, das dir Kummer macht. Sie zeigt dir, wenn du nicht mehr bei deiner Berufung bist. Sie schreit dich an, wenn du dir selber keine Sorge trägst, deinen Körper vernachlässigst, dich nicht gut ernährst und zu wenig schläfst. Und dann haut sie wieder ab und lässt dich manchmal erschüttert zurück. Nein, sie ist keine liebliche Figur. Sie ist ein stolzer, krasser, fadengerader Wahrheitsbarometer. AUTSCH. Und sie hilft uns dabei, Bullshit aufzuräumen. Und das ist manchmal (ok, immer) soooo streng. Und gerade dann, wenn du gedacht hast, du hältst es nicht mehr aus, du kannst nicht mehr, kommt der innere Winter und sie verschwindet. Luft raus. Sie hat ihr Ding gesagt, ihre Arbeit erledigt. Und du kannst ohne sie anfangen zu bluten.

Je mehr du deine Wünsche und Bedürfnisse wahrnimmst und du deinen inneren «Crap» aufarbeitest, desto mehr kannst du deiner inneren Kritikerin auf Augenhöhe begegnen. Stück für Stück, Monat für Monat. Auch hier wieder: Das ist und DARF ein mehrmonatiger, mehrjähriger Prozess sein, durch den du nicht alleine durchmusst.

Du bist dafür verantwortlich, dass du deiner inneren Kritikerin sagst, wann sie kommen darf. Wenn sie im Frühling, Sommer oder Winter sagt «Hallo, mach das mal anders, besser, schneller und gell, du bist sowieso nicht gut genug!», dann kannst du ihr getrost sagen: «Es ist noch nicht Zeit für dich. Dein Auftritt kommt, ich nehme mir im inneren Herbst Zeit für dich, dann kannst du mir alles sagen, und ICH entscheide dann, was mir davon weiterhilft und was nicht.» Und wenn die Zeit dann gekommen ist, dann lässt du deine innere Kritikerin sich mal so ordentlich austoben. Stell dir ein Pferd vor, das zu lange im Stall war und dann darf es endlich auf die Weide. Es rennt und springt und furzt und wälzt sich. Es wiehert und schüttelt sich. So braucht auch die innere Kritikerin ihre Stimme, ihre Plattform. Aber nur dann, wenn die Zeit reif ist.

Ich wünsche dir starke Begegnungen mit deiner inneren Kritikerin und ganz, ganz viel Selbstliebe in diesem Prozess.

Den inneren Herbst annehmen und lieben lernen

Herbst heisst back to the roots – wortwörtlich. Also zurück zu den Wurzeln. In der Natur fliessen die Säfte vom oberen Teil des Baumes langsam in die Wurzeln zurück. Sinnbildlich kannst du dich also in deinem inneren Herbst bei jeder Tätigkeit fragen, ob du sie WIRKLICH toll findest. Ob sie dir dient und deinen Lebensweg unterstützt. Oder du kannst dich bei jedem Gedanken fragen, ob er dienlich, nützlich und liebevoll ist. Ob es deine feurige, gute innere Kritikerin ist, die dir den Tarif durchgibt oder ob du in dein Jammertal fällst, das dir so vertraut ist, dass du dort gleich ein bisschen verweilen willst.

Meine Ermutigung an dich: Verkriech dich vor allem im inneren Herbst nicht in dein Schneckenhaus, lass deinen Frust nicht an Mann, Kindern oder Job aus. Mach dich auf die Suche nach deinem Glück. Nun ist das so einfach gesagt und ich weiss, dass es nicht so einfach ist. Aber möglich ist es auf jeden Fall. Es ist möglich, es ist wichtig, es ist lebensnotwendig. Du hast eine Aufgabe hier auf dieser Erde. Die Welt braucht dich! Mach dich auf die Suche nach deiner Aufgabe. Lass Sachen, Geschichten, Beziehungen, Muster, Vergangenes hinter dir, wenn sie dir nicht mehr dienen im Leben. Aber pack das nicht alleine an. Mach ein Coaching. Mach bei einem Programm mit. Lass dich von anderen unterstützen.

Ich denke, dass wir in einer Zeit leben, in der ein Umbruch stattfindet. Eine Bewegung, ein Ruck, ein Aufschrei geht um die Welt. Strukturen werden geschüttelt und wir finden uns nur schwer damit zurecht. Wir sind müde. Ich bin müde, weil vieles so streng ist. Innerlich wie auch in der Aussenwelt. Aber das Gleichgewicht, die Freude, die Liebe, die beginnt bei mir. Die ist in mir drin am Wachsen. Und die hat die Welt so nötig. Die Welt hat deine Liebe, deine Weisheit und Lebensfreude nötig. Grabe sie aus, kultiviere sie und hilf mit, die Welt zu verbessern! Wir brauchen dich! Aber wir brauchen dich ganz echt, authentisch und präsent. Sei mutig und definiere selber, was es für dich heisst, die Welt mitzugestalten.

Mut tut gut

Glaube mir, die Welt braucht keine Frau mehr, die sagt: «Ich kann ja nichts, ich bin so langweilig, so normal, nichts Spezielles.» Das ist Bullshit. Damit ist Schluss. Das sind Ausreden. Das finde ICH langweilig. Und nein, du musst keine Bücher schreiben. Du musst nicht «erfolgreich» sein. Du musst nichts Neues erfinden. Du musst nicht revolutionär sein – zumindest nicht nach den Massstäben der Welt. Wisst ihr, was ich WIRKLICH revolutionär finde? Was ich wirklich mutig finde? Was die Welt verändern wird?

- 💜 Wenn ihr wieder den Worten der Geschichtenerzähler lauscht.
- 💜 Wenn ihr selber wieder Geschichten zu erzählen beginnt.
- 💜 Wenn ihr Besuche macht im Altersheim.
- 💜 Wenn ihr gut zuhört und dem Gegenüber die ganze Zeit in die Augen blicken könnt.
- 💜 Wenn ihr euch mit Menschen aus anderen Kulturen über ihre Heimat austauscht.
- 💜 Wenn ihr einen geflüchteten Menschen fragt, wie es ihm/ihr geht.

- 🖤 Wenn ihr einen krebskranken Menschen besucht und fragt, wie es ihm/ihr geht.
- 🖤 Wenn ihr das Handy für mehrere Stunden pro Tag ausschaltet.
- 🖤 Wenn ihr auf einen (zu) hohen Baum klettert. Und trotz Angst wieder runterkommt.
- 🖤 Wenn ihr so fest lacht, dass ihr vom Stuhl kippt und euch die Rippen brecht.
- 🖤 Wenn ihr den Pfarrer, Seelsorger, den Psychologen fragt, wie es ihm geht.
- 🖤 Wenn ihr Projekte im Dorf anzettelt, welche die Gemeinschaft stärken: Flohmarkt, Gemüse anbauen auf dem Dorfplatz, für die Bäume einstehen, die gefällt werden sollten.
- 🖤 Wenn ihr SPANNEND und nicht langweilig seid!! DAS ist revolutionär. Und wenn ihr dieses «Spannend» selber definiert und dafür zu niemandem «hochschaut» oder es jemandem «abschaut».
- 🖤 Wenn ihr eine Sitzung absagt, weil ihr am Bluten seid.
- 🖤 Wenn ihr euch selber keinen Stempel aufdrückt. «Es ist halt soo... Ich bin halt so ...» Also ehrlich, das ist doch keine Haltung!

Tätigkeiten und Gegenstände entsorgen

Der innere Herbst bietet dir monatlich eine gute Chance, dich um Dinge zu kümmern, die nicht mehr funktionieren. Ich schliesse hier gleich auch wieder die normalen Alltagsgegenstände mit ein: Die Nachttischlampe mit dem abgebrochenen Bein? Flicke oder entsorge sie. Der Saftmixer, der seit drei Jahren ungebraucht in der dunklen Ecke steht? Raus auf die Strasse in eine Gratis-Kiste. Die Kleider, die seit acht Jahren zu eng sind, aber hey, früher haben sie mal gepasst? Kleidertausch organisieren oder ab in die Kleidertonne. Das Kochbuch, aus dem man dann in 100 Jahren, falls man noch nicht gestorben ist, mal noch etwas kochen will? Und dann, wenn du das Rezept suchst, sowieso im Internet schaust? Tja, das kannst du auch getrost entsorgen.

Es gibt keine bessere Zeit als den inneren Herbst, um Ehrlichkeit zu üben. Gefällt dir die Vereinsarbeit noch, die du machst? Oder aus welchem Grund bist du da noch dabei? Das Komitee, das du seit Jahren mitträgst, bist du da noch mit Feuer und Flamme dabei oder eher aus Pflichtgefühl? Die Whats-app-Gruppe des Mutter-Kind-Cousine-Enkel-Turnens, wieso bist du da genau dabei? Niemand kann dich dazu verpflichten. Falls du keine Freude mehr daran hast: Weg mit Mitgliedschaften, Abos, Vereinen, wohltätiger Arbeit. Loslassen, gehen lassen, ziehen lassen: Damit du danach aktiv wählen kannst, was du noch willst. Das erschafft Freiraum. Das gibt Raum zum Atmen und Sein!! Wenn die Freude an deinen Tätigkeiten aber noch da ist? YES!! HURRA! Umso schöner!

1% besser

Kennst du die «1%-Frage» schon? Die ist toll! Sie geht so: Was macht meine Situation im Moment um 1% besser? Dieses eine Prozent ist MACHBAR – und im Herbst so wertvoll. Erstelle dir eine «1%-Liste» und hänge sie gut sichtbar auf. Meine sieht so aus:

- An einem ätherischen Öl riechen
- Einen Spaziergang durchs Quartier machen
- Ab in den Wald!
- Im Garten ein Feuer machen
- Ein Glas Wasser trinken (klingt so einfach, wirkt so gut)
- Duschen
- Laut Musik hören, am liebsten meine Lieblingssongs
- Zwei Minuten auf den Boden liegen und die Beine an der Wand hochstrecken
- Ein Fussbad nehmen
- Auf einen Stuhl stehen und die Decke berühren
- Brot backen und den Teig von Hand kneten
- Unkraut jäten
- Flaschen entsorgen

Keines dieser Dinge wird mein Leben nachhaltig verändern. Aber manchmal brauchen wir eine Tätigkeit, eine kleine Ermunterung, um uns aus dem tiefsten Sumpf zu ziehen. Die weiteren Schritte dürfen danach folgen, aber dieses eine Prozent an Verbesserung hat schon manch schweres Herbst-Herz getröstet.

Herbstliche Hungerattacken

Gelüste sind im inneren Herbst normal. Der Körper verlangt nach «mehr». Meistens mehr Süsses, Salziges oder Fettiges. Und ich bin kein Chips-Gegner, überhaupt nicht! Hoch leben die Paprika-Chips! Aber wie viele davon müssen es sein? Der Darm wird gegen Ende des Zyklus träge. Essen wir stark fettige oder süsse Speisen, ist er doppelt belastet und reagiert oft mit Verstopfung oder Blähungen. Essen kann eine Form von Trost sein. Willst du lieber genau hinschauen, auf welchem Gebiet du Trost brauchst oder willst du für die nächsten Jahre zu viele Chips essen? Werfe einen Blick in deinen Vorratsschrank: Hast du für diese Herbst- und auch die kommenden Wintertage etwas Nährendes bereit? Hast du eine Alternative zu Chips und Schokolade? Falls nicht, besorg dir was Feines, Schmackhaftes, Gesundes. Es muss nicht ein einsames, geschmackloses Urdinkelkörnlein sein, es darf auch ein Stück Marzipan, ein Sesamstengel, Macadamianüsse oder dergleichen sein. Und wenn du jetzt noch nichts vorgekocht hast für deine Mens, dann mach doch gleich eine nährende Gemüsesuppe auf Vorrat.

Muss ich immer für alles bereit sein?

Wenn du tanzt, Sport oder Yoga machst: Setze dich im Herbst nicht unter Druck. Du musst nicht gleich viel leisten wie eine Frühlings- oder Sommerfrau. Du darfst langsamer sein und Übungen abkürzen. Du musst keine Maske tragen und wie «alle» sein. Wahrscheinlich haben mehr oder weniger alle Frauen im Raum einen Zyklus, und doch sieht es für den Zuschauer so aus, als ob alle die gleichen Übungen machen. Eigentlich wäre es schön, es gäbe ein Yoga-Programm für Frühlings- und Sommerfrauen und eines für Herbst- und Winterfrauen …

Und du musst auch nicht nach dem Training noch ein Bier trinken gehen, wenn dir nicht danach ist. Auch wenn es schon seit 20 Jahren so ist. Du entscheidest zu jedem Zeitpunkt selber, was du machst. Ich bin einmal in einem inneren Herbst nach einem Mitarbeiter-Weihnachtsessen bei minus 10 Grad durch einen dunklen Wald heimgelaufen. Nicht alleine, sonst hätte ich mir vor Angst in die Hosen geschissen. Alle haben den Kopf geschüttelt. Alle sagten: «Was? Es ist so kalt, es ist so spät, mit dem Auto bist du ruckzuck zu Hause, ich nehme dich mit.» Aber mir ging es darum: Ich war die letzten drei Stunden in einem Raum mit 20 Leuten, es war laut, es wurde total warm, das Essen war üppig. Es war ein bisschen zu viel. Der Spaziergang nach Hause war friedlich, die Bewegung tat gut und wir haben sogar die zunehmende, zartsichelige Mondin gesehen, die wunderschön über dem Dorf gestrahlt hat. In solchen Momenten bin ich total gerne die «Schräge», die «Durchgeknallte», die «Spezielle».

Schreiben ist Medizin

Schreibe, schreibe, schreibe. Schreiben ist Medizin. Kauf dir ein Tagebuch. Und setz dich nicht unter Druck, JEDEN Tag schreiben zu müssen. Aber habe das Tagebuch neben deinem Bett liegen, mit einem Stift (der Stift ist essenziell. Wer hätte das gedacht. Aber ich hatte schon monatelang ein Tagebuch neben dem Bett, aber tja, der Stift? Der war nicht da. So konnte ich auch nicht schreiben ... Ha, ich hab mich also völlig gedrückt vor der Eigenverantwortung, einen Stift zu holen. Und ich bin 99.9 % sicher, dass ich ihn dann in einem inneren Herbst geholt habe. Aus dem Nebenzimmer. Das nur 1.5 m weit weg war ...). Nur schon ein Satz pro Tag tut gut, oder eine Seite pro Woche. Schreibe dir Kummer, Sorgen, Wünsche, Wut, Träume und Hoffnungen vom Leibe. Und entdecke dadurch das süsse Gefühl, das entsteht, wenn du das Tagebuch wieder zuklappst und im Tagesablauf weitermachst. Glaube mir, ich habe noch kein einziges Mal ein ähnlich süsses Gefühl erlebt, wie wenn ich mein Handy abschaltete ... Im Schreiben von Hand liegt ein gewisser Zauber.

Ohne mich — nein danke!

Übe dich im inneren Herbst im Nein-Sagen. Nein, danke. Nein, merci. Nein, diesmal nicht. OHNE «Entschuldigung» oder Erklärung oder Herauswinden. Ein gutes Übungsfeld ist hier etwa, Telefonverkäufer abzuwimmeln: Wenn die Frau vom Behindertensport anruft und ich in meinem inneren Frühling bin, dann spende ich, wenn ich im inneren Herbst bin, sage ich Nein. Und das nicht, weil ich ein unsoziales Ego bin, das keine Empathie für Menschen mit Behinderungen hat, sondern weil ich meine ausgewählten Menstruations-Projekte in Indien und Nepal finanziell unterstütze. Ich bin also klar und nicht fies. Und ich bin auch realistischer: Denn ich kann und muss nicht die ganze Welt retten.

Wohlfühlen durch schöne Tätigkeiten

Wenn die Herbst-Tage bei dir anstrengend sind: Überlege dir nährende Tätigkeiten für den Abend. Das kann Malen sein (auch wenn du nicht malen kannst!! Es geht um Papier und Farbe und darum, etwas zu machen, OHNE Endresultat!), Musik machen, barfuss in einem Bach laufen, ein Mandala legen (mit Naturmaterialien – oder eine lustige Zuhause-Version: Mit allen Schuhen, die du hast), ein Bad, ein Fussbad, ein Yoni Steam. Egal was, es soll etwas sein, worauf du dich tagsüber freuen kannst. Und vor allem etwas, was du OHNE Handy machst.

Im inneren Herbst spüre ich manchmal eine grosse Ungeduld, Ungehaltenheit oder sogar einen richtigen Ärger gegenüber der Welt. Wenn ich wieder einmal soweit bin, dann tun mir Tätigkeiten wie die folgende sehr gut: Am Feld und Waldrand, an einem Strand oder auf dem Spielplatz mit einer Plastiktüte Abfall einsammeln gehen. Und danach nicht auf Facebook ein Föteli zeigen mit den Worten, wie schrecklich die Welt doch ist. Ich ziehe das Ding für meine persönliche Befriedigung und die Gesundheit der Rehe und Dachse durch. Für mich. Für Mutter Natur.

Tempo runter kurz vor der Menstruation

Der innere Herbst ist auch dazu da, um das Tempo runterzuschrauben. Je näher du der Mens bist, desto langsamer solltest du unterwegs sein. Stell dir vor, in deinem inneren Sommer bist du auf der Autobahn. Immer wieder kommt ein Schild, auf dem steht: Ausfahrt Herbst 2'000 m, dann 500 m und dann kommt plötzlich die Ausfahrt. Du drosselst das Tempo, schaltest ein paar Gänge runter. Du fährst in dein Dorf. Und je näher du deinem Haus kommst, desto langsamer wirst du. Du kannst es dir auch so vorstellen: Du kommst aus dem Ausgang zurück, warst an einem tollen Konzert. Wenn du zu Hause ankommst, kannst du wahrscheinlich nicht ins Bett liegen und schläfst ZACK gleich ein. Wir brauchen noch eine gewisse Zeit, um unsere Gedanken zu stillen, um ruhiger zu werden. Genau so kann sich der innere Herbst anfühlen.

Manchmal nervt es mich, wenn schon wieder etwas kommt in meinem Leben, bei dem sich ein genaues Hinschauen lohnt. Und meistens kommt das eben im inneren Herbst. Ist die «Arbeit» denn nie fertig? Nein, ist sie nicht. Sie dient aber einzig und alleine dazu, dass DEIN Leben schöner wird. Dass es immer besser zu dir passt. Dass DU immer besser zu dir passt. Wenn du einmal die grösseren Baustellen in deinem Leben angeschaut hast, kannst du dich den kleineren widmen. Das darf ruhig mehrere Monate dauern, Zyklus für Zyklus. Und wenn du auch die kleineren Baustellen angeschaut hast, wird es plötzlich ganz spannend: Du fängst an, dem inneren Herbst mit einer kindlichen Neugier entgegenzublicken. Du bist gespannt, wo noch eine Anpassung, eine Verbesserung möglich ist. Und dann wachst du eines Morgens auf und denkst: So geil, das Leben. Es fühlt sich leicht an. Es fühlt sich nach MIR an. Es fühlt sich gut an. Freue dich jetzt schon auf diesen Moment, denn er ist absolut erreichbar. Das ist kein Märchen. Der Weg dahin führt über dich, deinen Zyklus, deine Beobachtungen und deine Ehrlichkeit mit dir selber.

Bereit für einen klaren, kraftvollen inneren Herbst?

Mach dich auf die Suche nach deinem «Wieso». Nach dem, was dir am meisten Freude bringt. Steh für dich ein. Steh für deine Werte ein. Steh für dein Verlangen im Leben ein, steh auf und setz dich in Bewegung. Es ist Zeit für eine Herz-Revolution.

Stelle dir deshalb auch weiterhin jeden Tag diese Fragen: An welchem Zyklustag bin ich heute? Was tut mir heute gut? Was kann ich heute getrost weglassen? Was steht in ca. zwei Wochen in meiner Agenda? Auch ich muss wirklich jeden Tag auf mein Zyklus-Rad schauen, um mit mir selber verbunden zu bleiben. Nur wenn ich meinen Zyklustag präsent habe, weiss ich wirklich, in welcher inneren Jahreszeit ich mich befinde. Es klappt irgendwie nicht so richtig, wenn ich mich ausschliesslich auf mein Gefühl verlasse … Ich verliere im Strudel des Alltags schlichtweg das Zeitgefühl. Denn unsere

Gefühle sind nicht immer «einfach so» übereinstimmend mit der Zyklus-Jahreszeit. Und wenn dann die Mens «überraschend» kommt, dann weiss ich nachträglich, dass ich nicht bei mir war.

Lebst du zyklisch, wirst du immer weniger von «deiner seltsamen Laune, deiner Weinerlichkeit oder deinen Aggressionen» überrascht sein. Sondern du wirst präsent im JETZT leben, du wirst wissen, wie du die Informationen über dich selber nutzen kannst und du wirst dein Leben Zyklus für Zyklus liebevoller und selbstbestimmter gestalten.

DER INNERE WINTER

NACHT NEUMOND MENSTRUATION
NORDEN ERDE WEISE FRAU

Winter

TRÄUMEN RÜCKZUG WEISHEIT
STILLE WURZELN STÄRKEN
AUSRUHEN INTUITION
SEIN VERTRAUEN

Der Winter als Jahreszeit

Es ist Winter, Mutter Erde ruht. Kahles Astwerk lässt uns einen Blick in die Struktur der Bäume erhaschen. Vogelnester werden sichtbar. Der Baum ruht sich aus. Die Kraft ist in die Wurzeln zurückgeflossen, ist unsichtbar geworden. Man könnte meinen, die Natur sei leblos, vielleicht sogar langweilig. Manchmal vermisse ich die leuchtenden Farben der Blumen im Winter. Manchmal verkrampfe ich mich, wenn mehrere Tage der Nebel seinen Auftritt hat und die Sonne ihn nicht aufessen mag. Vielleicht hat sie einfach gerade keine Lust auf Nebelsuppe? Ist ja auch verständlich.

Als es noch kein elektrisches Licht gab, war der Winter – jedenfalls in unseren Breitengraden – ganz anders, als wir ihn jetzt erleben. Stell dir mal einen Winter ohne Strom vor. Was würdest du machen? Und vor allem: Welche Tätigkeiten würdest du nicht mehr machen können?

Früher war der Winter geprägt von Warten und Abwarten. Von Ruhen. Von Ausharren. Werkzeuge putzen, reparieren und neue herstellen, schnitzen. Körperpflege. Vorräte einteilen. Reflektieren. Verarbeiten der Erlebnisse des Jahres, Verarbeiten von Verlusten. Ausruhen. Geschichten erzählen. Hoffen auf die Rückkehr der Sonne, der Wärme und der Blumen. Wie ein Winter heute aussieht, weisst du ja. Es ist alles immer machbar. Der Strom macht es möglich, dass wir immer Licht haben, dass die Heizung uns schön wärmt (thanks god!), dass wir uns Sommer wie Winter vor unseren Computern und anderen Geräten tummeln können, verbunden mit der ganzen Welt.

Die Menstruation

Wir Frauen erleben jeden Monat einen inneren Winter, nämlich dann, wenn wir unsere Menstruation haben. Mondzeit, Mens, die Tage, die Periode, die Regel, der Fluch, das rote Meer, sie, die rote Tante, Himbeertage ... Diese Zeit hat viele Namen. Für die einen ist es eine spezielle Zeit, für andere sogar eine schöne Zeit. Und für viele eine Zeit, die sie sich am liebsten wegwünschen.

Es spielt eine Rolle, WIE wir bluten. Frauen, die ihren Zyklus kennen, wissen, wie wertvoll und magisch diese Zeit ist. Wie wichtig es ist, von der Immer-alles-jetzt-Gesellschaft eine Pause zu machen.

Dieses Buch könnte auch mit folgendem Satz zusammengefasst werden:
DIE MENSTRUATION IST WICHTIG.

Ok, vielleicht mit zwei Sätzen. Der zweite Satz wäre dann:
MACH MAL NE PAUSE!

Der erste Tag deiner Menstruation ist der Zyklustag 1. Wenn du beginnst, deinen Zyklus zu beobachten – mithilfe des Zyklus-Rades, einer App oder in deinem Tagebuch – dann weisst du nun also, dass mit jeder einsetzenden Menstruation ein neuer Zyklus beginnt. Für alle Frauen, die nicht oder nicht mehr bluten, ist der Neumond der Zyklustag 1. Menstruationszyklen sind unterschiedlich lang. Es gibt kein richtig oder falsch, es spielt keine Rolle, ob dein Zyklus lang oder kurz ist. Ob du bei Neumond oder Vollmond blutest – oder irgendwann dazwischen. Es gibt einzig und allein DEINEN Zyklus und nur der ist relevant für dein Leben. Du kannst so viel von ihm lernen.

Der Lebenswinter

Von der Lebensphase her repräsentiert der innere Winter, also die Zeit der Menstruation, die weise, alte Grossmutter. Eine Greisin. Eine Frau mit langen weissen Haaren, die zwar müde im Körper, aber klar im Geist ist und ganz viel Weisheit in sich trägt, die ihr und ihrer Sippe, ihrer Familie, guttut. Sie ist eine Frau, die schon vieles gesehen und gehört hat. Eine Frau, die eine lebenslange Selbstbeobachtung und Reflexion hinter sich hat. Eine Frau, die gelernt hat, loszulassen. Eine Frau, die weiss, dass das letzte Loslassen, der Tod, vor der Türe steht und damit im Reinen ist. Die weise Frau trifft Entscheidungen, weil sie etwas will und nicht, weil sie «sollte». Es geht ihr nicht darum, was von aussen an sie herangetragen wurde oder was alle anderen um sie herum brauchen. Der Kinderwunsch ist kein Thema mehr, die Partnerwahl ist oft abgeschlossen, die berufliche Laufbahn nicht mehr relevant.

Wann hattest du das letzte Mal ein Problem, eine grosse Frage und hast gesagt: «Ich möchte zuerst meine Mutter, meine Grossmutter dazu befragen»? Wann hast du gesagt: «Ich mach mal eine Runde durch das Altersheim und spreche mit den Frauen dort, und dann gebe ich dir eine Antwort»? Wahrscheinlich selten bis nie. An meinen Kursen stelle ich manchmal auch diese Frage: «Wann hast du das letzte Mal eine alte Frau um Rat gefragt?» Oft wird gesagt, dass es keine alte Frau im Umfeld gibt, die für solche Fragen geeignet wäre. Dass in den Altersheimen nur «jammernde alte Frauen» zu finden seien, die der Vergangenheit nachtrauern und sagen, dass früher alles besser war. Das mag sein, doch es gibt immer wieder Perlen unter den alten Menschen – finde sie! Und lerne von ihnen. Und mache im Alltag folgende Übung: Anerkenne jede Person über sagen wir mal 75 Jahren, die du auf der Strasse triffst, mit einem inneren Kopfnicken, mit einem JA für diese Person, mit einem JA zu ihrer Weisheit. Mit der Haltung, dass in diesem Menschen die Weisheit innewohnt. Es ist egal, ob das dann genau auf diese Person zutrifft. Aber wenn wir ihnen nicht mal eine Chance geben, die Achtung, die den älteren Menschen gebührt, dann ändert sich auch an unserer Einstellung nichts und wir glauben weiterhin nicht, dass alte Frauen weise sein könnten. Und somit verweigern wir auch unserer inneren, alten, weisen Frau, der Menstruation, diese Wertschätzung.

Pausen und ihr (schlechter) Ruf

Lass uns nun ein wenig übers Pause machen philosophieren … Pausen haben einen viel zu schlechten Ruf! Pausen seien für Weicheier. Pausen seien weder nötig noch wichtig. Medizinisch sei es nicht belegbar, dass Frauen während der Menstruation einen geringeren Energielevel aufweisen und deshalb eine Pause bräuchten. Was für ein absoluter Quatsch.

Seit wir elektrisches Licht haben und uns mit einem Überfluss an technischen Geräten umgeben, haben wir es verlernt, Pausen zu machen. Und doch wären sie so nötig, mindestens einmal im Monat, wenn wir menstruieren. Unser Körper reagiert sonst mit Krämpfen, mit Müdigkeit, mit Unwillen, etwas zu leisten. Das sind alles Nachrichten an uns. Nachrichten, die sagen: Stopp. Halt an. Halte inne.

Wenn wir die Natur beobachten, wissen wir, dass der Baum sich im Winter erholt, dass er seine Kräfte sammelt, damit er im Frühling wieder blühen mag. Von uns selber verlangen wir aber, dass wir immer auf Draht sind. Dass wir immer leisten müssen. Dass wir immer Kraft für alles haben müssen. Denn sonst geht die Welt unter. Und das macht so müde.

Der Winter als Jahreszeit hat keine Eile, er will Anfang Dezember noch gar nicht, dass der Frühling wiederkommt. Ihm macht es nichts aus, noch etwas zu ruhen. Er hat ja auch nichts zu tun, ausser zu «sein», statt zu «tun». Es ist die Zeit, in der Mutter Erde «nichts» macht – zumindest nichts Sichtbares. In Wirklichkeit ist es die Zeit, die nötig ist, damit der Kreis überhaupt weitergeht. Immer Sommer geht einfach nicht! Immer Sommer bedeutet früher oder später eine Natur mit Erschöpfungsdepression. Auch in tropischen Ländern ruhen sich die Pflanzen aus, bevor sie neue Früchte machen. Auch dort gibt es eine «Saison» und es gibt Regen- und Trockenzeiten, die sich abwechseln. Eine Frau, die immer im inneren Sommer lebt, brennt früher oder später aus. Eine Frau, die im inneren Winter schlaue Pausen macht, sammelt hingegen wichtige Kräfte für den kommenden Zyklus.

Kein Bauer sät im Winter. Er lässt die Felder brach liegen oder pflanzt eine Zwischenkultur, die keine andere Funktion hat, als den Boden zu regenerieren, damit dieser später wieder fruchten mag. Aber was machen wir als Gesellschaft? Wir machen weiter. Immer gleich, Tag für Tag. Zielgerichtet, zielorientiert, immer geradeaus. Weil wir müssen. Sagt eigentlich wer genau? Wir Frauen sollen funktionieren. Immer gleich. Stabil, ausgeglichen, zuverlässig. Sonst gerät die Welt aus den Fugen. Aber welche Welt ist das? Die Gesellschaft? Wer ist denn bitte schön die Gesellschaft, wenn nicht wir alle zusammen? Ist es deine Vorstellung? Die Vorstellung deines Mannes? Deiner Familie? Deines Arbeitgebers? Deiner spirituellen Gemeinschaft? Ach, übrigens, weisst du es schon? Unser Blut ist rot, nicht blau. Die liebe Werbung … Wir müssen während der Tage nicht mit weissem Slip und weissen Hotpants Tennis spielen. Auch nicht die Eiger-Nordwand hochklettern. Alle Anbieter von Binden und Tampons zielen darauf ab, dass wir uns mit ihren Produkten «wie immer» fühlen können. Ich empfinde eben genau dieses «wie immer» als Nachteil und nicht als Vorteil. Das IST ja gerade das Schöne an der Mens: Sie ist eine spezielle Zeit, aus der ich Kraft schöpfen darf. Ich unterdrücke doch nicht das schöne Gefühl, das ich während meiner Tage habe. Ich unterbreche doch die Verbindung zu meiner Quelle nicht! Nichts sehen, nichts riechen, nichts wissen ... Und schon ist die Mens weg. Verschwunden. Ignoriert. Tabu. Sie findet das nicht sehr witzig! Und macht sich oft auf eine sehr unbequeme Art bemerkbar. Millionen von Frauen sind in diesem Moment, wo du diese Zeilen liest, damit beschäftigt, sich nicht anmerken zu lassen, dass sie bluten. Etliche Millionen davon schämen sich dafür. Ein paar weitere Millionen unterdrücken ihr Blut mit einer Pille oder einem Hormon-Implantat. Viele haben Schmerzen. Einige Millionen tun so, als ob sie Männer wären. Kein Wunder, sind wir so erschöpft! Kein Wunder, biegen sich Frauen unter Schmerzen. Kein Wunder, kotzen Frauen oder fallen gar in Ohnmacht. Ohne Macht ... Deine persönliche Verbindung zu deiner Menstruation kann dir ein Leben voller Respekt, Dankbarkeit und Entfaltung bescheren.

Du DARFST dich während der Mens aber auch leicht und glücklich fühlen! Stelle dich NIE in Frage, wenn du dich gut fühlst. Das ist eine andere Gehirnwäsche, die wir komischerweise machen. Eine Frau aus einem meiner Kurse fragte mich einmal, ob es normal sei, dass sie sich so gut fühle während der Mens. JA! Ein herzhaftes JA! Das war so geplant! Das ist mehr als nur OK so! Keep feeling good, please!

Praktische Ideen für Pausen während des inneren Winters

Sehr oft bekomme ich aber folgende Aussage zu hören: «Es ist nicht möglich, während der Mens eine Pause zu machen. Ich habe Kinder, ich habe Verpflichtungen, ich habe einen Job. Josianne, hör also auf mit deinen Märchen.» Nun, es gibt sehr viele verschiedene Arten, Pause zu machen, nicht nur die Koalabär-Art (die Ich-lieg-die-nächsten-drei-Tage-unbeweglich-auf-dem-Sofa-und-berausch-mich-an-Eukalyptusblättern-Art). Eine Pause machen kann auch bedeuten, eine Gewohnheit zu unterbrechen, einen Gedankenstopp einzulegen, den Aktivismus zu durchbrechen:

💜 Wie oft stehen wir am Morgen auf und werfen als Erstes einen Blick aufs Handy? Mails, Facebook, Instagram – das alles unter einem Deckmantel: «Ich habe meinen Wecker auf dem Handy, darum hatte ich es schon in meiner Hand.» Kaum sind wir also wach, konfrontieren wir uns schon wieder mit der Welt. Was spricht denn dagegen, einen kleinen, altmodischen Reisewecker zu kaufen und neben das Bett zu legen? Klar piept der fürchterlich doof, aber vielleicht hilft das ja auch gleich beim Aufstehen. Was spricht dagegen, das Handy ganz auszuschalten und in einer entlegenen Ecke in der Wohnung auf einem Schrank zu deponieren und zu sagen: «Ich weiss zwar, du bist dort, aber ich schenke dir erst in 30 Minuten Beachtung. Die ersten 30 Minuten des Tages gehören MIR.» (… und das wollte ich einfach auch noch loswerden: Wieso fühle ich mich schon fast wie eine Rebellin und so sehr befreit, wenn ich mal – ganz selten, also 1 x pro Jahr – OHNE Handy aus dem Haus gehe? Wieso fühle ich mich schuldig, wenn ich für ein paar Stunden nicht erreichbar bin, auch nicht, wenn es einen Notfall gäbe mit den Kindern oder mit dem Mann? Wieso empfinde ich es bereits als Risiko, wenn ich ohne Handy im Wald spazieren gehe? Was soll der Scheiss?!)

♥ Mach für drei Tage eine Pause vom TV-Schauen (die Welt geht davon nicht unter …).

♥ Mach Pause von elektrischem Licht am Morgen: Ein Frühstück bei Kerzenschein finden auch Kinder schön.

♥ Mach eine Pause vom Sprechen: Versuch mal, während der Mens nur halb so viele Wörter zu sagen. Einfach deine Meinungen, Anweisungen, Energie etwas bei dir zu behalten (es gibt doch da so einen Schritte-Zähler. Ich fände es noch toll, gäbe es einen Wörter-Zähler …).

♥ Mach eine Pause von Social Media. Facebook, Twitter und Instagram werden dich nicht so arg vermissen wie du sie. Aber du schaffst das! Fange mit 30 Minuten pro Tag an und steigere dies langsam, bis du bei ein paar Stunden und dann vielleicht sogar bei zwei bis drei Tagen am Stück bist. Glaub mir, es wird rein gar nichts passieren in deiner Abwesenheit. Ausser, dass DU dich leichter und geerdeter fühlst. Mehr bei dir.

♥ Mach mal Pause davon, die Kinder zu bedienen: Sie sind oft schon längst alt genug, um sich selber anzuziehen, den Apfel aus der Früchteschale zu holen etc. Kehre den Spiess doch einfach um und sage: «Ich habe grad meine Mens, kannst du mir bitte X und Y holen? Mehr dazu im Kapitel «Zyklisch leben im Familienalltag».

♥ Mach mal Pause vom kalten Sandwich aus der Bäckerei. Echt jetzt. Koch dir eine nahrhafte Suppe und nimm diese mit zur Arbeit.

♥ Mach eine Pause von deinen Projekten. Lass die Aktivitäten sein, die dich im Projekt vorwärtsbringen und beobachte lediglich deine Gedanken, wenn sie um ein Projekt kreisen und schreibe deine Erkenntnisse im Zyklus-Rad auf.

💜 Mach mal Pause von deinem BH. Deine Brüste werden es dir danken.

💜 Mach Pause von Nachrichten! Wirklich. So wertvoll.

💜 Mach Pause von deiner Gewohnheitsliteratur: Wenn du zum Beispiel immer nur Krimis liest, führe dir mal eine schöne Romanze zu Gemüte. Wenn du nur Fach- oder Sachliteratur liest, dann tauche mal in die Welt der Kurzgeschichten ein.

Eine Pause zu machen ist KEINE Zeitverschwendung. Warum gibt es Samstage und Sonntage? Warum gibt es Urlaub? Warum gibt es Retreats? Warum gibt es Auszeiten? Warum gibt es Erholungsgebiete? Weil wir PAUSEN brauchen. Pausen sind mitunter der einzige Garant, dass neue Kreativität entstehen kann.

Deine Menstruation als Kraftquelle

Deine Menstruation, und damit dein persönlicher monatlicher Rückzug, kann deine grösste Kraftquelle werden. Die Zeit, auf die du dich jeden Monat am meisten freust. Die Schatzkiste am Ende des Regenbogens. Du musst diese Schatzkiste nicht mal mühsam mit Schaufel und Spaten ausgraben gehen, nein, sie steht dir zur Verfügung und du kannst einfach mal reinliegen und nichts tun. Als Frau hast du eine Verantwortung dir selber gegenüber. Diese beinhaltet, dir in erster Linie selber gut zu schauen, Selbstliebe zu praktizieren und dich nicht die ganze Zeit hinter den anderen zurückzustellen.

Klar, Nichtstun ist verpönt. Tut man nichts, bezeichnet man sich in erster Linie als faul. Als nächstes bezeichnen dich die anderen als faul. «Nichts tun», also SEIN, ist aber essenziell für unsere mentale und emotionale Gesundheit. Ich selber empfinde die Mens aber nicht einmal als ein Nichtstun. Menstruieren ist eine Tätigkeit, die von aussen kaum wahrgenommen werden kann. Sie ist vielleicht sogar DIE Tätigkeit, die vor allem der westlichen Welt die neue Richtung geben kann, die sie bitter nötig hat. Die Menstruation ist die Medizin, welche die Welt braucht. Wie das? Achtsam menstruierende Frauen ändern den rigiden Takt, durchbrechen die Starre, heilen den Planeten.

Loslassen mit dem Menstruationsblut

Die Menstruation ist eine wunderbare Zeit, um das loszulassen, was während deines inneren Herbstes hochgekommen ist. Jetzt ist Zeit dafür, es freizugeben – quasi ein kleiner Tod. Mit jeder Mens können auch andere kleine Tode unterstützt werden. Dies könnten sein:

- 💜 Das Kündigen eines Jobs
- 💜 Umziehen
- 💜 Einen Garten oder ein Gartenstück abgeben
- 💜 Mit einer Vereinsarbeit aufhören
- 💜 Einen grossen Teil des Hausrats ausmisten und weggeben
- 💜 Eine Beziehung beenden
- 💜 Einen Traum, einen Wunsch, eine Illusion loslassen

Ist so ein Ereignis eingetreten, kann uns die Mens helfen, einen Verlust oder einen Abschied mitzutragen, damit der Wechsel ohne bleibende seelische Wunden vonstattengeht. Die Menstruation ist somit auch eine Zeit der Transformation. Ist dir das auch schon aufgefallen? Nach vielen Kinderkrankheiten mit Fieber macht ein Kind einen Entwicklungsschritt. Anstatt das Fieber zu senken, müssen Mutter und Vater diesen Zustand aushalten, durchstehen und präsent sein. Nach jeder Krankheit hat das Kind etwas gelernt. Es ist ein innerer Prozess. So ist das auch bei der Menstruation (aber glaube jetzt ja nicht, ich vergleiche die Mens mit einer Krankheit! Ich finde es nur ein grandioses Beispiel eines «Zustandes», der oft als negativ wahrgenommen wird und in Wirklichkeit eine gute Funktion hat!). Du kannst die Menstruation symbolisch wahrnehmen wie eine wunderschöne Schlange, die sich häutet. Wir streifen jeden Monat die zu klein gewordene Haut ab, da wir innerlich gewachsen sind. Wir streifen jeden Monat den vorherigen Zyklus ab, um uns wieder neu auszurichten. Und wenn diese Ausrichtung nun jeden Monat HIN zu dir stattfindet, MAMMA MIA, stell dir mal vor, wie geil dein Leben sein könnte?

Stoppen wir während der Menstruation nicht wenigstens einen Teil der täglichen Aktivitäten und machen wir mindestens zwei oder noch mehr Tätigkeiten gleichzeitig, sieht die Situation folgendermassen aus: Wir sind im inneren Prozess des Menstruierens, des Loslassens, Erneuerns und erledigen gleichzeitig alle alltäglichen Dinge wie Arbeiten, Kinderbetreuung, Organisation von Familie und Projekten. Klingt ziemlich anstrengend, oder? Vergiss nie: Während der Mens sind wir bei unseren Wurzeln, also quasi unterirdisch tätig. Trotzdem sausen wir gleichzeitig mit dem noch verbleibenden Saft in die Baumkronen rauf und sind für jeden Vogel verfügbar, der Pieps macht, für jedes Eichhörnchen, das nach einer Nuss verlangt, für jeden Specht, der noch ein Loch in uns hacken will und für jeden Windstoss, der noch ein bisschen an uns rütteln will. Wir machen uns also selber einen riesigen Gefallen, wenn wir unser Tempo drosseln. Ausgebrannte Frauen gibt es immer häufiger und Frauen, die mit Würde, Selbstbestimmtheit und Anmut durch ihr Leben gehen, immer weniger.

Die Menstruation als Botin von wichtigen Fragen

Für viele ist die dunkle Jahreszeit, der Winter, oder auch die dunkle Nacht, nicht die beste Freundin. Auch der letzte Lebensabschnitt, jener der weisen, alten Greisin, ist uns ein bisschen suspekt, weil danach ja unweigerlich der Tod kommt. Da drehen wir uns ganz schnell weg, weil es schwierige Gefühle hervorbringt. Auch die Zeit der Menstruation ist eine Phase der Dunkelheit. Ich selber heisse diese Art Dunkelheit willkommen, da sie sich eher so anfühlt wie wenn es des Nachts dunkel wird und ich entspannt einschlafen kann. Bei hellem Licht zu schlafen geht einfach nicht gleich gut. Wir verbinden viel zu oft das «Dunkle» mit etwas Negativem. Aber ist es nicht der Wechsel von dunkel und hell, der so wertvoll ist? Es braucht das Dunkle, die Nacht, damit es wieder Tag werden kann. Es braucht das Loslassen, das Sterben, die kleinen Tode im Alltag, damit Neues entstehen und wachsen kann. Die Sonne wärmt uns und spornt uns mit ihrem Licht und ihrer Kraft zu Taten an. Die Nacht nährt uns und lässt uns eintauchen in tiefere Prozesse. Sonne und Mond, Tag und Nacht, Mann und Frau, Eisprung und Menstruation. Beide Seiten, beide Qualitäten sind natürlich und nötig, keine ist besser oder schlechter, und beide Seiten sind in uns Menschen vorhanden.

In der Dunkelheit – und somit auch während des inneren Herbstes und des inneren Winters – schlagen wir Wurzeln, wachsen unsere Wurzeln, in der Dunkelheit und in der Ruhe werden wir stärker. In der Dunkelheit liegt die

Kraft für das, was kommt. Stell dir einen Wald vor, einen offenen schönen Birkenwald, einen dichten Tannenwald, einfach einer, der dir besonders gut gefällt. Ein Sturm kommt auf, es windet, es wird kalt. Die Bäume fangen an zu tanzen, manchmal kracht es auch, oft bricht aber höchstes ein Ast ab. Der Baum selber steht nach dem Sturm noch. Vielleicht etwas zerzaust, aber er ist noch da. Die Wurzeln haben den Baum gehalten. Stürme gibt es viele in unserem Leben: Trennungen, Jobverlust, Umzug, der Tod von lieben Menschen, unerfüllter Kinderwunsch, Krankheiten, Missbrauch, Abhängigkeit, scheinbar unlösbare Situationen. Da wir verlernt haben, Wurzeln zu schlagen, wird heutzutage gleich jede (kleinere!) schwierige Emotion zum riesigen Sturm. Jede «Regung» ist uns zu viel geworden, jede Änderung haut uns aus der Bahn. Wenn der sonst so pünktliche Schweizer Zug drei Minuten Verspätung hat, ruft man den SBB-Kundendienst an. Wenn die Lehrerin in der Schule anders tickt als man selber, wird sie verurteilt. Wenn einem jemand eine lieblose Nachricht schickt, wird man tieftraurig. Wenn jemand auf Facebook einen fiesen Kommentar hinterlässt, bricht eine Welt zusammen. Und wenn man dann in diesen Emotionen hängen bleibt, werden die grossen Stürme des Lebens verdrängt. Sie werden zum Tabu, weil wir sie gar nicht mehr ertragen. Wir haben keine Kapazität mehr, uns den grossen Themen wie Geburt und Sterben anzunehmen. Diese zwei «Akte» finden in der westlichen Welt oft unbemerkt statt, häufig im Spital. Oftmals unter nicht allzu schönen Voraussetzungen. Und das hinterlässt Spuren in uns allen, egal ob wir weg- oder hinschauen.

Wenn wir unsere Wurzeln nicht stärken, verlieren wir unsere Erdung. Unsere Lebensqualität nimmt gravierend ab, wenn wir den wichtigen Fragen des Lebens aus dem Weg gehen. Für mich sind folgende Fragen die wichtigsten im Leben:

- 💜 Liebe Frau, wie geht es dir heute? Bist du glücklich? Lebst du dein Leben selbstbestimmt und mit grosser Liebe für dich selber und für andere? Bist du hier? Im Jetzt?
- 💜 Liebe Frau, wie wurdest du geboren? Wie hast du deine Kinder geboren? In Würde? In deiner Kraft? Was möchtest du noch gebären?
- 💜 Liebe Frau, wurde deine Menarche, die erste Mens, gefeiert? Was hast du für Gefühle, wenn du an sie zurückdenkst?
- 💜 Liebe Frau, wie möchtest du sterben? Was für ein Abschied würde dir guttun? Was kannst du während deiner Lebenszeit bereits loslassen?

So, Josianne, jetzt mach mal einen Punkt. Was hat denn nun Gebären und Sterben mit der Mens, mit dem Zyklus zu tun? So viel. Oh, so viel! Irgendwie ALLES. Die Lebensphasen, die Archetypen, die Jahreszeiten und der weibliche Zyklus, bei allen diesen Zyklen dreht es sich in der Essenz um diese Fragen. Doch wie können wir zu den Antworten auf diese Fragen kommen? Wir können uns wieder «ausgraben». Uns neu kennenlernen. Ehrlich sein. Authentisch sein. Unsere Stärken anzapfen, die wir alle haben: Es sind die WURZELN, die den Baum halten. Es ist die Kraft der Menstruation, die Kraft der Ruhe, die Pausen, die Dunkelheit, die dich stärken fürs Leben. Und es ist die Leichtigkeit des Sommers mit dem Rauschen in den Ästen, die dafür sorgt, dass du nicht brichst. Und das Geile daran? DU definierst, was deine Wurzeln stärkt. DU entscheidest, welche Menschen, Orte, Häuser, Tätigkeiten, Rituale und Gedanken dich stärken. Du bist die Schöpferin deines Lebens. Du bist die starke Frau, die zyklische Frau, die das von Natur aus kann. Wir sind von Mutter Erde dafür ausgerüstet worden.

Es ist dein Zyklus, der dich so beweglich macht, so fluid, damit du dir nicht weh machst. Ein Baum ohne Wurzeln fällt früher oder später um. Ein Baum, der sich keinen Zentimeter bewegt, bricht in der Krone. Dein Zyklus wird – oh Wunder – nicht IMMER gleich sein. Weil du keine Uhr, keine Maschine bist. Manchmal stelle ich mir den Zyklus als kichernde Frau vor, die mit uns spielt und schaut, ob wir gut beweglich sind.

Wenn die Emotionen Achterbahn fahren

Manchmal fühlen wir uns crazy, vor allem, wenn wir von einem tollen inneren Sommer in einen abgrundtiefen, schwierigen, launischen inneren Herbst fallen. Es schleudert uns scheinbar hin und her. Die Gefühle machen, was sie wollen. Wie ein Schiffbrüchiger auf dem Meer lassen wir uns von Ebbe und Flut hin- und hertreiben, ohne dass wir Halt finden. Kein gutes Gefühl. Gar kein gutes Gefühl.

Manchmal bringt mich ein tolles Foto von meiner kleinen Tochter Moira Luna zum Weinen, einfach, weil ich sie so fest liebe. Schaue ich das Foto während meines inneren Sommers an, finde ich sie einfach nur zum Fressen süss. Im inneren Winter? Da stelle ich mir manchmal schon auch vor, wie das Leben ohne sie wäre, also wenn sie sterben würde. Und dann muss ich weinen. Ist das nun gut? Oder schlecht? Nichts davon. Ich lasse das Gefühl zu und weiss, es hat seine Richtigkeit. Die Möglichkeit besteht nämlich, dass auch ein Kind stirbt. Und anstatt dieses Gefühl zu verdrängen oder mit Nachrichten, Serien, Chips und Bier zu überdecken, bleibe ich für ein paar Minuten dabei, mir zu überlegen, ob ich mein Leben mit meiner Tochter so lebe, wie es stimmig und schön ist, ob ich genug Qualitätszeit mit ihr verbringe oder ob ich mich mit zu vielen Oberflächlichkeiten im Alltag abgebe. Das gleiche Gedankenspiel kann ich auch mit meiner Mutter machen (klaro, mit jedem lieben Menschen in meinem Leben): Meine Mutter wird sterben, das ist ein Fakt. Während einer Mens macht mich das trauriger als sonst. Ich weiss aber, dass diese Trauer eine Funktion hat: Sie macht mich darauf aufmerksam, dass ich überprüfe, ob ich genug Kontakt mit meiner Mutter habe, ob es Dinge gibt, die ich ihr noch erzählen will, oder die ich von ihr wissen will. Wenn sie stirbt, dann stirbt nämlich auch viel Wissen, vor allem über die Linie meiner Ahninnen aus dem Emmental. Meine Mutter ist eine Geschichtenerzählerin und vor ein paar hundert Jahren wäre sie es gewesen, die am Feuer die spannendsten Geschichten erzählt hätte. Ich wünsche mir, dass ich noch vielen ihrer Geschichten lauschen kann, bevor sie in die andere Welt geht.

Auch die folgenden Gedanken sind mir nicht unbekannt und waren mir lange nicht geheuer, bis ich sie endlich einordnen konnte: Mein Mann geht ab und zu nach Bern, um zu tanzen und seine Freunde zu treffen. Wenn ich kurz vor dem Einschlafen bin, brauen sich in meinem Kopf die schlimmsten Bilder zusammen: Er fährt nach Hause und hat einen Autounfall. Innert Sekunden stelle ich mir ein Leben ohne ihn vor, führe mir meine vaterlosen Kinder vor Augen und habe die Beerdigung bis hin zu seinen Lieblingssongs auch schon organisiert. Und werde tieftraurig dabei. Unterdessen kann ich damit umgehen. Ich gebe meiner Phantasie und meiner Trauer ein paar Minuten Zeit, respektiere auch die Tatsache, dass Reto nicht für immer und ewig leben wird. Danach wende ich mich aber der Dankbarkeit zu und freue mich am nächsten Morgen umso mehr, dass ich neben ihm aufwachen darf. So leben wir Frauen oft in einem Wechselbad von Freude und Trauer und wissen oft nicht mal so genau, was wir genau betrauern. Wir stellen uns selber in Frage, überspielen unsere «Schwankungen» und tun so, als ob wir «wie immer» seien. THIS IS SO BLOODY EXHAUSTING!!!!

Kaum zum Aushalten. Und das alles wird einer Frau erst dann so richtig bewusst, wenn sie sich diese Pausen arrangiert. Pausen zum Denken, zum Überdenken, für eine Bestandesaufnahme, fürs Sortieren der Gedanken und Gefühle. Pausen zum Sein. Diese Pausen freiwillig zu organisieren und zu planen, ist ein Akt der Selbstliebe und sehr viel besser verdaulich als ein unfreiwilliges Austreten aufgrund einer Erschöpfungsdepression.

Es gibt keinen falschen Zeitpunkt zum Menstruieren

Dein Zyklus, dein zyklisches Leben, ist keine lineare Angelegenheit. Du musst deine Blutung nicht «an den richtigen Ort» schieben. Es ist weder gut noch schlecht, sondern einfach so, wie es im Moment bei dir ist! Es ist dein Zyklus.

Es kann zum Beispiel durchaus sein, dass du die Mens bei Vollmond viel intensiver oder auch schmerzhafter empfindest. In diesem Falle bleibt dir die Möglichkeit, das einfach anzunehmen und dir noch mehr Gutes zu tun als sonst. Oder dich mit Händen, Füssen und Schmerzmitteln oder Wein und Schokolade dagegen zu wehren. Vielleicht hat es einen wertvollen und kostbaren Grund, wenn du während des Vollmondes blutest? Es wird seine Gründe haben und diese Gründe sind nicht gegen dich. Es kann sein, dass du gerade etwas «ausbrütest» – eine Idee, ein Projekt, und du dazu die Kraft des Vollmondes brauchst. Es kann sein, dass du etwas am Schreiben bist und du in den intuitiven, sensiblen Mens-Momenten die Unterstützung des Vollmondes bekommst, um deine Idee mit der Welt zu teilen. Wenn die Menstruation bei Vollmond stattfindet, wird übrigens von einem «Roten-Mond-Zyklus» gesprochen. In einem Buch habe ich gelesen, dass dieser Zyklus weniger «kontrollierbar» ist und deshalb die Männer (noch mehr) Angst davon hatten. Er wurde auch «der Zyklus der bösen Weiber» genannt. Klar doch, denn unsere lineare Gesellschaft kann mit den lunatischen Weibern nicht umgehen.

Wenn die Menstruation hingegen bei Neumond stattfindet, spricht man von einem «Weissen-Mond-Zyklus». Und auch hier gilt: Vielleicht hat es einen wertvollen und kostbaren Grund, wenn du mit dem Neumond blutest? Kann es sein, dass dir damit die doppelte Ruhe verschrieben wird?

Der Mond ruht, dein Körper menstruiert – sind das nicht zwei deutliche Zeichen, die «Pause!» schreien? Vielleicht gibt es eine Sache in deinem Leben, mit der du ins Reine kommen willst oder musst? Das Eintauchen in die Dunkelheit und zu deinen Wurzeln wird es dir ermöglichen. Und auch hier finde ich es so wichtig: Du musst auf keinen Fall während EINER einzigen Menstruation oder während nur EINES Zyklus dein Leben auf die Reihe kriegen. Genau, kriegen. Das ist zu heftig, zu streng, zu gross. Lieber Schritt für Schritt in die richtige Richtung. Alles ist ok. Alles bist du. Alles ist gut. Alles ist richtig. Du stimmst.

Es kann auch vorkommen, dass sich deine Menstruation unerwartet nach hinten oder vorne verschiebt. Gründe für eine Zyklusverschiebung können folgende sein: Stress, Jobwechsel, Wohnungswechsel, Ferien, Reisen, Trennung, (viel) Alkohol, Grippe, Schock, Spitalaufenthalt, Autounfall, Todesfall in der Familie oder im Freundeskreis, Antibiotika, Langstreckenflüge. Und natürlich gibt es Frauen mit längeren Zyklen, mit kürzeren Zyklen, mit immer anderen Zyklen.

Was du nie vergessen darfst: DIE Menstruation gibt es nicht. Sie ist so vielfältig, wie wir Frauen es sind. Keine erlebt ihre Tage gleich wie eine andere Frau. So gilt es nun herauszufinden, wie es bei dir ist, wie sich die Mens für dich anfühlt und was für Gefühle sie bei dir auslöst. Die Mens bringt zum Beispiel oft diese zwei starken Gefühle mich sich: Enttäuschung oder Erleichterung … Also: «Leider schon wieder nicht schwanger», oder dann eben «Zum Glück nicht schwanger». Ganz abgefahren ist es, diese beiden Gefühle gleichzeitig zu erleben. DAS ist verwirrend – und doch ist es schon mancher Frau so ergangen. Oft sogar. Jedenfalls ist es die Zeit in unserem Zyklus, an die wir uns am meisten annähern dürfen, können, sollen. Vielleicht streckst du mit dem Lesen dieses Buches das erste Mal deine Fühler aus und kostest etwas von der Menstruations-Weisheit, die in dir schlummert. Aus irgendeinem Grund hast du dieses Buch aufgeschlagen.

Deine Gebärmutter – Sitz der Kreativität

Kreativität entsteht während des Ausruhens, Träumens, Seins. Sie entsteht oft im Urlaub. Sie entsteht im Wald, am Strand, in den Bergen, in der Ruhe.

Sie entsteht beim Ausbrechen aus der Routine. Die Kreativität wohnt auch in deiner Gebärmutter. Die Gebärmutter ist der Ort des neuen Lebens. Der Ideen, Wünsche und Träume. Der grossen Geschichte, der Bilder, des künstlerischen Schaffens. Und wenn du keine Gebärmutter mehr hast, ist dein Schossraum trotzdem der Ort in deinem Körper, wo die Kreativität wohnt – eine Höhle.

Im Gegensatz zur Kreativität sind Routinen falsche Sicherheiten. Routine ist ein Einheitsbrei. Immer gleich ist ein Killer. Klar, Routinen im Sinne von sinnvollen Tagesabläufen sind super, gerade mit Familie. Solche Routinen schenken Geborgenheit und sind wertvoll. Aber es gibt auch die anderen Routinen: «Ich weiss gar nicht mehr, wie Kreativität geht, so lange ist es her, seit ich zum letzten Mal was Neues oder was Anderes gemacht habe.» Jahrelang die gleichen Fernsehabende auf dem Sofa. Jahrelang die gleichen langweiligen Gespräche im Pausenraum. Jahrelang dieser Trott, der nicht zu deiner zyklischen Natur passt, aber halt bequemer ist. Veränderung ist anstrengend. Aber verlierst du nicht ein Stück von dir selber, wenn du dem Alltagsfrieden, dem Trott, dieser starren Struktur treu bleibst, anstatt dir selber?

Zyklisch leben und denken in der Praxis

Ich verwende häufig das Wort «Zyklus-weise». Was heisst das konkret? Wie werde ich weise durch zyklisches Leben? Es ist simpel – und doch eine hohe Kunst!

1. Finde heraus, was dir während deiner Menstruation guttut. Und dann findest du noch heraus, was dir an allen anderen Tagen deines Zyklus guttut. Das machst du, indem du dein Zyklus-Rad über einige Monate hinweg führst (ich empfehle mindestens sechs bis neun Zyklen).

2. Finde heraus, was dir NICHT guttut und versuche, diese Tätigkeiten oder Verhaltensweisen so oft als möglich zu unterlassen.

3. Wenn du mehr Zyklus-Wissen hast, deine Zyklus-Längen kennst, deinen Eisprung bemerkst und es danach ja immer etwa 14 Tage bis zur nächsten Mens dauert, kannst du relativ einfach schauen, wann dein nächstes Blut kommt, dann wirst du auch nicht von der Mens überrascht.

4. Markiere im Kalender die Tage, an denen die nächste Mens ungefähr

kommt. Halte dir diese Zeit jetzt schon frei, sage schwierige Termine oder auch den Ausgang ab. Falls das alles nicht möglich ist, gestalte dir die Stunden um diese Termine herum angenehmer als sonst.

5 Umgekehrt auch: Schaue ungefähr am Zyklustag 3 oder 4 in den Kalender und fange an, deine Termine gut um deine Power-Sommer-Tage zu büscheln.

Ein Beispiel aus meinem Alltag oder «Mein Geburtstagsfest, das keines wurde»: Ich wollte schon lange wieder mal meinen Geburtstag so richtig feiern, Freunde einladen, eine etwas grössere Sache daraus machen. Mein Geburtstag ist im Januar, aber ich würde eigentlich so ein Waldfest in der vollen Wärme lieben. Deshalb lasse ich mein Geburtstagsfest immer sausen, weil das Nachholen im Sommer irgendwie auch nicht so richtig Spass macht. Diesmal wollte ich aber wirklich eines machen. Ich habe im Dezember meinen Kalender aufgeschlagen und geschaut, wann die Mens im Januar etwa kommt – et voilà, genau um meinen Geburtstag rum. Ich habe mich deshalb entschieden, kein Fest zu organisieren. Stattdessen kamen meine Eltern und haben feine Muscheln gekocht, wir haben ein bisschen in irischen Erinnerungen geschwelgt und es war gemütlich und perfekt so.

Die monatliche Gelegenheit für eine Bestandesaufnahme

Lebst du zyklisch, erhältst du jeden Monat eine neue Chance, das Leben so zu gestalten, dass du es liebst und es dich liebt. Kleine Häppchen sind besser machbar. Wenn zum Beispiel nur einmal im Jahr die «passende» Jahreszeit wäre, um zum Beispiel über Beziehungsangelegenheiten zu entscheiden, wäre das eine zu grosse Aufgabe, zu viel auf einmal. Und hätten wir die Gelegenheit verstreichen lassen, müssten wir ein ganzes Jahr lang warten, um den Faden dieser Spule wieder aufzunehmen. Da es aber einmal monatlich die «passende» Zyklusphase gibt, sind kleine, stetige Schritte möglich, um zu deinem Traumleben zu gelangen.

Die Menstruation bringt oft auch Klarheit. Ich empfinde diese Klarheit ein wenig anders als die «Innere Herbst»-Klarheit. Letzterer schwingt oft eine Art Dringlichkeit mit, die ich während der «Inneren Winter»-Klarheit nicht empfinde. Die Winter-Klarheit fühlt sich weicher und liebevoller an. Wir können hier unser Bauchgefühl, unsere Intuition, unsere Weisheit am besten anzapfen, wir sind ihr am nächsten. Mach mal folgendes Experiment: Falls du in nächster Zeit eine Entscheidung treffen musst und du ein bisschen Zeit hast dafür, dann warte einen ganzen Zyklus ab. Beobachte, was für Gedanken dir der innere Frühling und Sommer dafür bringen und dann auch, was der innere Herbst und Winter dazu sagen. Übungshalber kannst du das mit kleinen, auch unwichtigen Entscheidungen machen. Sagen wir mal, du willst ein Wochenende weg mit Freundinnen. Welche Form stimmt für dich? Welcher Ort? Welche Art von Unterkunft? Welche Art von Aktivitäten? Wenn wir unser Zyklus-Wissen für solche Alltags-Übungen einsetzen, trainieren wir unseren «Zyklus-Wissen-Muskel» und wir werden immer sicherer, auch wenn es um schwierige Entscheidungen geht.

Die Menstruation als Entscheidungswegweiser

Der Zyklus ist deshalb auch ein ganz tolles Tool für Beziehungen: Nimm an, du lernst jemanden kennen (das muss kein Partner sein, es kann auch ein Business-/Projekt-Mensch sein) und du gibst dir Zeit, die Sache langsam anzugehen. Du wartest jede Zyklusphase mindestens einmal ab und hast am Schluss ein viel klareres Bild, ob du die Beziehung wirklich eingehen willst. Oft treffen wir im inneren Frühling und Sommer andere Entscheidungen als im inneren Herbst und Winter. Nicht vergessen, auch das ist Zyklus-weise, das ist ok! Das ist nicht instabil. Sei dir dessen bewusst und lerne dich kennen. Wenn du dich immer in Projekte stürzt, dann warte mindestens eine nächste Mens oder einen Neumond ab und nimm ein paar Tage Kontakt mit deiner inneren Weisheit auf. Und falls du immer zögerst, selten was auf die Beine bringst, dann nimm deinen Mut und Schwung aus deinem inneren Frühling und Sommer mit und zieh etwas durch!

Ich treffe die meisten Entscheidungen so: Der Person, die gefragt hat, sage ich: «Bis wann musst du Bescheid wissen? Ich möchte gerne noch ein bisschen darüber nachdenken.» Innerlich denke ich (gleichzeitig – ja klar, eine Frau kann das): Ich blute mal ein bisschen darüber und gebe dir später Bescheid.

Die Menstruationszeit anders gestalten

Viele Frauen müssen in ihrem Job «stabil» sein. Eine Yoga-Lehrerin hat einmal zu mir gesagt: «Ich kann doch nicht anders unterrichten, nur weil ich die Mens habe?» Ich kann nur meine Sicht als Schülerin weitergeben: Doch, ich wäre sehr froh darum gewesen, hätte ich Yoga-Lehrerinnen gehabt, die nicht immer gleich gewesen wären. Die eine Flexibilität meinerseits zugelassen hätten, die mir mit den Worten «Ich mache heute nicht alle Übungen vor, da ich gerade blute» als Vorbild gedient hätten. Ein anderes Beispiel: Ich habe schon oft von Lehrerinnen in der Schule gehört, dass es schwierig sei, sich für eine ganze Klasse zu verbiegen, 20 lauten Kindern gerecht zu werden und gleichzeitig zu menstruieren. Das verstehe ich voll und ganz! Das ist wirklich ein Drahtseilakt. Eine Klassenlehrerin könnte zum Beispiel Tätigkeiten für die Klasse aussuchen, die ihrem Zyklus entsprechen. Die Schüler müssen gar nichts davon mitbekommen, ihren Zyklustag darf eine Lehrerin ruhig für sich behalten. Aber auch im Unterricht gibt es verschiedene Möglichkeiten, die Stunden eher ruhig oder aktiv zu gestalten.

Ich gestalte auch meinen Hausfrauen-Alltag nach meinem Zyklus. Zum Beispiel bei der Wäsche, und das geht so: Im inneren Sommer und Herbst wasche ich fleissig wie eine Biene, hänge alles auf, nehme die trockene Wäsche um ca. fünf-vor-Menstruation auch noch ab. Eine typische Mens-Tätigkeit ist für mich dann das Zusammenlegen der Wäsche, weil ich das im Sitzen machen kann. Ich muss dabei nicht viel überlegen und es hat etwas Meditatives an sich. Im inneren Frühling verstaue ich dann die Wäsche. Und jaaaaaaaaa, ich weiss, dass nicht alle die Wäsche zwei Wochen hängen- oder liegenlassen können! Mit meinem Beispiel will ich einfach aufzeigen, dass es für alles Arten und Wege gibt, die zu dir und zu deinem Zyklus passen. DU musst, darfst, sollst deinen Weg damit finden!

Weitere ganz praktische Tipps für eine bessere Menstruation können diese sein:
- 💜 Nach der Arbeit nichts abmachen.
- 💜 Die Mittagspause nicht mit Kollegen verbringen, sondern alleine, vielleicht mit einem kleinen Spaziergang oder einem guten Buch.
- 💜 Die Füsse vor der Arbeit und in jeder Pause mit einem besonders fein duftenden Öl oder einer Crème einreiben.

- 💜 Ein selbstgekochtes, nahrhaftes Essen zur Arbeit mitbringen. Kein Kantinen- oder Fastfood!
- 💜 Die Kinder für ein paar Stunden abgeben, manchmal wirken 60 Minuten schon Wunder.
- 💜 Den Mann kochen lassen, Take-out besorgen, etwas Vorgekochtes aus der Gefriertruhe essen.
- 💜 Früh(er) ins Bett gehen als sonst!
- 💜 Falls du nicht von Mensschmerz oder Unwohlsein betroffen bist, ist «Konsumieren» auch eine tolle Ehrung für die Mens: An ein schönes Konzert gehen, auswärts essen gehen, sich einladen lassen. Einfach für einmal nicht AKTIV sein.

Und ganz wichtig – versuche, während der Menstruation aus dem Alltag auszubrechen. Dazu ein Beispiel: Wir waren einmal in Holland und haben in einem superfeinen asiatischen Restaurant Znacht gegessen. Es war laut, die Atmosphäre geschäftig, quirlig, alle Tische waren besetzt. Lachen, Gespräche und das Klirren von Besteck und Gläsern im ganzen Raum. Es war eigentlich schön, aber die Energie im Raum war schnell und hektisch. Als wir uns nach dem Essen auf den Weg machten und die Restauranttüre aufstiessen, schlug uns die kalte Winterluft entgegen. Ich habe mich innert Sekunden entspannt! Alles in mir drin machte «Aaahhhhh» – es war ruhig, die Nacht war klar und dunkel. Ich habe tief eingeatmet und erst dann wurde mir bewusst, wie unglaublich LAUT und HELL es in dem Restaurant war. Dieses Hinaustreten in die Stille und Dunkelheit, so darf es sich anfühlen, wenn die Mens kommt. Dieses Aufatmen, diese Ruhe, die muss, darf, soll man sich selber organisieren und möglich machen. Das macht niemand anderes für dich. Du kannst dich nicht als Patientin ansehen, nur weil du die Mens hast. Du kannst nicht darauf warten, dass dich jemand rettet, wenn niemand Bescheid weiss. Du kannst aber auch nicht IMMER im lauten, geschäftigen Restaurant sitzen bleiben, denn das zehrt unglaublich an den Kräften. Dieses Heraustreten aus dem Alltag für ein paar Minuten, ein paar Stunden und im Glücksfall für ein paar Tage kann dir deinen gesamten Blick auf den Zyklus, auf dich als Frau versüssen.

Wenn sich dein innerer Winter weder weich noch liebevoll anfühlt

Blut löst viele Emotionen aus, da es meistens von Verletzung zeugt. Während wir Blut, das uns bei einem Schnitt aus dem Finger tropft, als rein empfinden, wurde die Mens früher oft als «magisches Ungeheuer» bezeichnet, da die Menschen nicht wussten, woher das Blut kam – die Frau hatte schliesslich keine Wunde.

Bei Blut im Alltag schrillen die Alarmglocken, denn Blut heisst auch Unglück, Unfall, Fehlgeburt oder Operationen. So kann es auch sein, dass du dein Mensblut als «gefährlich» empfindest. Oft passiert das ganz unbewusst, wenn dir etwas von dem Genannten bereits einmal passiert ist. Wenn beim Anblick deines Mensblutes also Angst, Ekel oder grosse Widerstände in dir hochkommen, dann gehe diesen Gefühlen auf die Spur. Wo bist du mit Blut in Kontakt gekommen, wie war diese Situation, ist sie für dich aufgelöst und abgeschlossen? Oder gibt es ein Erlebnis, das du bis jetzt mehr oder weniger erfolgreich in die Tiefen deines Unterbewusstseins geschoben hast?

Der innere Winter kann Trauer auslösen. Für viele bedeutet das Einsetzen der Mens zum Beispiel grosse Trauer über eine verpasste Schwangerschaft. Ein Abschiednehmen vom Wunsch nach einem Kind. Eine Enttäuschung, da vielleicht die teure In-vitro-Befruchtung nicht funktioniert hat. Hier finde ich es ganz, ganz wichtig, diesen Weg nicht alleine zu gehen. Gibt es eine Frau in deinem Umfeld, der du dich mit deiner Trauer anvertrauen kannst? Kannst du dich auf die Suche machen nach einer guten Therapeutin, die für dich da ist und dir zuhört? Die Jahre des unerfüllten Kinderwunsches können sowohl mental als auch emotional sehr kräftezehrend sein. Ich spreche aus Erfahrung, haben wir doch lange auf Kindlein Nummer zwei und drei gewartet.

Die Mens bringt manchmal aber auch grosse Erleichterung mit sich in Form von «Halleluja! Ich bin nicht schwanger!». Auch das ist eine super Information, denn diese Reaktion zeigt auf, dass du vielleicht nochmals über die Form der Verhütung nachdenken darfst. Stimmt es für dich, dieses ewige «Aufpassen»? Bist du mit dem richtigen Mann zusammen? Was würde passieren, wenn du doch schwanger werden würdest? Und manchmal spürst du sogar beide Gefühle gleichzeitig: Die Trauer und die Erleichterung darüber, nicht schwanger zu sein. Das kann ein rechtes Gefühlschaos auslösen und braucht viel Selbstliebe, um sich nicht partout abzulenken, damit diese Gefühle nicht ausgehalten werden müssen.

Trauer über die einsetzende Mens kann auch noch eine weitere Dimension annehmen: Manche Frauen können ihre trübe Stimmung nicht einordnen und merken beim genauen Hinschauen, dass sich im eher höheren Alter doch noch ein verdrängter Kinderwunsch zeigt, der nun nicht mehr oder nur noch mit viel Glück verwirklicht werden kann. Die Menstruation bringt ja immer die Information: Du bist nicht schwanger (unter anderem – sie hat natürlich noch viel mehr zu sagen!). Erst wenn man diese Gefühle aushält, still wird, ruhig bleibt und ehrlich in sich hineinhorcht, kommt diese Information zum Vorschein.

Grundsätzlich gilt: Wenn es Situationen in deinem Leben gibt, die für dich nicht stimmen, kann eine Menstruation die Trauer darüber verstärken. Hast du zum Beispiel jemals eine Fehlgeburt, eine Abtreibung, eine Krankheit, eine Unterleibsoperation oder ein anderes Trauma erlebt, ist es wahrscheinlich, dass bei jeder Monatsblutung eine Resttrauer oder manchmal auch eine Restwut zum Vorschein kommt. Es tut gut, dies nicht alleine aushalten zu müssen, denn unterdrückte Trauer und Wut kommen immer wieder hoch. Sie wollen umarmt, gehört, verstanden und verarbeitet werden. Finde gute Menschen, die dich durch solche Zeiten begleiten können. Du bist nicht alleine.

Wurdest du in deiner Jugendzeit forciert, die Pille zu nehmen, und wurde dir das sogar noch als tolle, fortschrittliche Lösung präsentiert, hattest du nicht genügend Zeit für die natürliche hormonelle Entwicklung. Ich habe schon oft von über 40-jährigen Frauen gehört, wie wütend und traurig sie darüber sind, das so erlebt zu haben. Während einer Mens kann auch hier wieder ein Stück dieser Trauer zum Vorschein kommen. Dies ist eine liebevolle Einladung an dich, die Situation mit Hilfe deines nächsten inneren Frühlings oder Sommers neu zu evaluieren und eine Verbesserung dafür zu finden.

Manchmal heisst die Mens schlicht auch: «Kacke, echt jetzt, schon wieder?

Ein 21-Tage-Zyklus? Ich blute ja die ganze Zeit!» Manchmal heisst es, zwei Tage im Bett zu liegen und sich vor Schmerzen zu krümmen. Und manchmal heisst es, drei Tage Schmerzmedikamente zu nehmen und zur Arbeit zu gehen. Ob nun dein Körper oder deine Psyche betroffen ist – ich würde mich auf jeden Fall auf die Suche nach einer guten Naturheilärztin machen, falls etwas davon auf dich zutrifft! Es gibt viele Möglichkeiten, dich in solchen Momenten zu unterstützen.

Die unbequemen, aber wichtigen Fragen

Und jetzt hört mal hin: Wir sterben. Alle! Ohne eine einzige Ausnahme. Wir sterben alle mit hundertprozentiger Sicherheit. Mein Mann, der Steinbildhauer ist und wunderschöne Grabsteine macht, hat in seinem Leben schon unzählige Gespräche über den Tod geführt. Meistens mit hinterbliebenen Angehörigen, aber oft auch mit Freunden oder mit jüngeren Leuten an seinen Steinbildhauerkursen. Viele Menschen wollen über den Tod sprechen, denn das hilft beim Einordnen, Verstehen, Abschiednehmen und bei der Konfrontation mit dem eigenen Tod.

Die Menstruation repräsentiert den Tod, das Loslassen, das Abschiednehmen und ist zugleich auch der Neuanfang des nächsten Zyklus. Wenn du unter sehr starken Mensbeschwerden leidest – sei das in physischer oder psychischer Form –, dann sind folgende Fragen für dich hilfreich:

💜 Wie geht es dir beim Gedanken daran, dass du sterblich bist?
💜 Wie gehst du mit Verlust und Abschiednehmen um? Kannst du vergangene Situationen ruhen lassen, kannst du Menschen (auch eigene grosse Kinder) loslassen?
💜 Wie hast du Beerdigungen bis jetzt erlebt?
💜 Wie geht es dir, wenn du daran denkst, dass Menschen aus deinem Umfeld irgendwann mal sterben werden?
💜 Was macht es mit deinen Gefühlen, wenn ich dir sage, dass es keine Garantie gibt, dass wir alle 100 Jahre alt werden? Dass du niemals wissen kannst, wie alt du wirst?

Während der Menstruation kann es auch sein, dass alte, versteckte Geheimnisse zum Vorschein kommen. Dinge, über die du während der anderen inneren Jahreszeiten kaum nachdenkst, vielleicht auch, weil sie schon lange zurückliegen. Während der Menstruation kommt ein «Schwall» davon plötzlich hoch. Worte, Düfte, Gegenstände, die plötzlich wieder an eine Situation erinnern. Das kann mitunter schwierige Gefühle auslösen. In einem Kinderbuch habe ich Folgendes mal gelesen: Wenn dir ein Geheimnis Bauchweh macht, ist es kein gutes Geheimnis, dann MUSST du jemandem davon erzählen. Überlege dir also, belastende Geheimnisse mit jemandem zu teilen.

Wenn sich der Stress rächt

Stressabbau findet oft auch über die Menstruation statt. Grob gesagt: Je mehr Stress du in deinem Alltag hast, vor allem auch emotionalen Stress, desto schmerzhafter kann auch deine Mens sein oder desto stärker wirst du von argen PMS-Symptomen geplagt. Dein Körper informiert dich darüber – was du mit dieser Information machst, entscheidest du selber.

Wir sind so oft im Aktivismus, dass wir gar nicht mehr wissen, wie es geht, ruhig zu sein. Wie können wir unsere Gedanken stillen? Wie können wir dem Drang widerstehen, alle fünf Minuten das Handy zu checken? Was bedeutet Ruhe für dich? Kannst du einfach SEIN, ohne zu TUN? Kannst du deine Zugehörigkeit im Leben trotzdem spüren, auch wenn du von aussen nichts Sichtbares machst? Wann fühlst du dich gut? Wenn du etwas erledigt hast? Wenn du etwas abgeschlossen hast? Wer bist du ohne diese Dinge? Wer bist du, Frau, auf einer schönen einsamen Insel, auf der dir die Früchte in den Mund hängen und du einfach nur DICH sein kannst? Wer bist du dann? Worüber definierst du deinen Selbstwert? Sind es materielle Güter, sind es Haus, Wohnung, Garten, Dekorationen, sind es deine Kleider, dein Stil, oder sind es gar die Meinungen von anderen? Diese Fragen für dich zu beantworten, können dir helfen, schwierige Menszeiten besser auszuhalten.

Die Menstruation als Schamgebiet

Ein weiterer Grund, weshalb du dich im inneren Winter vielleicht nicht wohl fühlst: Die Menstruation ist oft das Schamgebiet Nr. 1 im Leben einer Frau. Aber was, wenn die Scham nicht deine ist? Was, wenn du dich ohne die Meinungen und Einflüsse der anderen pudelwohl fühlen würdest in deinem Körper und die Mens als das Natürlichste der Welt empfindest? Woher kommt die Scham? Wer hat sie gemacht? Und noch wichtiger? Wie wirst du sie los? Ich finde, es gibt genug Dinge im Leben, wegen derer wir uns schämen dürften: Da wäre zum Beispiel unser Umgang mit den Ressourcen, mit Mutter Erde oder unsere gedankenlose Materialität. Aber sich wegen der Mens zu schämen? Das steht nicht im grossen Buch des Lebens. Das haben wir selber fabriziert und deshalb können wir es auch selber wieder auflösen: Indem wir uns bewusst werden, was die Mens für eine Bedeutung für die Menschheit hat und dass sie ihren festen Platz in der natürlichen Ordnung der Welt und ihren Zyklen hat. Die gleiche Frage stellt sich zum Mensschmerz: Was, wenn der Schmerz nicht deiner ist? Was, wenn er der deiner Mutter, deiner Grossmutter oder der des Gesellschaftskollektivs ist? Was, wenn der Schmerz eine Mischung aus Scham, Ekel, Überforderung, Unwissenheit, Hexenverbrennung und allgemeiner menschlich fabrizierter Idiotie ist?

Dein Becken als Schüssel deiner Weiblichkeit

Die zweite Zyklushälfte – also der innere Herbst und Winter – knapp durchzustehen und sie auszuhalten, bis wieder Frühling und Sommer wird, ist KEINE gute Lösung. Wie kannst du dein Leben aktiver gestalten? Dein Becken ist auch ein Kessel, ein Gefäss, eine Schüssel. Was braust du darin? Bist du Herrin über die Zutaten, entscheidest du, wer da was reinmischt? Wählst du sorgfältig und selbstbestimmt aus? Definierst du deine Weiblichkeit selber? Und WIE definierst du sie? Für mich ist das eine ganz spannende Frage, denn ich habe mich sehr lang kein bisschen weiblich gefühlt. Ich wollte als Mädchen und auch noch als Teenager lieber ein Junge sein. Mir war immer wohler in der Gegenwart meiner Brüder und meines Vaters und deren Freunde. Ich weiss noch, wie stolz ich war, als mir mal ein 15-jähriger Junge gesagt hat: «Du bist wenigstens ein bisschen normaler als die doofen

Kicherweiber und du magst sogar Traktoren.» Ich war im Himmel. Ich finde es wirklich wichtig zu überlegen, was für dich Weiblichkeit bedeutet. Denn deine Weiblichkeit kann ALLES beinhalten, was DU willst. In der Werbung und in Filmen werden uns Stereotypen der Weiblichkeit vorgezeigt und vorgelebt und diese passen meistens besser in die lineare Welt als in die zyklische. Leben wir aber zu linear, fühlen wir uns oft isoliert, abgeschnitten von Gefühlen, losgelöst von unserer Weiblichkeit und Kreativität. Und das zeigt sich dann eben sehr oft während des inneren Winters.

Viele Frauen erleben Schuldgefühle, wenn sie sich Zeit für sich selber nehmen. Sie hören meine und anderer Leute Leitsätze, es langsamer angehen zu lassen, achtsamer zu leben, vermehrt Pausen zu machen, und dann versuchen sie es einmal und fühlen sich schuldig ... Um es ganz herbstlich und uncharmant auszudrücken: Das ist Bullshit. Es hat keiner das Recht, dir zu sagen, dass du dir keine Zeit für dich selber nehmen darfst. Weder deine Kinder noch dein Mann. Und am wenigsten du selber. Unsere Gesellschaft ist hier auch wirklich verdreht eingerichtet. Ich selber habe zum Beispiel nach vier intensiven Jahren der Kinderbetreuung erst nach der Trennung von meinem damaligen Partner das erste Mal erlebt, wie es ist, wieder einmal ein Wochenende für mich selber zu haben. Hallo? Müssen sich Paare erst trennen, damit Frau (und Mann!) wieder einmal Zeit für sich selber hat?

Wo fühlst du dich leer? Wie möchtest du dich auffüllen? Stell dir vor, du bist ein Schrank (ok, völlig unsexy Beispiel, aber ja nu ...). Also, du leerer Schrank, du: Mit was füllst du dich? Was stellst du in dich rein? Welches Essen, welche Bücher, welche Beziehungen, welche Träume? Wo fühlst du dich schuldig, dass du das Leben nicht im Griff hast? Was, wenn alles ok ist mit dir? Was, wenn es das System, die Gesellschaft ist, die aus dem Lot ist und nicht du?

Wo schaust du im Aussen für Antworten? Lehrer, Pfarrer, spirituelle Lehrer, Männer, Mutter ... Was würde sich an deinem Selbstwertgefühl ändern, wenn du grundsätzlich davon ausgehen würdest, dass du alle Antworten schon in dir drin hast und nur ab und zu von aussen einen Impuls bekommen musst, um sie zu sehen? Dein Zyklus liefert dir die meisten Antworten. Und du bist dein Zyklus. Et voilà. Fertig Selbsthilfe-Bücher, Selbsthilfe-Gruppen, Selbsthilfe-Communities – denn all diese sagen dir zu oft «Mach es so und so, dann klappt es» – egal, ob das «so und so» zu dir passt. Dein Zyklus passt zu dir, dein Zyklus ist deine Goldkiste, dein Kompass, dein Nordlicht.

Unser Herz sehnt sich während der Mens oft nach Intimität, Verbindung, Authentizität und Schwesternschaft. Dieses Bedürfnis beisst sich so oft mit den linearen Anforderungen, stabil und konsistent zu sein, fokussiert und zielorientiert zu sein, immer gleich zu sein. Traue deinem Urinstinkt, deinem Bauchgefühl, und schau, wohin dein Herz dich führt. Deine Mens bringt dich zu dir nach Hause.

Falls du dich völlig losgelöst von deiner Mens fühlst, falls du keinerlei Verbindung zu ihr spürst, würde ich unbedingt versuchen, diese Beziehung aufzubauen. Denn spürst du keine Verbindung mit dem Zyklus, mit deiner Menstruation, so ist es auch schwierig, eine Verbindung mit deiner Weiblichkeit, deiner Quelle, deinem «Warum», deinem Lebenslied zu spüren. In den nächsten Abschnitten präsentiere ich dir viele Ideen dafür.

Den inneren Winter annehmen und lieben lernen

Folgende Ideen und Gedanken sind eine Mischung aus Erfahrungen und Erkenntnissen aus den letzten Jahren meines zyklischen Lebens und von den Hunderten von Frauen, die meine Kurse besucht haben. Spüre für dich heraus, was zu dir passt und was nicht und forme daraus dein zyklisches Leben.

Menstruations-Meilensteine würdigen
Es gibt die «Ich hab einfach meine Tage, alles ok»-Mens und es gibt die spezielle Mens, die einen tieferen Eindruck hinterlässt, abhängig davon, WIE wir sie erleben:

- Die erste Mens überhaupt, die Menarche (dieser widme ich ein ganzes Kapitel).
- Die erste Mens nach der Geburt.
- Die erste Mens nach dem Absetzen der Pille.
- Die erste Mens nach einer Krankheit.
- Die erste Mens nach einer Chemotherapie.

♥ Die erste Mens nach einer Abtreibung.
♥ Die erste Mens nach einer Fehlgeburt.
♥ Die erste Mens nach einer Operation.
♥ Die erste Mens nach einer künstlichen Befruchtung.
♥ Der erste Neumond nach einer Gebärmutterentfernung.
♥ Der erste Neumond in und nach den Wechseljahren.

Wir kommen leider viel zu selten überhaupt auf die Idee, dass diese Menstruationen wichtig waren für uns, weil doch gar niemand darüber spricht oder gesprochen hat. Die meisten von uns verpassen es zwar, diese eher speziellen Mensen zu honorieren oder zu feiern, aber wir können das auch problemlos nachholen. Der erste Schritt ist aber sicherlich überhaupt erst mal das Bewusstwerden, dass diese Mensen kein Klacks, keine Kleinigkeit, kein «Nichts» waren, sondern jedes Mal einen Wendepunkt in deinem Leben signalisiert haben. Mache dir Gedanken darüber oder schreibe eine Liste, welche dieser Mensen du erlebt hast. Denke an diese Momente zurück. Und dann machst du ein kleines Ritual oder eine kleine Handlung, um diese Momente rückblickend zu ehren. Stelle dir einen hübschen Blumenstrauss aus dem Garten zusammen oder kaufe dir einen. Gönne dir ein schönes Kleid, eine Kette, einen Stein, ein neues Tagebuch. Koche dir etwas Spezielles, gehe in dein Lieblingsrestaurant essen.

Loslassen durch Weinen
Weinen ist gut!!! Ich selber schaue mich danach einfach nie im Spiegel an, da ich wie ein verquollenes Nilpferd mit Augenentzündung aussehe. Übrigens können nur die Frauen in den Filmen weinen, ohne dass ihnen Rotz aus der Nase läuft und ihr Kopf aussieht wie eine explodierte Tomate. Wenn du also gute Gründe zum Weinen hast, dann unterdrücke deine Tränen nicht. Weinen bedeutet loslassen. (Kleine Anekdote am Rande: Meine Schwester hat mal eine Kursausschreibung gelesen zu einem Wein-Seminar. Sie war ganz gerührt und sagte «Endlich macht das mal jemand, weinen ist nämlich ganz wichtig». Recht hat sie. Ausser, dass es sich bei diesem Seminar um ein «Trink-Wein-Seminar» gehandelt hat.)

Die schlaue Wahl bei Menstruationsprodukten
Finde Alternativen zu gängigen Mensprodukten, wenn du damit nicht glücklich bist. Wie viele Frauen sagen: «Ich würde NIE Stoffbinden tragen,

das ist eklig!» Und dann versuchen sie es und merken, dass sich die Yoni ganz anders anfühlt. Sie kann atmen, sie kommt mit keiner Chemie in Berührung (jawohl, herkömmliche Binden und Tampons sind voller Chemie). Versuche, dich wenigstens eine Weile lang mit anderen Produkten anzufreunden (Baumwollbinden, Menstassen ...). Experimentiere! Unterdessen gibt es auch eine Reihe von Wegwerfbinden ohne chemische Zusatzstoffe. Sei schlau – für dich, deinen Körper UND verringere gleichzeitig noch Abfallberge damit. Falls du lieber Tampons benutzt: Nimm dir pro Menstruation ca. 1-3 Stunden Zeit, um eine Binde zu tragen – damit das Blut schön fliessen kann, nach unten auslaufend. Die Mens mag das ...

Die freie Menstruation

Vor einigen Jahren habe ich das erste Mal etwas von der freien Menstruation gelesen. Ich war fasziniert. Was ist das bloss? Und wie funktioniert das? Die Theorie klingt einfach, in der Praxis ist sie aber nicht für alle gleich gut umsetzbar: Dein Gebärmuttermuskel hält das Blut zurück, bis du auf der Toilette bist und dann lässt du einen Schwall Blut los. So haben Tausende von Frauen vor uns geblutet, unser Körper kann das also. Tuareg-Frauen haben so über Sandlöchern geblutet, indianische Frauen sind über Erdlöchern gehockt und haben das Blut der Erde als Gabe zurückgegeben. Und ich glaube nicht, dass diese Frauen für fünf Tage unbeweglich über diesen Löchern gekauert sind ... Die Gebärmutter kann also – wie die Blase beim Urinieren – das Blut zurückhalten und es dann durch gezieltes Loslassen freigeben. Ich kenne einige Frauen, denen diese freie Menstruation ganz gut gelingt, bei anderen klappt es gar nicht. Ich selber habe bei mir folgende Feststellung gemacht: Seit mein Hirn diese Information hat, dass dies überhaupt möglich ist, geht mehr als die Hälfte meines Mensblutes nun in die Toilette. Ich brauche nur noch die Hälfte der Anzahl meiner kuschligen Stoffbinden. Ist das nicht unglaublich?

Periodenschmerzen

Mensschmerzen können auf viele verschiedene Arten gelindert werden, zum Beispiel durch Bauchtanz, Unterleibsmassagen, Yoni-Steam (nicht während, aber vor und nach der Menstruation!), Aromatherapie und mit Hilfe von so manchem Kräutlein bedeutend verringert werden. Lass dich begleiten, finde eine gute Drogerie oder Apotheke, wo Menschen mit Herz und Verstand arbeiten. Die gibt es. Die sind super!

Falls du während der Mens Lust auf Sex hast, go for it! Es ist bekannt, dass ein Orgasmus Menskrämpfe lindern kann. Wenn dein Partner kein echter Pirat ist, der auch ins rote Meer sticht, dann gibts ja auch noch Solosex. Falls du selber nicht so auf das (höchst heilige) Blut stehst, funktioniert das alles auch wunderbar unter der Dusche.

Die Verbindungen zum inneren Winter stärken

Folgende Ideen kannst du umsetzen, falls du Lust darauf hast, deine Verbindung zum inneren Winter zu aktivieren. Sie helfen dabei, ein Gefühl für diese spezielle, magische Zeit zu entwickeln.

Besuche die älteren Menschen in deiner Familie, in der Bekanntschaft. Mache Besuche in Altersheimen oder Alters-WGs, wenn du keine älteren Angehörigen mehr hast. Oder vielleicht wohnt in deiner Nachbarschaft eine alte Frau, ein alter Mann, mit denen du ein paar Worte wechseln könntest? Halte Ausschau nach älteren Frauen in Büchern, in der Politik, in Filmen und anderen Medien (du wirst bald merken, wie spärlich sie gesät sind). Schaue, welche Art «ältere Frau» dich anzieht.

Verbringe Zeit auf dem Friedhof, denke an deine verstorbenen Ahnen, und setze dich mit deiner eigenen Sterblichkeit auseinander.

Etwas, was ich dir auch sehr ans Herz legen kann, wenn du eine Verbindung zu deiner Weiblichkeit neu aufbauen möchtest: Es gibt eine wunderschöne weltweite Bewegung, gegründet von Miranda Grey, der Autorin des Buches «Roter Mond». In vielen Ländern gibt es von ihr ausgebildete Moon Mothers, die Gebärmuttersegnungen weitergeben können. Eine unglaublich heilende Aufmerksamkeit, die du deiner Gebärmutter und deinem Schossraum schenken kannst.

Oder stell dir deine Gebärmutter doch einfach mal bildlich vor. Wie sieht sie von innen aus? Wie gross ist sie? Wo sitzt sie genau? Welche Rottöne kleiden sie aus? Ist sie weich, samtig, gemütlich? Es kann unglaublich heilsam sein, wenn du ganz praktisch weisst, wo überhaupt der Sitz dieses Wunderorgans ist.

Ziehe dich zurück. Häng ab. Wenn du deinen Zyklus kennst, treffe für die Zeit der Mens keine Verabredungen. Falls möglich, melde dich von der Familie ab – für eine Stunde, für einen Spaziergang im Wald, für einen Frauenabend, für einen Allein-sein-Moment. Manchmal ist dieser Moment bei mir so kurz wie der Gang in den Garten hinunter zum Kompost. Aber hey, besser als nichts!

Wir Frauen zeigen unseren Familien vor, dass wir Superwomen sind. Wir trainieren sie darauf, dass wir unentbehrlich sind. Darum sind sie auch so geschockt, wenn wir plötzlich etwas von einer Pause sagen. Auch hier gilt: Es liegt in DEINER Hand, einen ersten Schritt in eine zyklische Richtung zu machen. Kinder mögen es meistens, wenn die Mutter etwas gemütlicher drauf ist, glaubt mir.

Mach doch mal den Koalabär-frisst-Eukalyptus-Blätter-und-hängt-einfach-nur-rum-Versuch: Verziehe dich an einem Zyklustag 1 oder 2 für einen Nachmittag ins Bett. Ich mache das ab und zu und weisst du was? Meine Kinder finden es nicht schlimm. Sie können mit ihren Büchern und CD-Geschichten zu mir kommen, sie können mir (und sich) kleine Snacks ans Bett bringen (ich kann überall Apfelschnitze schneiden, du sicher auch). Und klar stehe ich vielleicht 3 oder 17 Mal kurz auf, um etwas zu holen, zu helfen oder mit ihnen auf die Toilette zu gehen. Aber ich stehe in dieser Zeit weder in der Küche, noch gehe ich anderen Haushaltsarbeiten nach. Da ich im Schlafzimmer bin, sehe ich die anfallenden Arbeiten auch nicht. Und die Message an die Töchter, aber auch an die Söhne, ist herrlich: «Mama hat die Mens, sie hat es sich gemütlich gemacht.» Dadurch kann eine wirklich kuschlige, entspannte Familienatmosphäre entstehen. Falls dir ein Nachmittag als eine zu grosse Zeiteinheit erscheint: Brich es soweit runter, bis es für dich stimmt. 30 Minuten sind besser als nichts. 15 Minuten sind besser als nichts.

Es muss aber natürlich nicht jeder wissen, dass du die Mens hast. Manchmal ist es jedoch einfacher, wenn die anderen im Haushalt Bescheid wissen – die Familienmitglieder, der Partner, die Kinder, die WG-Kollegen. Damit du dir keine lieblosen Sätze anhören muss wie etwa «Aha, du hast wieder die Tage, deshalb bist du so ätzend», kannst du etwa eine rote Kerze anzünden, eine rote Kette tragen – irgendetwas, was du mit den anderen vorher so abgesprochen hast, damit sie auch ohne grosse Worte deinerseits merken, dass du in der roten Zeit bist und sie dich so sein lassen, wie du bist.

Keine Lust auf Pause?

Es gibt selbstverständlich auch Frauen, die während der Mens weder ein Bedürfnis nach Rückzug noch nach Ruhe haben. Das ist ok so. Du MUSST nicht stillhalten in diesen Tagen. Du kannst die Weisheit deiner Menstruation aber trotzdem nutzen, um dir eine Vision für den nächsten Monat zu formen. Und dies geht nun mal besser, wenn nicht allzu viel Trubel um dich herum herrscht. In diesem Zusammenhang kannst du auch weise vorausblickend sein: Wenn du durch jede Menstruation durchratterst, als gäbe es kein Morgen, kann dich diese Geschäftigkeit irgendwann einholen und du hast keine Energievorräte mehr. Dies geschieht leider sehr oft und der Zusammenbruch kommt dann, wenn die Frauen in die Menopause kommen. Haushalte also gut mit deinen aktiven Phasen und deinen Ruhephasen, damit du auch in der Menopause und danach noch genügend Lebenssaft in dir hast.

Ich kann es nicht oft genug erwähnen: Schreiben ist Medizin. Während der Menstruation zu schreiben, hilft immens, um den letzten Zyklus loszulassen. Und wenn du gerne noch einen Schritt weiter gehen willst, dann lese dir laut vor, was du geschrieben hast. Das fährt noch viel mehr ein. Falls du sowieso schon schreibst, schreibe von nun an auch noch deinen Zyklustag neben das Datum.

Schaue dir während der Mens vorwiegend positive, schöne Filme an (zum Beispiel «Tomorrow – Die Welt ist voller Lösungen»). Das Gefühl von Liebe und Verbundenheit, das während einer Menstruation entstehen kann, ist unglaublich. Empathie ist so gut zu spüren. Wähle deshalb weise aus, was für Filme du dir zu Gemüte führst. Als ich noch jung und zyklisch unerfahren war, habe ich während meiner Mens mal «Kill Bill» im Kino geschaut. Ich ging dann noch vor der Pause nach Hause.

Während der Mens bist du manchmal wie ein Schwamm: Du saugst Emotionen und Gefühle anderer auf, und genau das ist es unter anderem, was eine Mens so anstrengend macht. Schaue deshalb wie oben erwähnt, welchen GUTEN Dingen du dich zuwenden kannst. Eine total berührende Tätigkeit während der Mens ist es, die Verbindung zu deiner Dankbarkeit herzustellen, indem du Dankbarkeitslisten führst, Dankbarkeitsgebete aussprichst und damit auch die Verbindung zu Gott/der Quelle/der Schöpfung/Mutter Erde stärkst.

Sehe deine Menstruation als deine Meditationszeit an, die du eher alleine verbringst anstatt in einer Gruppe. Ich mag mich noch gut erinnern an folgende Episode: Zyklustag 2, ich war auf dem Weg ins Yoga. Ich schaute sehnsüchtig in den Wald, an dem mich mein Weg entlangführte. Ach, zwei Seelen wohnten in meiner Brust: Das nette Mädchen, das nicht 15 Minuten vor Kursbeginn absagen wollte, weil «man das nicht macht». Und das gefühlvolle und müde Mädchen, das nur in den Wald wollte. Alleine sein, dem Vogelgezwitscher lauschen, niemandem sagen, wo ich bin, an einen Baum anlehnen, barfuss das Moos spüren, auf die Erde bluten. Ich bin heute noch froh, dass ich der inneren Stimme Gehör geschenkt habe und in den Wald gesaust bin.

Meditative Tätigkeiten während der Mens sind auch super. Das können langweilige Dinge sein wie Socken sortieren, 500 Flyer in der Mitte falten oder Baumnüsse knacken.

Andere entspannende Tätigkeiten könnten sein: Ein Mandala legen aus Naturmaterialen (Steine, Eicheln, Schwemmholz, Federn, Blumen etc.), aber auch häkeln, stricken, weben und dergleichen. Auch Kinder haben oft Freude an solchen Dingen.

In meinem Bekanntenkreis bin ich dafür bekannt, dass ich noch Postkarten und Briefe von Hand schreibe. «Wie findest du bloss die Zeit dafür?», werde ich manchmal gefragt. Das geht so: Ich schreibe während jeder Mens zwei bis drei Briefe oder Karten. Das macht während der Tage einfach Freude, ist eine gemütliche Tätigkeit, sie entschleunigt und macht auch dem Empfänger Freude.

Was tut dir gut? Und was nicht?

Fast niemand stellt sich TÄGLICH die Fragen «Wie geht es mir?», «Was tut mir heute gut?», «Was tut mir heute nicht gut?». Sei revolutionär und starte damit. Sei zuallererst grosszügig mit dir selber und dann mit allen anderen. Was für ein neues Konzept!

Nehme die westliche Welt mal kritisch unter die Lupe: Wir sind nicht so fortschrittlich, wie wir meinen. Es gibt ein grosses Tabu rund um die Themen Gebären, Menarchefeiern und Sterben. Wir haben den natürlichen Bezug dazu verloren. Durch deine Aufmerksamkeit, die nun auf den zyklischen Vorgängen im Leben liegen, kannst du die Verbindung mit diesen Themen wieder aufnehmen. Sind also zum Beispiel Naturvölker wirklich primitiver? Oder sitzen wir da auf einem hohen Ross, von dem wir schleunigst runtersteigen sollten? Ist auch hier der Fortschritt eher ein Fort-Schritt? Sei wachsam!

Wenn du den Anfang und das Ende von Dingen anerkennst, sei es in Bezug auf deinen Zyklus oder auch bei anderen Dingen in deinem Leben, dann siehst du die Welt mit anderen Augen. Du lernst die Süsse kennen von Dingen (Lebensabschnitten, Phasen, Projekten, Beziehungen, Jobs etc.), die einen Anfang und ein Ende haben und schätzt dies. Du wirst beweglicher und weicher und hast auch mehr Verständnis für andere Menschen, bei denen etwas zu Ende geht oder etwas Neues beginnt. Der Respekt für die anderen Frauen, für Männer und Kinder, aber auch für die Geburt und den Tod wächst.

Ich habe davon gesprochen, dass sich das Menstruieren anfühlen könnte, wie nach Hause zu kommen. Wie soll dein inneres Zuhause aussehen? Wenn dein Körper eine Wohnung wäre, was müsste alles da sein, damit es dir gut geht? Suche dir innere Mens-Kraftbilder – wie soll sich deine Mens anfühlen? Hier ein paar meiner Beispiele:

Ich sehe mich manchmal im Eingang einer kleinen Sandsteinhöhle sitzen, an einer warmen Feuerstelle, mit einer Tasse Tee in der Hand.

Ich sehe mich manchmal unter einer knorrigen Eiche auf weichem Moos sitzen.

Ich sehe mich manchmal auf einer Luftmatratze im türkisblauen Wasser liegen, unter mir schwimmt eine Wasserschildkröte.

Ich sehe mich manchmal umarmt von einer weichen, flauschigen, vollbusigen, runden Grossmutter.

Ich sehe mich manchmal in einem Haselmausnest liegen.

Es ist ein schönes Gefühl, zu wissen, dass du jeden Monat während der Menstruation zu dir selber, zu deiner Essenz zurückkehrst. Dass du so sein kannst, wie du wirklich bist. Frisch gestärkt kannst du danach wieder weiterziehen durch die weiteren Phasen deines Zyklus. Das ist so schön. Das ist das Geschenk des Zyklus an dich, das Geschenk deiner Blutung, das Geschenk des Neumondes. Freue dich daran.

Ausblick auf den kommenden Zyklus

Der Neumond oder eben auch die Menstruation ist ein wunderbarer Moment, um deine Intention für den neuen Mond-Monat zu setzen: Wie soll der neue Zyklus oder der neue Mond-Monat werden? Wovon möchtest du mehr? Du kannst deine Gedanken wie Samen in die Erde säen. Du kannst deine Wünsche für diesen Mond-Monat auch aufschreiben auf ein Stück Papier, einen Stein, ein Holzstück und es in die Erde eingraben. Du musst dazu nicht in den Wald. Auch in den Städten ist überall ein Stück Erde zu finden. Sogar der Blumentopf im Büro oder in der Stube tut es.

Das rote Zelt

Das rote Zelt – hast du diesen Ausdruck schon einmal gehört? Es ist ein Ort, wo sich Frauen treffen. Geschichtlich ist es der Ort, wo sich eine Frau während der Blutung zurückziehen konnte. In dieser Zeit haben andere aus der Dorfgemeinschaft für ihre Kinder und ihren Haushalt geschaut, damit sich die Frau ganz auf ihre Träume und Visionen konzentrieren und sich ausruhen konnte vom vergangenen Monat. Es gibt viele Städte auf der Welt, wo es rote Zelte gibt. Vielleicht findest du eines in deiner Nähe? Vielleicht bietest du selber eines an? Vielleicht machst du einfach dein ganz privates rotes Zelt bei dir zu Hause, für dich selber? Es ist deine Aufgabe, dir die Mondtage so zu gestalten, dass sie dein Leben bereichern.

Das kostbare Blut

Das Menstruationsblut auf die Erde fliessen zu lassen, bedeutet unter anderem, eine Verbindung mit dem Blut herzustellen. Der Kontakt mit dem Blut macht die Menstruation erfahrbar. Sie ist nicht losgelöst von dir, sondern ein Teil von dir (und was für ein schöner!). Positive Erfahrungen mit Blut kannst du auf folgende Arten erleben:

- Schütte das Blut aus deiner Menstasse in die Giesskanne und giesse die Pflanzen im Garten damit. Sie werden spriessen, als ob du den besten Dünger verwendest hättest. Hast du ja auch.
- Leg ein Stücklein Stoff in deine Binde und blute drauf. Dieses kleine Stücklein Stoff vergräbst du dann an einem schönen Ort im Wald oder im Garten.
- Male dir mit deinem Blut ein paar Striche und Punkte auf den Bauch. Wenn du das eklig findest, mach es unter der Dusche und wasch es wieder ab.
- Gib ein paar Tropfen deines Blutes auf ein Papier und falte daraus zum Beispiel einen Origami-Kranich-Vogel, den du in der Wohnung aufhängst.
- Trockne dein Blut in einer flachen Schale. Es wird sich kristallisieren und du hast wunderschöne rote und metallisch glitzernde Stücke, die du in ein Amulett einarbeiten oder beim Räuchern ins Feuer streuen kannst.
- Blute im Wald oder an einem geschützten Ort direkt auf die Erde.

DAS sind kraftvolle, magische Momente!

Falls du nicht mehr blutest und doch gerne ein Blut-Ritual machen willst, kannst du dafür symbolisch auch Randensaft oder einen anderen roten Saft nehmen.

Die natürlichste Sache der Welt im Alltag integriert

Die Mens ist die natürlichste Sache der Welt. Gäbe es sie nicht, gäbe es unseren Zyklus nicht, wäre niemand von uns hier (und ich hätte dieses Buch vergebens geschrieben, was ja wirklich jammerschade wäre, oder?).

Mache oder kaufe dir einen speziellen Mondtrank, zum Beispiel einen Likör, eine feine Flasche Wein, einen Beerensaft – und stosse auf dich an. Du, mit dir, auf dich selber. Na, wie klingt das? Trinke einen Schluck auf das Blut. Auf den Lebenssaft. Auf die Kraft der Frau. Oder iss rote Sachen: Tomaten, Randen, Rotkraut, Peperoni, rote Bohnen, Himbeeren, Erdbeeren, Rhabarber, Johannisbeeren, einen roten Apfel etc.

Stelle dir eine Playlist mit Musik zusammen, die dir guttut. Die kann über Monate entstehen – achte dich mal, was für Musik du hörst, wenn du die Mens hast und füge deiner Playlist dann immer weitere Stücke hinzu, die zum Moment passen.

Trage etwas Rotes – einen roten Schal, rote Unterhosen, ein rotes Kleid … Rot ist eine Kraftfarbe. Wahlweise kannst du auch dunkelbraune oder schwarze Farbtöne tragen, die Farben der alten Weisen.

Suche dir einen Baum in deiner Wohngegend – deinen Mondbaum. Niemand muss wissen, dass dies dein Baum ist. Schön ist einer, den du jeden Tag siehst. Immer wenn du ihn anschaust, kannst du zu ihm sagen: «Hallo, lieber Mondbaum». Wenn du die Mens hast und dich müde fühlst, besuche deinen Baum und bitte ihn um starke Wurzelkraft.

Kauf dir einen schönen Mondsteinanhänger und trage ihn, wenn du die Menstruation hast. Oder vielleicht zieht dich ein anderer Stein mehr an? Ein roter Stein? Ein Rubin? Dein Gefühl entscheidet.

Vergiss das Träumen nicht. Denke dir aus, wie deine Menstruation aussehen würde, wenn ALLES möglich wäre: Dir jedes Mal ein bis drei Tage frei nehmen, dich bekochen lassen, verreisen, jeden Tag eine Massage geniessen, dich zurückziehen, um zu schreiben, zu lesen, Schokolade zu essen, Tee zu trinken. Träume können erst wahr werden, wenn sie geträumt werden. Geniesse diese Tagträume. Wer weiss ... Vielleicht wird sich dadurch etwas verändern?

Verwöhne dich selber mit einer sanften Massage, indem du dir dein eigenes Mens-Massageöl zusammenbraust. Vorsicht: Achte darauf, dass du hochwertige ätherische Öle verwendest und keine synthetischen! Und spannend ist auch: Wenn du zum Zeitpunkt deines Eisprungs in ein Geschäft gehst, um ätherische Öle auszusuchen, wählst du wahrscheinlich andere als während der Menstruation. Gehe die Öle also während der Mens aussuchen. Ich selber liebe das blutrote Johanniskrautöl und mache damit Bauchmassagen. Manchmal reichere ich es noch mit ein paar Tropfen ätherischem Mandarinen-Öl an. Eine Wohltat!

Das Spannende ist nun herauszufinden, was zu dir passt! Du bist deine eigene Person – du wählst, was dir guttut! Überfordere dich nicht gleich mit dem ganzen Programm – irgendwann hast du gefunden, was zu dir passt, und anpassen kannst du es jederzeit! Ich picke pro Mens meistens 1–3 Dinge aus diesen Ideen. Aber das Geheimnis liegt schon vor allem im MACHEN – nur zu lesen und zu wissen bringt noch keine grosse Veränderung!

Freue dich auf deine nächste Menstruation

Lass dich inspirieren von meinen Gedanken, höre dabei aber ganz genau auf dein Gefühl – wähle einfach, was dich gerade anspringt und setz das um, was dir guttut. Gestalte dir deine Menstruation so, dass du dich auf diese Zeit freuen kannst! Vielleicht dauert es eine Weile, vielleicht braucht es auch eine Umstellungszeit. Im Kopf und im Körper. Dies kann ein paar Wochen oder Monate dauern. Wenn du selber vor deinem Körper und deiner Menstruation eine Hochachtung hast, dann merkt das dein Umfeld. Es kann von niemandem erwartet werden, etwas zu respektieren, wenn du es selber nicht respektierst und magst. Dein Partner und deine Familie werden nicht von sich aus den ersten Schritt machen, um dir deine Tage zu verschönern. Das ist deine Aufgabe. Erst wenn du deine zyklische Natur kennst und dich selber respektierst, werden es die anderen auch tun.

Vergiss nie: Du bist ein wunderbarer Mensch. Vielleicht liegen über deinem

Zauberwesen Schichten aus Scham, Ekel, Trauer, Wut oder Schmerz. Es ist nun Zeit, diese Schichten Zyklus für Zyklus abzustreifen und aufzulösen, damit du dich wie eine kraftvolle Schmetterlingstänzerin entfalten kannst.

DEN BLICK FÜR DAS ZYKLISCHE SCHÄRFEN

Den eigenen Zyklus kennenzulernen, ist wirklich so etwas wie eine Schatz-suche. Ist der Code aber erst einmal geknackt, geht es relativ schnell, bis man den Geheimnissen auf die Spur kommt. Anhand folgender Erlebnisse könnt ihr mitverfolgen, wie es mir mit dem Kennenlernen meines Zyklus erging.

Ich & der Klavierunterricht

In meinen Jugendjahren habe ich Klavier gespielt. Ich hatte zu dieser Zeit noch keine Ahnung von meinem Zyklus, habe das Wort wohl noch nie ge-hört. Deshalb ist dieser Rückblick eine reine Vermutung.

Im inneren Frühling freute ich mich darauf und war motiviert, ich hatte eine flotte Klavierlehrerin. Ich war eine fleissige Schülerin. Etwa eine Woche lang ... Weiter ging es dann so:

Im inneren Sommer war es mir egal, ob ich geübt habe oder nicht. Ich ging mit einer Laisser-faire-Einstellung hin und habe mein Pokerface aufgesetzt und gesagt, dass ich NATÜRLICH geübt habe.

Im inneren Herbst war ich wahnsinnig selbstkritisch und fand mich so doof, dass ich nicht besser spielen kann, dass ich nicht mehr übte und über-haupt, dass mein älterer Bruder IMMER besser Klavier spielte als ich, ob-wohl er in seinem Leben KEINE EINZIGE Klavierstunde besucht hatte (jam-mer, jammer). Ich war den Tränen nahe, wenn mich die Lehrerin korrigierte.

Im inneren Winter wollte ich mich nicht so fest mit Technischem befassen und es war mir egal, ob nun eine Note länger oder kürzer gehalten werden sollte. Ich wollte doch nur ein bisschen klimpern, die Melodien geniessen und konnte Instruktionen oder Tipps der Lehrerin kaum aufnehmen oder umsetzen.

Ich & das Tibits

Ich habe anfangs meiner 20er im Restaurant tibits in Winterthur gearbeitet. Es war eine tolle, intensive Zeit und sie hat gut zu der Phase der «jungen Frau» gepasst. Da ich aber meinen Zyklus auch noch nicht gut kannte, habe ich ab und zu mal über die Stränge geschlagen, vor allem auch nach Geschäftsschluss im irischen Pub der Stadt …

Im inneren Frühling war ich im Schuss, ich konnte wahnsinnig schnell arbeiten, war ein total effizientes, flinkes Huhn. Der Job passte wie die Faust aufs Auge und ich war immer in Bewegung.

Im inneren Sommer habe ich sehr gerne mit den Kunden geplaudert, mit den Männern und manchmal auch mit den Frauen über die Theke geflirtet und mehr Trinkgeld gemacht als sonst. Auch haben mich die Lebensgeschichten der Mitarbeiter aus den verschiedenen Ländern sehr berührt und ich habe ihnen wohl 100 Löcher in den Bauch gefragt.

Im inneren Herbst überlegte ich mir, was ich überhaupt hier mache. Ich bin doch gelernte Buchhändlerin! Ich war dort nur zwischen zwei längeren Reisen, um Geld zu verdienen. Mich nervte der Lärm der Kaffeemaschine, mein Lächeln war aufgesetzt und wenn die Leute an der Kasse nicht vorwärts machten oder unbeholfen waren, nervten sie mich erst recht. Abends nach Restaurantschluss volle Schüsseln mit Essen in den Mülleimer kippen? Das kam bei mir ganz schlecht an und ich fühlte grosse Widerstände gegen das Lebensmittelgesetz, welches das so forderte.

Im inneren Winter hatte ich schon innere Schreikrämpfe, wenn ich nur schon das Klicken der Schiebetüre hörte. Ich hatte doch so fest gehofft, dass heute NIEMAND kommt. Ein Restaurant ohne Gäste stellte ich mir herrlich vor. Meine Erwartungen erfüllten sich natürlich nie. Neun Stunden im Service zu arbeiten während der Mens war HART.

Da ich wie gesagt noch nicht zyklisch lebte, habe ich meine eigenen Bedürfnisse nicht sehr ernst genommen. Ich ging nach der Arbeit noch mit den Kollegen in den Ausgang, wie es im Gastgewerbe so üblich ist, auch wenn es schon nach Mitternacht und ich wahrlich keine Nachteule war. Wer kann nach einem Tag mit Hunderten von Gästen schon schlafen? Ich ging auch mit ins Pub, wenn ich am nächsten Morgen Frühdienst hatte und schleppte mich dann mit vier Stunden Schlaf durch die nächste Schicht. Und wurde immer müder. Und immer dünner. Und immer ausgelaugter.

Ich & die Vereinsarbeit

Als mein Mann und ich gerade frisch verheiratet waren, zog ich in sein Dorf und musste mir eine neue Arbeit suchen. Ich fand sie in Form einer 40%-Homeoffice-Stelle bei einem Gesundheitsverein. Es war der schlimmste Job, den ich je hatte. Aber er war nicht immer schlimm. Logisch.

Im inneren Frühling fand ich die Arbeit spannend. Ich hatte 1'000 Ideen, wie wir den Verband vergrössern und was wir alles erneuern könnten.

Im inneren Sommer kümmerte ich mich um alle: Um die Vereins- und die Vorstandsmitglieder. Mit viel Hingabe und noch mehr unbezahlten Überstunden.

Im inneren Herbst hatte ich so was von die Nase voll. Die Belastung war mir viel zu hoch. In den wenigen Stunden meiner Arbeit für den Verein war ich Mädchen für alles: Administration, PR, Versammlungen, Retraiten, Buchhaltung etc. Dazu kam, dass ich auf diesem Berufsfeld gar keine Erfahrung hatte (ich war wohl im inneren Sommer beim Vorstellungsgespräch und habe mich gut durch alle Fragen gebullshitted).

Im inneren Winter war ich durch die Anforderungen echt ausgelaugt und fühlte mich zuweilen ziemlich hilflos, da einige Leute im Vorstand ganz starke Persönlichkeiten hatten (ich glaube, zum Teil hatten sie pro Person sogar mehr als nur eine starke Persönlichkeit. Just saying …).

Ich wurde zum Glück schwanger und kehrte nach dem Mutterschaftsurlaub mit dem grössten Vergnügen nicht mehr in den Job zurück.

Ich & das Yoga

Vor langer Zeit ging ich ins Yoga, und das etliche Jahre lang. Ich war neu im Dorf und es war eine schöne Art, tolle neue Frauen kennenzulernen. Yoga war Neuland für mich, auch eines der Dinge, von denen ich annahm, jede macht es und darum muss ich wohl auch mal.

Im inneren Frühling machte ich mich vergnügt auf den Weg in die Stunde und freute mich auf die Bewegung und die lieben Frauen dort.

Im inneren Sommer wollte ich eigentlich lieber mit den Frauen quatschen, als die Übungen zu machen, war aber auch im Saft und habe mich durch das Programm geschwungen. Ich konnte es kaum unterlassen, lustige Sprüche (vor allem über mich selber) zu machen.

Im inneren Herbst war ich frustriert: Meine Gelenke schmerzten während der Übungen, ich pushte mich zu stark und konnte es doch nicht so richtig. Die innere Kritikerin war laut.

Im inneren Winter war es mir zu viel und ich wollte lieber nur auf der Matte liegen und gar nichts machen. Ich bin nicht selten während der Schlussentspannung eingeschlafen.

Ich kannte meinen Zyklus damals noch nicht sehr gut, hatte aber schon Freundschaft geschlossen mit meiner Mens. Die fand ich schon damals ganz toll – aber mit den anderen inneren Jahreszeiten war ich noch nicht vertraut. Ich hatte eine sehr ambivalente Beziehung zum Yoga, wusste nie recht, ob ich es mag oder nicht. Hätte ich meine zyklische Natur schon besser gekannt, wäre ich mir selber in diesem «Hin-und-hergerissen-Sein» feinfühliger und nachgiebiger begegnet.

Mein Weg zur Yoga-Stunde führte am McDonald's vorbei. Ein Restaurant, das ich meide – 1 x pro Monat hatte ich aber Gelüste. GROSSE Gelüste. Nach Fett, nach Speck, nach einem Cheeseburger. Erst nach einigen Monaten habe ich gemerkt, dass das immer in meinem inneren Herbst der Fall ist, denn mein Zyklus-Erwachen war gerade voll im Gange, und mir ging so manches Lämplein auf. Mir blieben drei Möglichkeiten, wie ich mit dieser

Situation umgehen konnte:

1. Ich fahre einen Umweg
2. Ich fahre den gewohnten Weg und bleibe stark
3. Ich kaufe mir einen Cheeseburger und esse ihn mit Genuss

Das finde ich das Grandiose am Zyklus-Wissen: Ich bekomme Informationen aus meinem Inneren geliefert und bin deshalb fähig, bessere Entscheidungen für mich zu treffen. Ich verurteile mich viel weniger stark, da ich weiss, wann ich wieso wie ticke.

Ich & Geld

Das Thema Geld fasziniert mich seit Langem. Meine Eltern hatten nie viel Geld übrig, bei fünf Kindern rann es ihnen wohl nur so durch die Finger. Geld im Überfluss gab es also nicht, auch nicht bei meinen Geschwistern, als diese angefangen haben zu arbeiten. In meinen Beziehungen hat Geld immer eine komische Rolle gespielt, wurde zuweilen auch als Druckmittel eingesetzt. Kurz gesagt: Geld verwirrte mich.

Im inneren Frühling fand ich Geld nie so wichtig. Ich hatte einfach Freude daran, wenn welches da war und kaufte mir ein paar schöne Sachen damit.

Im inneren Sommer war ich «Freiwild», wenn jemand auf der Strasse Spenden sammelte. Ich habe ja sowieso alles, was ich brauche, ein Dach über dem Kopf, genug zu essen, wieso soll ich es also nicht denen geben, die es viel nötiger haben? Und zwar gleich ALLES?

Im inneren Herbst war ich oft so wütend, weil ich kaum eigenes Geld verdiente. Da kümmere ich mich Tag und Nacht um Kind und Haus, aber das Geld floss auf das Konto des Mannes. Wenn ich was wolle, könne ich es ja sagen. Ich kam mir vor wie ein Schulkind, das Taschengeld von Papa will. Beschissen. Ging gar nicht.

Im inneren Winter war mir das Thema zu weltlich. Ich wollte lieber liegen und träumen und schlafen, oder das Geld in Schokolademünzen verwandeln und essen.

Nach mehreren Monaten des Beobachtens und Führens meines Zyklus-Rades fing ich aktiv an, über diese Geldsituation nachzudenken, da sie für mich so nicht tragbar war. Ich sprach mit meinem Mann darüber, teilte ihm mit, was ich ok fand und was nicht. Ich fing an, Business-Coachings zu machen, weil mein Wunsch nach finanzieller Unabhängigkeit gross war und immer noch ist. Ich bin der festen Überzeugung, dass ich mit Geld viel Gutes in dieser Welt bewirken kann. Viel Gutes und viel Wichtiges. Ich habe Geld investiert und Kurse über Money-Mind-Set gemacht, eine super spannende Sache, die ich sehr empfehlen kann. Geld ist eben nicht nur Geld. Da steckt mehr dahinter und es hat ganz viel mit der eigenen Geschichte zu tun und wie wir damit umgehen. Ich bin meinem Zyklus-Herbst (sprich: mir selber) bis heute dankbar, dass er mir aufgezeigt hat, was dieser Missstand für mich bedeutet und dass ich dieses Thema ruhig ansprechen darf.

Ich & die Schule

Das klassische Schulsystem passt nicht sehr gut zu meinem ältesten Sohn, er geht aber trotzdem gerne zur Schule. Er mag seine Kollegen und Lehrer total. Was den Schulstoff betrifft, sieht es aber etwas anders aus. Seit der ersten Klasse kämpft er mit dem Lernstoff. Er findet vieles sinnlos, und vieles fällt ihm schwer. Er kann nicht sehr gut schreiben, er kann so einiges nicht, was man in seinem Alter können «müsste». Er ist ein wacher, intelligenter, wissensdurstiger Junge, der einfach nicht in die Schule passt.

Im inneren Frühling bin ich positiver: Das kommt schon gut, wir finden sicher einen Weg. So schlimm ist es nicht, er geht ja gerne in die Schule.

Im inneren Sommer werde ich aktiv: Ich spreche mit Bekannten, Lehr- und Fachpersonen darüber und gemeinsam suchen und finden wir Lösungen.

Im inneren Herbst finde ich die Situation zum Kotzen. Das Schulsystem, die Abklärungen, alles.

Im inneren Winter macht mich die Situation traurig. Wieso kann er es nicht ein bisschen einfacher haben? Ich spüre, wie schwer es ihm fällt und leide mit ihm mit.

Durch mein wachsendes Zyklus-Wissen habe ich folgenden Umgang mit der Situation gefunden: Ich beobachte genau, was mein Bauchgefühl zu der Situation sagt. Und ich kann meinem Sohn in die Augen schauen und sagen: Du bist genau richtig, so wie du bist. Du machst es gut. Und du wirst deinen Weg finden. Ich kann mit ihm zusammen seinen Weg gestalten und ihn in den schwierigen Schulmomenten begleiten. Ihm dieses Vertrauen und die Geborgenheit zu geben, empfinde ich als weitaus wichtiger für ihn, als dass er die französischen Verben in den verschiedenen Zeitformen auswendig weiss ...

Ich & die Spielgruppe

Als meine zwei jüngeren Kinder noch ganz klein waren, habe ich eine Spielgruppe betreut, in der ich Kinder auf spielerische Art und Weise mit der englischen Sprache vertraut machte. Ich war bereits gut zyklisch unterwegs und habe diese Aufgabe zu meinem persönlichen Zyklus-Beobachtungsfeld gemacht, denn irgendetwas hatte sich von Anfang an nicht rund und stimmig angefühlt bei diesem Job.

Im inneren Frühling freute ich mich auf diesen Morgen und hatte gute Ideen, was ich mit den Kids machen könnte. Neue Spiele, neue Lieder, alles kein Problem.

Im inneren Sommer wollte ich am liebsten alle Kinder mit nach Hause nehmen, sie waren echt toll und die zwei Stunden vergingen immer wie im Flug.

Im inneren Herbst hatte ich jeweils schon aufgeräumt, bevor die Kinder richtig fertig gespielt haben. Und ich habe mir viele Gedanken gemacht, ob ich überhaupt noch weiter machen will mit der Spielgruppe.

Im inneren Winter war ich müde, habe fast nur Bilderbücher erzählt, sass mit meinem Tee auf dem Sofa und liess das Geplapper so gut es ging von mir abperlen. Sollen sie sich doch mit den Duplos auf den Kopf hauen.

Wie gesagt lebte ich zu der Zeit schon zyklisch und beobachtete meine Gedanken im inneren Herbst wieder genau. Ich kam zum Schluss, dass ich
Englisch-Frühförderung nicht gut finde und dass ich zu Hause genug Kinder
hatte und keine anderen betreuen will. So habe ich schliesslich gekündigt.

Ich & das Autofahren

Einen roten, alten Mini-Cooper zu haben, tja, das ist ein Traum von mir.
Aber das jetzt nur so am Rande. Autofahren ist für viele Alltag, und wie
schon gesagt, sind Zyklus-Beobachtungen bestens im eigenen Alltag durchzuführen.

Im inneren Frühling düse ich fröhlich mit dem Auto durch die Strassen,
alles locker.

Im inneren Sommer drehe ich die Musik laut auf und singe mit. Die Autobahn ist kein Problem, ich kann da mithalten.

Im inneren Herbst regen mich vor allem 30er-Zonen auf und ich könnte
da also auch gut mit 70 km/h durchbrettern, wenn ich meinen inneren Drachen nicht zähme. Gleichzeitig regen mich natürlich alle auf, die zu schnell
durch die 30er-Zone fahren. Ach, wie ich Herbstfrauen LIEBE! Ich rege mich
im inneren Herbst auch auf über die zu engen Strassen in der Schweiz,
über die zu engen Parkplätze und überhaupt, schwedische und kanadische
Strassen sind doch viel besser.

Im inneren Winter fahre ich schon fast etwas verträumt. Huch, ich bin
schon am Zielort angekommen? Wie ist das denn passiert? Ach, ich könnte
hier 80 km/h fahren? Ja, wo war denn das Schild? Echt jetzt, bin ich gerade abgebogen, ohne dass ich links und rechts geschaut habe? Muss ich
auch nicht, denn ich spüre einfach, ob was kommt oder nicht (erzählt das
ja nicht meinem Mann)! Eine Autobahn finde ich im inneren Winter die un-
natürlichste Sache der Welt. Und hey, Hand aufs Herz, eine Autobahn IST
doch gaga, da flitzen einfach den ganzen Tag Autos ganz nahe beieinander,

nebeneinander, hintereinander, voreinander. Und stossen (meistens) nicht zusammen. Ist das nicht crazy? Wieso machen wir das?

Mit zyklisch offenen Augen durchs Leben gehen — Beobachtungstools, Übungen

Wie kannst du diese Beobachtungsgabe bei dir selber aktivieren? Geh mit offenen Augen durch dein Leben. Fange an zu philosophieren und zu experimentieren, finde deine Metaphern und Parallelen im Alltag. Ich liebe zum Beispiel dieses Beobachtungsspiel: Herausfinden, welche Musik, welcher Tanz oder welche Tätigkeit ich welcher Zyklusphase zuordnen würde.

Nehmen wir die Tänze: Zum Zyklus-Frühling passen für mich Lindy Hop und Charleston sehr gut, aber auch Zumba oder Bachata. Im Zyklus-Sommer finde ich Salsa sehr passend, aber auch ein leidenschaftlicher Tango oder eine heisse Burlesque-Show. Flamenco gehört für mich eindeutig zum Zyklus-Herbst, und einen innigen Blues oder auch einen erdigen afrikanischen Tanz sehe ich im Zyklus-Winter. Den hawaiianischen Hula könnte ich vom Gefühl her fast in allen Jahreszeiten unterbringen, er ist so stark und sanft, so mütterlich und herzlich.

Oder Musik: Wenn ich an ein Orchester denke, sind bei mir die Geigen die Frühlingsfrauen, die Bratschen die Sommerfrauen, die Celli die Herbstfrauen und die Bassgeigen die Winterfrauen. Das gleiche auch bei einem Chor: Sopran und Alt-Stimmen sind für mich die Frühlings- und Sommerfrauen, Tenor- und Bass-Stimmen die Herbst- und Winterfrauen (ok, geht nicht auf, das sind ja eigentlich immer Männer. Aber du verstehst schon, was ich sagen will).

Um deinen Blick für das Zyklische zu schärfen, kannst du auch Menschen in deinem Umfeld beobachten. Ich kenne zum Beispiel eine Frau, die in einer Bäckerei arbeitet, bei der weiss ich mehr oder weniger immer, wo sie gerade in ihrem Zyklus steht. Klar, ich habe sie nie gefragt, aber ihre überschwängliche Art und ihr lautes Lachen wechseln sich regelmässig ab mit ihren Pickeln, dem Blick-Ausweichen, der leisen Stimme, den ausgesendeten Get-out-of-the-fucking-door-NOW-Vibes.

Beobachtungsfeld Hobbys

Ein herrliches Beobachtungsfeld sind auch Hobbys, die du wöchentlich ausführst. Machst du sie manchmal lieber, manchmal weniger? Nimmst du die Menschen dabei immer auf die gleiche Art wahr? Oder entdeckst du inzwischen schon die feinen Nuancen, entweder bei ihnen, oder aber – noch viel spannender – bei dir selber? Wie kannst du deine Qualitäten, je nach innerer Jahreszeit, in dein Hobby oder auch in deine Kunst einbringen?

Du kannst deinen Blick für das Zyklische auch bei simplen Dingen wie etwa dem Fahrradfahren schärfen. Wie fährst du? Konzentriert? Wen schaust du an? Findest du Regeln und Vorschriften doof? Findest du, die Strasse gehört den Fahrradfahrenden und nicht den Autos? Fährst du fast in den Randstein, weil du einen schönen Mann siehst oder ein hübsches neues kleines Geschäft? Lässt du allen anderen den Vortritt? Fährst du so schnell wie möglich oder lässt du dir Zeit?

Beobachtungsfeld Restaurantbesuche

Spannende Übungsfelder sind auch Restaurantbesuche: Ich war kürzlich einmal in meinem inneren Herbst in einem Restaurant. Mir fiel eigentlich nur auf, was NICHT gut war:

- ♥ Im Raum war es zu Beginn, als nur wenige Gäste da waren, zu ruhig. Ich hörte das ältere Ehepaar zwei Tische weiter schmatzen. Nicht sexy.
- ♥ Der Kellner roch leicht nach Schweiss. Auch nicht sexy (in meinem inneren Sommer hätte ich es vielleicht ganz anziehend gefunden, ich finde «reinen» Schweiss nichts Abstossendes).
- ♥ Der Apéro-Drink kam NACH der Suppe. Der Kellner konnte die Beeren nicht finden. Ähm, ok.
- ♥ Der Trinkhalm war genauso breit wie die Heidelbeeren im Glas. Jedes Mal, wenn ich daran zog, verstopfte eine Beere den Tunnel in meinen süssen Mund. Aso nei.
- ♥ Das Huhn hatte einen brasilianischen Antibiotikageschmack. Nicht cool.

Das Geile daran war, dass ich das einfach alles habe wahrnehmen können, OHNE dass ich mich darüber aufgeregt habe, dies aber nur, weil ich bereits sattelfest war in meinem Zyklus-Wissen. Der Entscheid danach war klar: In dieses Restaurant gehe ich nicht mehr. Aber mir war genauso bewusst, dass ein Jammern über all diese «Missstände» auf sehr hohem Niveau gewesen wäre. Grundsätzlich kann ich ja dankbar sein für mein schönes Leben, für die Möglichkeit, in ein Restaurant essen zu gehen. Ich ging satt wieder raus. Und das war ja der Punkt an der ganzen Sache.

Vor Jahren war ich mal in einem anderen Restaurant, in einem sehr schicken. Eigentlich wollte ich gar nicht dort sein. Es war eine dieser unglücklichen Verkettungen von seltsamen Ereignissen, die mich dahin führte. Als ich zur Toilette ging, merkte ich, dass in der «Stube», einem nicht ganz so schicken Teil des Restaurants, ein paar junge Menschen bei einem Kartenspiel sassen. Oh, wie lieber wollte ich bei ihnen sein! Die schicke, pompöse Atmosphäre im anderen Raum zog mich gar nicht an. Meine rückwirkende Einschätzung ist, dass ich in meinem inneren Frühling war und es lieber unbekümmert und fröhlich mit den jungen Leuten lustig gehabt hätte.

Manchmal kann ich auch eine «dicke» Atmosphäre in einem Gastro-Betrieb spüren, Spannungen zwischen dem Personal oder mit dem Chef oder ich empfinde Mitgefühl mit dem Personal, wenn es unausstehliche Kundschaft hat. Dies nehme ich vor allem in meinem inneren Herbst und Winter gut wahr.

Beobachtungsfeld Sexualität

Wo kann man noch seine zyklische Wahrnehmung schärfen? Sex. Sex ist immer ein gutes Übungsfeld, auch um dich selber besser kennen zu lernen. Sex kann in allen vier Zyklusphasen wunderschön sein (mit dir selber oder mit einem Partner, einer Partnerin):

Im **inneren Frühling** kann Sex sehr neckisch, spielerisch sein. Vielleicht brauchst du etwas länger, bis du in Fahrt kommst, aber dafür gibt es mehr Spielraum für Kreativität. **Im inneren Sommer** flutscht es oft schon fast von alleine und der Weg zum Orgasmus ist weniger steinig oder schwierig. **Im inneren Herbst** kann Sex stürmisch und schnell sein, fast schon von einer Dringlichkeit besessen. Sehr heiss. Es kann aber auch sein, dass du hier ÜBERHAUPT keine Lust auf Sex hast. Keinen Funken Lust. Dass du deinen Mann mit grossen Augen anschaust und ihm sagst, du hättest noch nie in deinem Leben einen schlechteren Vorschlag gehört. Oder dass du dich schlafend stellst, am liebsten mit Schnarchen, damit er weiss, dass er keine Chance hat. Und wehe, er weckt dich auf. Da kann es schon mal einen Tritt in seine Richtung geben (im Halbschlaf, natürlich): «Oh Schatz, das waren deine Eier? Das tut mir wirklich leid. Soll ich dir etwas Eis holen?» **Im inneren Winter** kann Sex sehr liebevoll sein, sanft und zärtlich, und heilsam für Mann und Frau.

Gibt es bei dir die Situation immer mal wieder, dass du mit dem falschen Typen ins Bett steigst? Dass du nicht verhütest, vielleicht weil er nicht will, weil Alkohol im Spiel war, weil du denkst, er denkt, es sei uncool? Dass du am Morgen danach erwachst und denkst: «Jesses, was habe ich da schon wieder gemacht?» Dann schaue immer gut in dein Zyklus-Rad oder deine Zyklus-App, um zu wissen, wo du in deinem Zyklus gerade stehst. Ich würde fast die Hand ins Feuer legen, dass du in deinem inneren Sommer so handelst.

Ich weiss noch, als ich neun Monate lang alleine durch Zentralamerika gereist bin (empfehle ich übrigens allen Frauen, mal eine Zeit lang alleine zu reisen! Sehr aufschlussreich!). In diesen Ländern schauen dich die Männer an. Von Kopf bis Fuss. Wenn du an einer Baustelle vorbeiläufst, dann pfeift dir mindestens einer nach oder ruft dir «guapa», also «Hübsche», zu. Ich habe mich anfangs genervt darüber, habe je nach Zyklusphase sogar die Strassenseite gewechselt oder einen Umweg genommen. Aber das Lustigste ist ja dann passiert, als ich zurück in der Schweiz war und im inneren Frühling und Sommer durch die Strassen zog. Keiner pfiff mir nach. Keiner nannte mich «Hübsche». Ich war richtig traurig und vermisste es.

Beobachtungsfeld Häuser und Räume

Weitere Beobachtungszonen sind Räume und Gebäude, in denen du dich aufhältst. Je nach Zyklusphase werden dir ganz andere Dinge ins Auge stechen, oder du fühlst dich an ganz anderen Orten wohl oder eben nicht wohl:

♥ Während der Mens wirst du dich in einem vollen Einkaufszentrum ohne Tageslicht anders fühlen als während deines Eisprungs.

♥ In einem Grossraumbüro mit viel Neonlicht fühlst du dich im inneren Winter anders als in einer kleinen, gemütlichen Wohnung im Kerzenschein.

♥ In einer Fabrikhalle mit vielen testosterongeladenen Männern fühlst du dich im inneren Sommer vielleicht so wohl wie ein Fisch im Wasser, während dich in deinem inneren Herbst nur schon ein falscher Blick göttlich aufregt.

Beobachtungsfeld Gespräche

Auch Gespräche mit Menschen sind gute Übungsfelder. Mich interessieren während meines Zyklus-Sommers die Lebensgeschichten anderer Menschen sehr. Woher kommen sie? Was macht sie glücklich? Wie war es in ihrem Land, falls sie nicht aus der Schweiz sind? Wie leben sie? Ich bin mutig und direkt und höre voller Empathie zu.

Ich habe zwei Freundinnen, die fragen mir immer Löcher in den Bauch. Und ich liebe es, finde solche Arten von Unterhaltungen sehr anregend. Mit meinem jetzigen Zyklus-Wissen ordne ich diese zwei Frage-Frauen dem inneren Frühling zu: Neugierig und offen, Dinge einordnen zu wollen.

Wenn ich in meinem inneren Herbst kaum einem Gespräch mehr folgen kann, dann weiss ich, die Mens steht vor der Türe. Wenn ich mitten in einem Satz den Faden verliere, dann ist das zwar peinlich, aber mit Zyklus-Wissen irgendwie auch lustig (ausser du stehst vor 75 Menschen und hältst einen Vortrag. Das fand ich nicht so lustig).

Beobachtungsfeld Alltag

Schärfst du deinen Blick für das Zyklische, wirst du automatisch auch die linearen Tätigkeiten in deinem Leben genauer erkennen. Die Tätigkeiten also, die immer gleich sind. Für mich ist kochen eine lineare Tätigkeit. Nicht der Akt des Kochens an sich, denn das ist ja eigentlich eine kreative Sache, sondern die Häufigkeit: Ich koche zwei Mal pro Tag warm, sieben Tage die Woche. Meine Familie isst gern viel und warm. Ich auch. ABER ich habe auch das Gefühl, dass ich DAUERND in der Küche stehe. Meine Kreativität hält sich in Grenzen. Immer diese Entscheidung – Reis, Kartoffeln oder Pasta? Als ob es keine anderen Grundnahrungsmittel gäbe. Ich gebe es zu, die Küche ist nicht meine Geniezone. Aber wenigstens habe ich herausgefunden, wieso das so ist! Es widerstrebt mir, etwas sieben Tage die Woche 2 x täglich zu machen. So einfach ist das. Mein Mann übernimmt nun öfters das Kochen und eine liebe Frau kocht uns auf Vorrat jeweils gesunde, abwechslungsreiche Speisen für die Gefriertruhe. BLOODY HURRAH!

Beobachtungsfeld Mitfrauen

Du kannst dein neugewonnenes (eigentlich müsste hier stehen «dein wieder ausgegrabenes») Zyklus-Wissen jederzeit schärfen, einsetzen, erweitern, ausbauen, indem du dich und die Frauen um dich herum beobachtest. Begebe dich in Menschenmengen und beobachte die Verhaltensweisen der jungen Frauen, der Ernährerinnen und Superwomen, der magischen, wilden Frauen und der alten Weisen. Was zieht dich an? Was stösst dich ab? Wo erkennst du Authentizität, wo denkst du: «Ja, genau so möchte ich auch mal sein, wenn ich älter bin»? Und wo denkst du das Gegenteil? Wo siehst du farblose Mäuse ohne einen Funken Schalk in den Augen? Wo siehst du abgelöschte Frauengesichter und was machst du in deinem Leben, damit dir das nicht passiert? Wie nährst du dein Feuer, deine Leidenschaften, deine Sehnsüchte? Du kannst dich zum Beispiel in Bern in die Bahnhofshalle setzen und Menschen einteilen (einteilen finde ich eh viel besser als beoder verurteilen). Du kannst sie in die vier Lebensphasen einteilen: Welches sind die jungen Frauen, die Mütter und Weltretterinnen, die Herbstfrauen, die Winterfrauen? Und welche sind weder Fisch noch Vogel und befinden sich in einem Übergang? Und dann kannst du dieses Spiel herunterbrechen und menstruierende Frauen den vier inneren Jahreszeiten zuordnen. Klar werden das meistens nur Vermutungen sein, aber es macht Spass. Und vor allem gibt es eine Riesenwärme im Bauch, weil dadurch ein Gefühl der Verbundenheit entsteht.

Der geschärfte Zyklusblick

Nach und nach kannst du auch die Tages-, Jahres- und Lebenszyklen in deine Beobachtungen miteinbeziehen. Wie oft war schon eine Situation abends verstrickt, schwierig, beängstigend oder einfach zu belastend? Eine Nacht lang darüber schlafen und am nächsten Morgen sah es schon nicht mehr ganz so trüb aus. Genau das bewirken Pausen, Abstand nehmen von Situationen. Sei es durch den Nachtschlaf oder durch die Menstruation.

Zyklus-Wissen bringt Frauen zusammen und dadurch entstehen starke Bande der Schwesternschaft. Dieses Netz hilft dabei, das Leben zu tragen, schwierige Lebensumstände zu ertragen. Und es ist auch da, wenn es etwas zu zelebrieren gibt. Was für ein Geschenk!

DIE ÜBERGANGSTAGE

Wenn etwas endet und das Neue noch nicht wirklich gestartet hat, befinden wir uns im Übergang. Es gibt Übergangstage im Zyklus, Übergänge im Leben, ich nenne sie auch Zwischenland oder Schwellenzeiten.

Denke an Ende August, Anfang September: Es gibt eine Fülle von Früchten und Gemüse, die Luft wird kühler, die Abende früher dunkel und die anstehende Änderung liegt in der Luft. Der Herbst ist noch nicht ganz da, aber wir ahnen, dass er gleich um die Ecke ist. Das ist der Übergang in der Jahreszeit. Und dieser Übergang ist magisch, da liegt unglaublich viel Potenzial darin. Dies zu bemerken und wahrzunehmen ist eine Kunst, das kann nicht jeder. Weder in der äusseren, geschweige denn in der inneren Jahreszeit. Aber mit jedem Zyklus, mit jedem Jahr, gelingt es einfacher.

Übergänge sind nötig, um von einem Abschnitt zum nächsten zu kommen. Sei das ein Lebensabschnitt, ein Tagesabschnitt oder eine Zyklusphase. Ein Übergang ist das Verbindungsstück. Wenn wir uns dagegen sperren und keine Übergänge und Wechsel wollen, ob im Leben oder im Zyklus, bleiben wir immer an der gleichen Stelle stehen. Wir entwickeln uns nicht. Auch wenn es uns eine Weile ganz gut gefällt an dieser Stelle oder im Sumpf, weil es uns so BLOODY VERTRAUT ist – wir kommen nicht vorwärts. Wieso tun wir Menschen uns so schwer mit Wechseln, mit Änderungen? Haben wir Angst vor dem Danach, dem Unbekannten? Ein Grund dafür ist bestimmt, dass wir verlernt haben, zyklisch zu leben, Anfang und Ende anzuerkennen und uns von diesem Fluss tragen zu lassen. Eine Herbstfrau, eine Frau in der Menopause, die sich immer noch wie ein junges Küken verhält, ist nicht bei sich. Eine alte Frau, die den Tod ignoriert, verpasst einen grossen Teil ihres Lebens. Eine junge Frau, die viel zu viel Verantwortung trägt, kann ihre Flügel unter dieser Last nicht entfalten.

Es ist also sehr wichtig, diese «Störung», diesen Übergang zu erlauben, zuzulassen. Denn er ist nicht als Angriff zu verstehen, sondern als Fährboot in den nächsten Abschnitt. Der Menstruationszyklus ist unser grosser Lehrer in Sachen Wandlung, Fluss und Loslassen. Anhand unseres Zyklus können wir das monatlich üben, damit im Leben dann die grossen Übergänge mit weniger Widerstand willkommen geheissen werden können. Isn't this just bloody brilliant? Wir wurden mit allen Werkzeugen ausgerüstet, die wir brauchen!

Wichtig dabei ist: Erinnere dich immer an die RUNDHEIT des Zyklus – es sind keine viereckigen, in Stein gemeisselten Abschnitte, die sich nicht verschieben lassen. Lass dich nicht vierteln vom Kopfwissen. Wie die Natur braucht auch die zyklische Frau Zeit, um von einer Zyklusphase in die nächste zu kommen. Lass dich also überraschen von den Möglichkeiten in diesen Übergangstagen.

Meine vielleicht völlig schräge Sammlung von Übergängen:

- 💜 Natur: nicht mehr Winter, noch nicht Frühling.
- 💜 Nähte bei Kleidungsstücken: Wenn der Stoff reisst, dann bei einer Naht.
- 💜 Vorhangstange, die nicht gut «rutscht» – weil die zwei Schienen nicht exakt aufeinanderpassen.
- 💜 Musik: Zwischenstück. Bridge. Tonartwechsel – sind doch die schönsten!!
- 💜 Flughafen: Emotionales Minenfeld, ankommen, abreisen, Abschied nehmen, willkommen heissen.
- 💜 In den Zug einsteigen und aussteigen: Aufregung.
- 💜 Kinder: Noch nicht laufen, aber unzufrieden mit Kriechen.
- 💜 Ohne Windeln: Meistens nicht von einem Tag auf den anderen.
- 💜 Kindergarten: Das Wissen darum, dass er beginnt, das Kind aber keine Ahnung hat, was Kindergarten überhaupt ist und die Frage «Freust du dich?» mehr Schaden anrichtet als motiviert.
- 💜 Schlimmste Patienten: Noch nicht fit, nicht mehr krank.
- 💜 Die Lehre: Kein Schüler mehr, noch kein voller Arbeiter.
- 💜 Schule: Letzte Schulnoten schon erhalten, aber noch keine Ferien.
- 💜 Beziehung: Innerlich schon getrennt, aber noch nicht gegangen.
- 💜 Geburt: Die Schwangerschaft ist ein klarer Zustand, das Kind in den Armen halten auch, aber die Geburt ist wohl der grösste Übergang im Leben einer Frau mit Kindern.
- 💜 Der Tod: Der magischste aller Übergänge.
- 💜 Unheilbare Krankheit: Dem Tode geweiht, aber noch nicht gestorben.
- 💜 11 Uhr: Noch nicht Zeit fürs Mittagessen, aber schon Hunger.

- 💜 Essen: Von guten Lebensmitteln zu verdorbenen (kann man das ächt noch essen?).
- 💜 Füsse: Vom kalten Hausschuh-Finken-Winter zu «Ist doch egal, lauf mit den Socken oder barfuss».
- 💜 Liebe: Verliebt, aber noch nicht zusammen. Oder umgekehrt: Von Beziehung zu undefiniert zu Trennung (aka es ist kompliziert).
- 💜 Umziehen: Noch am alten Ort, noch nicht am neuen. Kündigung für Wohnung erhalten, noch keinen neuen Ort gefunden.
- 💜 Ausbildung: Studium fertig, noch nicht wissen, wie es nach all den Jahren des Studierens weitergeht.
- 💜 Körper: Ellbogen, Knie, Hals, Gelenke.
- 💜 Lebensphasen: Menarche-Zeit. Teenager-Zeit.
- 💜 Menopause: Übergangsphase von ca. 10 Jahren.

Nachdem ich die Übergangstage zwischen den inneren Jahreszeiten bereits in den Kapiteln zum inneren Frühling und inneren Herbst kurz erwähnt habe, gehe ich in den folgenden Abschnitten nun noch etwas genauer auf sie ein.

Der Übergang vom inneren Winter zum inneren Frühling Zyklustage ca. 5–7

Vielleicht fühlst du dich mit dem Ausklingen der Menstruation wie das erste Schneeglöckchen – bereit für die Welt! Du spürst die Lebensgeister zurückkehren und hast Hunderte Ideen im Kopf. Ich liebe den englischen Ausdruck «hold your horses». Erledige also nicht gleich alles am ersten Tag nach deiner Mens, denn du hast nun plus/minus drei Wochen lang Zeit, dich deinen Ideen und Projekten zu widmen.

Was können aber Gründe sein, wenn du nicht bereit bist, dass deine Säfte wieder steigen? Wenn du noch müder bist als vor der Mens? Wenn sich deine Knospen nicht entfalten mögen? Der Übergang vom inneren Winter zum inneren Frühling kann sehr tückisch sein, und falls sich deine Frühlingsgefühle nicht einstellen, würde ich folgenden Gedanken sehr genau nachgehen:

♥ Vielleicht hast du dich nicht genug ausgeruht während der Mens? Vielleicht hast du genau gleich geschäftig weitergemacht, gerade so, als ob es die Mens gar nicht gäbe?

♥ Vielleicht bist du grundsätzlich wirklich sehr ausgelastet oder gar nahe an einer Erschöpfungsdepression? Dann kann es sehr gut sein, dass dich die Mens zusätzlich noch mehr ausgelaugt hat.

♥ Vielleicht LIEBST du die Mens und willst gar nicht weg von dort? Vielleicht bist du nicht bereit, den samtig weichen Cocoon zu verlassen?

♥ Vielleicht fühlst du dich nicht bereit für den Frühling, weil niemand draussen in der Welt versteht, was du machst, wie du fühlst, oder weil du das Gefühl hast, dass «da draussen» niemand auf dich wartet?

♥ Vielleicht ist dir die Welt einfach zu viel? Zu viel Stimulation, zu viele Reize, zu viele Informationen?

♥ Vielleicht hast du Angst vor der Umsetzung deiner Träume, weil sie dir so gross, vielleicht sogar zu gross erscheinen?

♥ Vielleicht wurde deine Menarche nicht gefeiert, vielleicht hattest du schwierige Teenagerjahre, vielleicht hast du dich in deinen jungen Jahren selber verloren? Solche Gefühle können im Übergang zum inneren Frühling zum Vorschein kommen.

Ein Beispiel aus meinem Leben: Als junge Frau wollte ich es allen recht machen. Ich war ein beliebter Teenager, ich war aktiv in der Kirche, habe im Chor gesungen, war in der Jugendgruppe dabei, habe auf mancher Hochzeit getanzt. Ich hatte Witz und Charme und ich habe auch viel philosophiert und mitunter wurde ich sehr melodramatisch. Wenn ich alleine war oder mit bestimmten Freunden aus der Zeit, konnten wir uns gegenseitig so richtig gut runterziehen – schwarzmalen: «Es macht eh alles keinen Sinn» oder «Niemand versteht die Welt WIRKLICH ausser wir.» Wenn ich also heute zurückblicke auf diese Zeit, so habe ich unterschiedliche Erinnerungen daran: Die an das «nice girl», das für alle angenehm und nützlich war, und die an die fast schon depressive, schwarz denkende junge Frau, die die ganze Last der Welt auf den Schultern spürte und die sich völlig unverstanden fühlte. Wieso erzähle ich dir das? Im Übergang zum Frühling können – wie in meinem Fall – solche alten Geschichten wieder hochkommen. Welche sind es bei dir?

Der Übergang vom inneren Frühling zum inneren Sommer Zyklustage ca. 11–13

Die Natur wird praller, voller, farbiger, die Beeren reifen und der Regen grünt das Land. Diesen Übergang spüre ich persönlich am wenigsten, er ist bei mir sehr fliessend, ich «flutsche» gut in den inneren Sommer. Wenn du in diesen Tagen in dein persönliches Loch fällst, ist es wirklich wichtig, das über mehrere Monate zu beobachten.

♥ Vielleicht bist du nicht sicher, was du mit der zurückkehrenden Kraft anstellen sollst? Vielleicht weisst du gar nicht, in welche Projekte oder Aufgaben du sie stecken sollst, die für dich persönlich wirklich viel Sinn machen?

♥ Vielleicht weisst du nicht, wohin mit deiner Lust, deiner sexuellen Kraft? Vielleicht kennst du deinen Körper überhaupt nicht und deine eigene Vorstellung von Sexualität deckt sich überhaupt nicht mit der «weltlichen» Version davon?

♥ Viele Frauen glauben, sie seien «zu viel» für die Welt, für die Männer, ja auch für sich selber. Das wurde uns auch ein paar Jahrhunderte lang eingeredet. Wir seien zu viel. Zu stark. Zu sexuell. Zu wissend. Davor haben vor allem die Männer Angst und deshalb haben sie mit der weiblichen Sexualität ganz seltsame Sachen angestellt. Diese Angst haben wir übernommen. Ist es nicht Zeit, diese nun abzustreifen?

♥ Erinnere dich zurück an deinen Auszug von zu Hause. Wie hast du dein Nest verlassen? Wie bist du in dein erstes eigenes Zuhause eingezogen? Auch das ist ein Übergang, der im Leben kaum Beachtung findet, sich aber in einem Menstruationszyklus im Übergang vom inneren Frühling in den inneren Sommer wieder zeigen kann.

♥ Falls du Kinder hast: Erinnere dich zurück, wie du Mutter geworden bist. Wie war dieser Übergang für dich? Kraftvoll? Selbstbestimmt? Wenn du deine Geschichte vom Mutterwerden neu schreiben würdest, wie würde sie klingen? (Und ja, das ist eine Aufforderung, sie neu zu schreiben, in deinem Tagebuch zum Beispiel.) Es stellt sich hier also die Frage, wie du von deinem Lebensabschnitt als kinderlose Frau in das Mutter werden gerutscht bist, wie sich das für dich angefühlt hat etc.

Der Übergang vom inneren Sommer zum inneren Herbst
Zyklustage ca. 19–21

Dieser Übergang ist dafür gedacht, zu feiern und zu würdigen, was du in der aktiven ersten Zyklushälfte erarbeitet hast. Also so was ähnliches wie Erntedank. Folgende Gedanken könnten sich im besten Falle einstellen:

«Wow, das war jetzt die erste Hälfte meines Zyklus. Ich habe mir gut geschaut, ich konnte einige Dinge umsetzen, die mir am Herz lagen.
Ich blieb bei mir. Ich habe nicht die ganze Welt gerettet, sondern nur die halbe. Ich kam einen Schritt weiter mit einem Projekt. Ich habe etwas angesprochen, was mir schon lange auf dem Herzen lag. Ich habe eine alte Freundin getroffen, die ich schon seit fünf Jahren wieder mal sehen wollte. Ich habe mit meinen Kindern Qualitätszeit verbracht. Ich konnte meine Lust und Freude ausleben. Die Tage waren farbig. Ich habe auch hier Pausen gemacht und bin nicht wie ein Ackergaul durchgaloppiert.»

Was den Übergang vom inneren Sommer zum inneren Herbst angeht, so sieht die Realität oft anders aus. Weniger magisch. Weniger geheimnisvoll. Sondern ziemlich nüchtern. Ich hatte viele Jahre eine Hassliebe zum Zyklustag 21. Meine schlechte Laune an diesem Tag bringt mich aber mittlerweile zum Lachen, denn ich habe diesen «Fuck you»-Tag zu meinem persönlichen Josianne-Kraft-Tag ernannt.

Seit ich meine Kurse unterrichte, habe ich schon so, so oft gehört, dass dieser Übergang der Härteste ist. Es ist ein FALL – lustiges Wortspiel: «Fall» heisst auch Herbst auf Englisch, und ja, wir «fallen» da manchmal regelrecht hinein. Diesen Übergang kannst du dir etwa so vorstellen: Du sitzt im Auto und die Warnlampe blinkt. Kein Öl oder kein Benzin mehr. Du hast die Wahl: Weiterfahren und so tun, als ob du nichts bemerkt hast. Oder du lässt dir von der Warnlampe sagen: Jetzt hast du zwei Wochen lang den anderen geschaut, jetzt kommst du dran. Die Warnlampe teilt uns mit, dass es Zeit ist, das Tempo zu drosseln und den eigenen Tank wieder zu füllen, damit es im inneren Herbst und der darauffolgenden Menstruation nicht zu einer emotionalen Bruchlandung mit vielen Scherben kommt.

So viele von uns sind überrascht von diesem Wechsel. Überrumpelt. Er macht viele wütend und unsicher. «Es war doch gerade noch alles GUT! SCHÖN!! HARMOOONISCH! SEX! Und jetzt bin ich wieder so ne Kratzbürste. Mein Mann und die Kinder tun mir leid. Sie können ja nichts dafür.» Weisst du was? DU AUCH NICHT. Der Verlust über das Zyklus-Wissen hat bei uns Frauen grossen emotionalen Schaden angerichtet. Es geht so weit, dass wir uns selber nicht mehr trauen. Wir verstehen uns nicht und vertrauen unseren Gefühlen und Instinkten nicht. Das ist ein riesiges Problem. Für mich persönlich fühlt sich das an wie ein emotionales, psychisches Massaker an uns Frauen. Die gute Nachricht ist, dass DU die Fähigkeit hast, diesen magischen Übergang und diese Kraft wieder zurückzuerobern. Indem du deinen Zyklus kennenlernst, indem du dir wieder zu vertrauen beginnst, indem du dir selber wieder glaubst. Indem du dir jeden Tag bewusst bist, an welchem Zyklustag du dich gerade befindest.

Spannend ist auch immer, was der Kopf in diesem Übergang sagt (der ist ja irgendwie auch noch da): «Ich bin doch noch gar nicht kurz vor der Mens, wie kann ich mich jetzt schon so beschissen fühlen?» Also ist es dein Kopf, der dir sagt, wann du was fühlen solltest. Schräg, oder?

Auch das Gegenteil ist möglich: Ich fühle diesen Übergang gar nicht, was ist falsch mit mir? GAR NICHTS. Du MUSST doch nicht jeden Monat auf die Schnauze, ähm excusé, in den inneren Herbst hineinfallen!

Also, woran kann es liegen, wenn wir bei diesem Übergang so unschöne, anstrengende oder beschissene Gefühle haben?

- 🤍 Vielleicht wolltest du ja endlich mit einem Herzensprojekt anfangen, aber hast dich im Strudel des Alltags verloren und das macht dich traurig? (Höre dir das Lied von Jason Mraz «I don't give up» oder das Lied von Cher «You haven't seen the last of me» an.)
- 🤍 Vielleicht ist dein Kinderwunsch gross und ihr hattet keinen Sex? Das kann zu diesem Zeitpunkt sehr traurig oder auch wütend machen!
- 🤍 Vielleicht hattest du vor lauter Eisprung-Lust Sex mit einem Mann, der dir gar nichts sagt? Du verurteilst dich darüber und hoffst so fest, nicht schwanger zu sein oder dir keine Krankheit geholt zu haben?
- 🤍 Vielleicht liebst du deine rosaroten Frühlings- und Sommer-Brillengläser und fühlst dich, als ob sie dir jemand von der Nase gerissen hätte?

Aus Erfahrung weisst du, dass dein Blick nun wieder auf Schwieriges, Unschönes fällt und darauf hast du einfach Null Bock?

- ♥ Vielleicht hast du dich viel zu fest für andere verausgabt und siehst kein Ende, weil deine Agenda auch in den nächsten zwei Wochen überquillt mit Terminen? Vielleicht saugen dir Familie und Job gerade die letzte Energie? Und nun kommt der Herbst und du hast bereits keine Kraft mehr für den Zyklus-Endspurt. Die Luft ist raus.
- ♥ Vielleicht hast du realisiert, dass du doch nicht ALLES machen und handeln kannst? Vielleicht fühlst du dich nicht mehr als Superwoman? Kacke, oder? The good news: Es verlangt niemand von dir, dass du ALLES machst und kannst. Niemand. Also musst du auch nicht.
- ♥ Vielleicht hast du keine tollen Menopause-Frauen in deinem Umfeld und sträubst dich mit Händen und Füssen und Gebärmutter dagegen, «auch so eine» zu werden?

Zum letzten Punkt lässt sich Folgendes sagen: Wenn wir eine Parallele ziehen zwischen unseren Lebensphasen und den Zyklusphasen, sieht es so aus: Wir «fallen» oft auch von unseren roten, menstruierenden Jahren in die Wechseljahre. Oftmals ist das Einzige, was wir über die Wechseljahre wissen, negativ: «Es wird doof. Es wird heiss. Ich werde schwitzen wie ein Schwein. Wallungen. Gewichtszunahmen. Oh Schreck, ich bin dann nicht mehr ich selber. Die Werbung im Bus hat es gesagt. Aber hey, es gibt ja sicher eine Pille, die meine Hormone reguliert». Halt, stopp! Falls sich solche Gedanken in deinem Kopf drehen, ist es HÖCHSTE ZEIT, dass du dich mit den wundervollen wilden Wechseljahren auseinandersetzt. Und damit meine ich ganz bestimmt nicht, dich beim Gynäkologen auf den Stuhl zu setzen und dir seine Version anzuhören.

Die wilden Menopausen-Frauen verändern die Welt. Wirst du eine davon sein? Du kannst bereits üben: Immer in deinem inneren Herbst. Du hast spezielle Gaben und die Welt braucht sie. Aktiviere sie, wecke sie auf, grabe sie aus, und stelle sie dir und der Welt zur Verfügung.

Der Übergang vom inneren Herbst zum inneren Winter
Zyklustage ca. 27–29 und 1

Die Natur zieht sich zurück, sie wird stiller. Die Blätter sind gefallen. Wir aber machen heiter weiter. Wir haben Lichtquellen zuhauf, im Haus, im Geschäft, auf den Strassen, in den Bahnhöfen.

Einmal habe ich von einer lieben Ritualfrau auf meine Anfrage, einen «fröhlichen, hellen Frauenabend mit Naturkosmetik im November zu machen», eine Absage erhalten. Zuerst war ich überrascht, denn ihre Erklärung war: «Ich zelebriere hier die Stille und Dunkelheit und widme mich meinem Inneren.» Wow. Ich habe zu dieser Zeit noch nicht viel vom zyklischen Leben gehört und fand es komisch. Heute finde ich es eine der schönsten Begründungen für eine Absage, die ich je bekommen habe.

ACHTUNG KOPF: Wenn du Lust hast, während dieses Übergangs oder auch in der inneren und äusseren Winterzeit Feste zu feiern, dann MACH ES! Es gibt ja jeden Monat mehrere Möglichkeiten, Stille und Ruhe in deinen Alltag einzubauen: Zum Beispiel bei Neumond oder wenn du ein ruhiges Wochenende vor dir hast. Wenn du also Lust hast auf Licht und Farbe, und das auch brauchst, damit du den Nebel und die Dunkelheit überstehst, dann um Himmels Willen mach es bitte. Traue deinem Gefühl. Wenn du aber rückblickend merkst, dass du während dieser Zeit ausschliesslich am Feiern und Partymachen bist, dann machst du dir sicherlich einen Gefallen, wenn du kurz analysierst, wieso du nicht ohne kannst.

Der Übergang vom inneren Herbst in den inneren Winter ist für viele Frauen der emotionalste. Ich habe nach einigen Monaten Zyklus-Beobachtung gemerkt, dass ich kurz vor der Mens oft traurig war, ohne dass ich den Grund dafür kannte. Auch eine Art Nervosität oder Gereiztheit war da.

In meinen jüngeren Jahren war ich in dieser Übergangsphase voller Wut. Mein Vater hat mir mal erzählt, dass er immer VOR uns wusste, wann wir die Mens bekommen. Spannend, oder? Mein Vater, der vor seiner Frau, vor uns drei jungen Schwester-Frauen wusste, dass es nun wieder soweit war. Ich selber erkannte die Zusammenhänge 20 Jahre lang immer nur rückblickend. Wo war da der Lerneffekt?

Was ist, wenn du hier dunkle, schwierige Gefühle hast? Dann schaue, ob einer der folgenden Punkte auf dich zutrifft:

- 💜 Hast du generell Mühe, Gedanken, Situationen, Vorstellungen oder Menschen loszulassen?
- 💜 Hast du gerne die Kontrolle über Situationen?
- 💜 Stellst du dir die Frage, wer «es» (Familie, Arbeit, Organisation) hält, wenn du loslässt?
- 💜 Fühlst du dich traurig, weil du kein Netz um dich spürst, das dich trägt, wenn du einmal nicht mehr magst?
- 💜 Fühlst du dich von deinem Leben, der Gesellschaft, deinem Arbeitgeber, deiner Familie kontrolliert und bestimmt? Macht dich das wütend?
- 💜 Trägst du Trauer in dir? Trauer über verstorbene Menschen, Trauer über tragische Geburtserlebnisse, Trauer über einen Abschied, einen Streit, eine ungelöste Situation?
- 💜 Hast du sehnlichst auf dein Kindlein gewartet und es ist schon wieder nicht gekommen?
- 💜 Bist du allgemein schon sehr, sehr müde und brauchst dringend eine Auszeit? Und jetzt kommt da noch so eine wie ich und sagt, du sollst sie dir auch nehmen. In deinen Augen ist es aber unmöglich. Da kann grosse Wut und Trauer zum Vorschein kommen.

Sehr oft kommt mit dem ersten Blutstropfen eine Erleichterung. Das Loslassen beginnt. Und das tut den meisten gut. Würdige dein Blut. Und wenn du keinen Menstruationszyklus mehr hast, dann finde symbolisch deine Art, wie du den Neumond begrüsst, wie du den Beginn eines neuen Zyklus willkommen heissen kannst. Erfinde dein eigenes Ritual dazu. Bemale einen roten Stein und lege ihn bei Neumond auf deinen Altar. Oder nimm ihn für fünf Tage als Erinnerung in deine Hosentasche. Trage deinen roten Schal. NIMM DIR ZEIT und verbringe sie mit DIR, in der Verbindung zu deinen Mondschwestern, zu Mutter Erde, zyklisch, rund, in Liebe, in Würde.

Übergänge sind keine lineare Sache. Somit ist die Menstruation das Loslassen des alten Zyklus, gleichzeitig aber auch der Neubeginn. Ein Konstrukt, das in unserem linearen Denken Fragezeichen auslöst. Kannst du es annehmen? Dich da einfach reinfühlen, ohne es intellektuell begreifen zu müssen?

Der Weg zu guten Übergängen

Was mache ich persönlich, wenn bei mir während Übergängen schwierige Gefühle hochkommen? Dann setze ich mich hin und denke darüber nach, welche Zusammenhänge das mit meiner Lebensgeschichte haben könnte. Ich schreibe alle schweren Gefühle auf ein Stück Papier und verbrenne es im Feuer. Oder ich stehe an einen See, sammle eine Handvoll Steine, schmeisse sie einzeln ins Wasser und lasse so die Vergangenheit los. Ich räuchere. Ich weine. Ich schreibe einen Liebesbrief an mein jüngeres und an mein älteres Ich. Oder ich gehe zum Psychiater. Mache eine Familienaufstellung, Ahnenarbeit, Gesprächstherapie, Tanztherapie. Habe ich alles schon gemacht. Alles ok. Whatever makes it better. Was macht es für dich einfacher und leichter?

In Niemandsland der Übergänge entstehen viele neue, grosse Ideen, neue Lösungen und auch Kreativität. Im Übergang ist auch Raum für Humor, für Lachen. Es ist nicht alles so klar definiert. Entweder klammern wir oder wir lassen los und lassen uns vom Leben überraschen. Das braucht zwar Mut, es tut aber total gut.

Schlussendlich ist ein Übergang immer die VERBINDUNG von einem Abschnitt zum Nächsten. Etwas geht vorüber, deshalb kann etwas Neues kommen. Es gehört zum Leben wie die Geburt und der Tod.

Ich wünsche euch wunderbare, magische Übergänge.

DER ZARTE ANFANG – DAS ERWACHEN DER FRAU IM KINDE

Stell dir vor, du hättest dich auf deine erste Menstruation gefreut. Stell dir vor, du hättest ein Funkeln in den Augen gehabt, ein Grinsen im Gesicht und ein total warmes Gefühl in der Gebärmutter. Stell dir vor, du wärst voller Stolz gewesen, als das Blut endlich floss, und deine Mutter, deine weiblichen Verwandten, deine Brüder und dein Vater hätten dich liebevoll und mit Hochachtung als junge Frau in deinem neuen Lebensabschnitt willkommen geheissen – mit einem Fest, mit einer rituellen Handlung.

Stell dir vor, dass dir vier wichtige Frauen in deinem Leben erklärt hätten, was es mit den inneren vier Jahreszeiten auf sich hat. Wie du Zyklus für Zyklus mehr Werkzeuge in deiner Kiste hättest, um dein Leben liebevoll und selbstbestimmt zu gestalten. Wie du erhobenen Hauptes und mit viel Schalk dein Leben als zyklische Frau beschritten hättest.

Stell dir vor, du hättest einen natürlichen Zugang zum Thema Fruchtbarkeit und hättest von Anfang an verstanden, dass sich «fruchtbar sein» nicht ausschliesslich auf «Kinder bekommen» beschränkt. Stell dir vor, deine Kreativität wäre mit dem Einsetzen deiner Menstruation jeden Monat gewachsen. Stell dir vor, du hättest in deinen jungen Jahren der Zukunft mit Spannung und Neugierde entgegengeblickt.

Stell dir vor, du hättest von Anfang an gewusst, wie du mit Pausen und Leerräumen umgehen kannst, und wie wichtig sie sind, um zu träumen, zu spüren, um das Leben in den schönsten Farben auszumalen.

Stell dir vor, du hättest dich nie von den patriarchalen Strukturen limitieren lassen, sondern sie hätten dich gestützt, gehalten und getragen, damit du deine Flügel frei hättest entfalten und fliegen können.

Stell dir vor, du hättest nicht eine Sekunde lang Scham oder Ekel verspürt, wenn es um deine Menstruation ging. Stell dir vor, du hättest sie von Anfang an als deine heilige Zeit, als deinen Schutzengel erkannt, weil es dir die

Mütter, Tanten, Patinnen und weisen Frauen in deinem Umfeld so weitergegeben haben.

Wahrscheinlich – sehr, sehr höchstwahrscheinlich – hast du es nicht so erlebt. Vielleicht kommen beim Lesen dieser Worte Trauer oder Wut hoch. Das ist verständlich. Sehr verständlich. Denn irgendetwas läuft bei uns total falsch!

Die unglückliche Handhabung der ersten Menstruation

Sehr viel öfter läuft es doch bei uns so: Die Menarche, also die erste Menstruation, ist ein Grund, um vor Scham im Boden zu versinken. Darüber wird nicht gesprochen. Wenn überhaupt, dann im Flüsterton. Die Mutter legt stillschweigend Wegwerfbinden oder Tampons ins Zimmer. Manche Mädchen bekommen lieblose Worte zu hören wie: «Jetzt hast du diesen Scheiss auch.» Oder bemitleidend: «Du Ärmste, da musst du jetzt durch, die Schmerzen gehören dazu.» Autsch. Geht gar nicht, oder?

Bei den ersten Pickeln rennt man zum Gynäkologen, der dann gleich mal vorsorglich die Minipille verschreibt. So hat das Mädchen von Anfang an keine Chance, ihre eigenen Gefühle zu entwickeln und ihren Körper auf eine natürliche Art kennenzulernen. Wenn die Pille nehmen kein Thema ist, wird doch oft gleich auf eine Gefahr hingewiesen: «Jetzt musst du aufpassen, jetzt kannst du schwanger werden.»

Die erwachende zyklische Frau ins Erwachsenenleben begleiten

Frauen, wir müssen unseren jungen Mädchen wieder die Chance geben, ihren Einstieg ins Frausein anders zu erleben. Wir müssen! Wir haben eine Aufgabe, die wir zutiefst vernachlässigt haben. Auch wenn es bei uns anders war und wir darüber traurig sind, sollten wir uns dieser (schönen!) Aufgabe jetzt stellen. Auch wenn es in uns selber schmerzhafte Erinnerungen auslöst. Es kann nicht sein, dass einer der wichtigsten Übergänge im Leben einer Frau rituallos und unbeachtet vorübergeht.

Die Menarche, die erste Menstruation, gilt in vielen Kulturkreisen als das Erwachen der Frau im Kinde. Durch eine Menarchefeier heissen wir die jungen Mädchen im Kreis der Frauen willkommen, wir schenken ihnen Vertrauen und wir geben ihnen wertvolle Grundsätze mit auf ihren Weg: «Du bist eine selbstbestimmte, junge Frau. Die Menarche ist ein Geschenk der Grossen Mutter an dich, sie ist ein Segen. Du kannst dich darüber freuen. Sie verbindet uns Frauen miteinander. Dein Körper gehört dir. Trag ihm Sorge. Deine Weiblichkeit ist einzigartig. Wir sind füreinander da und darum auch für dich. Du kannst mit deinen Sorgen, aber auch mit deinen Träumen zu uns kommen. Wir heissen dich willkommen in unserer Mitte. Du bist eine wichtige Person auf dieser Welt und du hast deinen Platz hier. Es ist schön, dass es dich gibt.»

Ein Mädchen, dessen Familie den Menstruationszyklus kennt und respektiert und ein offenes Interesse am Wohlbefinden des Mädchens hat, wird eine positive Einstellung gegenüber ihrem Frausein, ihrem Körper haben und wird in der Partnerwahl selbstbestimmter und sicherer sein. Überall, wo Scham und Ekel im Spiel sind, wird Unsicherheit und ein nicht authentisches Verhalten gefördert. Die Menarche ist kein schmutziges Geheimnis. Die Menstruation ist die heiligste Zeit im Leben einer Frau und die natürlichste Sache der Welt. Ohne sie wären wir nicht hier. Ohne Mens kein Mensch. Du liest diese Zeilen hier nur, weil deine Mutter einen Menstruationszyklus hat(te). Wie kann so etwas als schmutzig, krank oder unnatürlich dargestellt werden?

Eine junge Frau muss offen und ohne Scham sagen können, wann sie Schmerzen hat. Sie darf weder belächelt noch mit Schmerzmedikamenten ruhiggestellt werden. Wenn junge Frauen ältere zyklische Frauen an der Seite haben, können alternative Schmerzbehandlungen ausprobiert werden. Die wichtigsten Faktoren, wie zum Beispiel, dass man während der Menstruation Ruhe und Zeit für sich selber haben sollte, könnten besprochen werden. Und im Gespräch zeigt sich dann vielleicht eine Lösung, wie ein junges Mädchen der Lehrerin, der Sportlehrerin sagen kann, dass sie Schmerzen hat, ohne dass es gleich die ganze Klasse weiss.

Für Lehrpersonen wäre es sowieso eine riesige Entlastung, würden sie über den Menstruationszyklus Bescheid wissen, denn stellt euch mal eine Klasse mit 20 jungen Frauen vor, alle an einem anderen Ort in ihrem Zyklus. Die erste ist vielleicht ein Pulverfass, die zweite völlig unkonzentriert, die dritte total versunken im Lernprozess, die vierte den Tränen nahe wegen einer schlechten Note, die fünfte hat den Vollanschiss, die sechste ist dauernd am Kichern, die siebte möchte gerne noch mehr übers Thema erfahren, die achte will ihrer Leidenschaft, der Musik oder dem Zeichnen, nachgehen … Ihr versteht schon, was ich meine. Wenn nun eine Lehrperson diese Eigenschaften den jeweiligen inneren Jahreszeiten zuordnen könnte, wäre zumindest etwas von dem Chaos im Fadenkorb gelöst. Nicht, weil der Zyklus auf irgendeine Art und Weise angepasst oder eben gar abgeschafft werden muss, sondern weil ein Verständnis füreinander entsteht und es ein Miteinander und kein Gegeneinander geben muss. Weil sich eine Lehrerin auch mal für ein paar Sekunden zurücklehnen und die verschiedenen Energien auf sich wirken lassen kann, ohne sie gleich zu werten.

Eine junge Frau muss so viele Entscheidungen treffen. Im Vordergrund steht immer die Schule, die Ausbildung. Wie geht es weiter nach der Schule? Das müssen sich Jugendliche in der Schweiz bereits mehr als zwei Jahre vor dem obligatorischen Schulschluss überlegen, also wenn sie mit einem Bein noch fast im Sandkasten stehen. Sollen sie eine Berufslehre machen? Aber welche denn? Sollen sie für ein Jahr ins Ausland oder als Au-Pair arbeiten? Das erste Mal weg aus dem Nest? Schaffen sie es ins Gymnasium? Oh, der Druck … Wie schön wäre es, ein junger Mensch könnte nach dem Gesetz der Anziehungskraft arbeiten: Was zieht mich magisch an? Was flasht mich völlig? Was erfüllt mich mit Glück? Wo kribbelt es schön im Bauch, wenn ich daran denke? Solche Gedanken werden als unrealistische Träumereien abgetan und den Mädchen grad sofort abgewöhnt. Das Leben sei kein Ponyhof. Was für ein Bullshit. Das Leben ist das, was wir daraus machen. Inklusive Ponys, wenn es sein soll. Wieso erlauben wir es den jungen Leuten nicht, zu träumen UND verantwortungsbewusste, realistische Menschen zu sein? Wieso darf es hier nur linear und keine Spur zirkular sein? Wieso bringen wir ihnen nicht die Kunst bei, gescheit UND unbeschwert zu sein? Wach UND träumerisch? Tatkräftig UND vergnügt? Pflichtbewusst UND verspielt? Das geht doch Hand in Hand. Die jungen Frauen brauchen Begleitung in diesen Belangen. Sie brauchen uns älteren Frauen (so, jetzt habe ich mich doch glatt das erste Mal in meinem Leben als ältere Frau bezeichnet – wurde auch Zeit!), um ihnen ihre Möglichkeiten aufzuzeigen. Möglichkeiten ohne Tunnelblick, ohne Einschränkungen, aber mit einer grossen Portion Selbstverantwortung, die sie tragen müssen und auch können. Sie können das, wenn wir es ihnen zumuten und sie nicht länger als Kleinkinder behandeln. Wir sollen und dürfen sie anführen, gerade auch in zyklischen Belangen und Fragen. Wir sind die Leitwölfinnen – und sie werden es später auch werden und uns in dieser Aufgabe ablösen.

Wir befinden uns in einer Zwischenwelt: Das Interesse am natürlichen Zugang zur Menstruation ist am Erwachen, viele prangern das Tabu an, es ist eine Pro-Menstruations-Bewegung im Gange. Die wenigsten von uns kamen aber in den Genuss einer Menarchefeier. Vereinzelt höre ich (zum Glück!) immer wieder von Frauen, die einen Blumenstrauss zur ersten Menstruation bekamen oder mit der Familie fein essen gingen. Aber bei den allermeisten fand dieses wichtige Ereignis hinter der verschlossenen Badezimmertüre statt.

Viele Kursfrauen berichten mir, dass ihre Mädchen ihre Menarche gar nicht speziell feiern wollen, dass sie das peinlich finden. Das ist natürlich total schade, aber so was von verständlich: Diese Mädchen haben selber noch an keiner Menarchefeier teilgenommen und konnten deshalb noch keine positiven Erfahrungen damit sammeln – und können sich deshalb auch nicht darauf freuen. Nehmen wir die Konfirmation und Firmung als Beispiel: Es ist die einzige rituelle Handlung, die in den Jugendjahren stattfindet. Da jüngere Geschwister bei den Konfirmationsfeiern dabei sind, haben sie bereits ein Bild davon und können sich auf ihre eigene Konfirmation freuen. So könnte es auch bei Menarchefeiern sein. Es könnte ein etabliertes Fest sein, bei dem es fröhlich und berührend zu und her geht und bei dem ein wichtiger Grundstein für das Leben ins Erwachsenenalter gelegt wird.

Mit Ritualen wird ein junger Mensch, sei es ein Mädchen oder ein Junge, geehrt, von der Gesellschaft akzeptiert, aufgenommen, und – noch wichtiger – WAHRgenommen. Rituale sind lebenswichtig. Rituale verbinden, sie schenken Heimat und Freiheit. Als Gesellschaft sind wir nicht mehr eingerichtet, Menarchefeiern durchzuführen, aber brauchen wir das doch bitte nicht als Ausrede, um sie einfach zu vergessen oder auszulassen.

Jugendliche haben einen schweren Stand

Ich kann echt nur den Kopf schütteln, wenn über die «unverantwortlichen, aufmüpfigen Teenager» gewettert wird. Wie schwierig sie seien. Wie frech, wie aufdringlich, wie unhöflich, wie faul. Doch Kinder haben heutzutage eine verdammt kleine Wahl, selbstbestimmt und verantwortungsvoll zu sein. Das Zentrum ihres Lebens ist die Schule, die Berufswahl, ihre Zukunft. Sie haben herzlich selten die Chance, im Jetzt zu leben, sich auf eine gesunde Art auszutoben, der Dorfgemeinschaft nützlich zu sein, sich physisch mit Kräften zu messen, ohne dass gleich die Kinderschutzbehörde eingeschaltet wird. Nicht dass ich dafür bin, wenn sich zwei die Fresse einschlagen, aber ich sehe auch, dass wir kaum mehr Ventile oder Bühnen für Wildheit, Humor, Schabernack und Sturm und Drang bieten.

Für mich besteht ein direkter Zusammenhang zwischen der Absenz der Menarchefeier, dem von den Medien vertretenen Schönheitsideal und den unreifen, unsicheren jungen Frauen, die heute unterwegs sind.

Die junge, unreife Frau, die sich nicht kennt, die keine Ahnung von ihrem Zyklus hat und die ihre Lust hemmungslos zeigt, wird mit Stirnrunzeln beachtet. Es ist die kichernde, überschminkte Frau mit dem T-Shirt, das kurz über den Nieren endet und das auch im Winter. Die, die in Leggins auf kalten Mauern sitzt. Die, die das Wort Porno gehört hat oder Pornos geschaut hat, bevor sie das Wort Menstruationszyklus kannte. Oder die melancholische junge Frau, die die Welt nicht versteht. Die keine Ahnung hat, keinen Plan, was sie hier macht. Die, die zu Hause aber immer noch ihre Puppen oder Stofftiere aus der Kindheit hat und am liebsten Mamas heissen Kakao trinkt und mit ihr auf dem Sofa kuschelt.

Es ist wichtig, dass wir hier unsere Aufgabe wieder anfangen wahrzunehmen und uns dem Übertritt vom Mädchen zur Frau wieder annehmen, um mit den jungen Frauen diesen nächsten Lebensabschnitt gebührend zu feiern.

Ideen für kleine und grosse Menarchefeiern

Die Menarchefeier soll ein festlicher Anlass sein, bei dem das Mädchen in einer liebevollen Atmosphäre voller Freude und mit viel Vertrauen in die neue Lebensphase hineinbegleitet wird. Es kann eine ganz kleine Feier sein mit nur zwei bis drei Personen, oder ein grösseres Fest. Es darf ein Ritual, Musik, Tanz, Blumen und ein Fressgelage beinhalten. Es darf genau so sein, wie es für das junge Mädchen stimmt. Lies diesen letzten Satz bitte nochmal: Es soll so sein, dass es für das junge Mädchen stimmt. Nicht, dass es für die Mutter stimmt, denn es geht um die Tochter, das Patenkind, die Nichte, die Tochter einer Freundin.

Schön ist es, wenn Frauen unterschiedlichen Alters dabei sind: Vielleicht will das junge Mädchen ihre Freundinnen dabeihaben? Vielleicht lädt sie die Grossmutter ein? Die Tante? Auch hier zählt, wie es das Mädchen will. Falls es «keine grosse Sache draus machen will», dann findet heraus, was ihr zu zweit unternehmen könnt.

Praktische Vorschläge für eine Menarchefeier

Das Mädchen überlegt, wen es dabeihaben will und schreibt die Einladungen. Ganz toll ist es, wenn sie diese von Hand schreibt und mit Briefpost verschickt, denn wenn eine solche Einladung über das Smartphone rausgeht, ist schon etwas vom Zauber verloren. Selbstverständlich muss das Mädchen einverstanden sein und Freude am Briefe schreiben haben! In der Einladung nennt sie den Grund für die Feier und erwähnt die logistischen Eckpunkte. Falls sie will, kann sie noch dazuschreiben, dass ihre Freundinnen weisse Kleidung tragen sollen, die Frauen im Menstruationsalter sollen rote Kleidung tragen und die Frauen in der Menopause und darüber hinaus tragen dunkle Kleidung, violett, braun oder schwarz.

Dekoriert den Raum oder den Ort mit Blumen, Kerzen, Tüchern und feinen Düften. Ganz schön ist es, im Wald zu feiern, vorzugsweise an einer Stelle, wo nicht alle zwei Minuten ein verschwitzter Läufer vorbeijoggt. Gestaltet einen speziellen, symbolischen Eingang. Vielleicht können alle unter einem mit Efeu dekorierten Ast durchlaufen, den zwei Frauen hochhalten? Oder durch einen leichten Vorhang? Vielleicht mögt ihr barfuss sein und mit Rosenblättern einen kurzen Pfad zu eurem Kreis legen?

Traditionellerweise wird ein Menarcheritual nicht von der Mutter geleitet, sondern von einer Freundin der Mutter, der Patin oder einer anderen Bezugsperson des Mädchens. Die Mutter kann aber im Kreis dabei sein und ihre Tochter begleiten, wenn es die Tochter so will. Im Kreis kann eine Frau das Mädchen offiziell willkommen heissen und ihr einen roten Schal um die Schultern legen. Macht eine schöne Kreismitte mit Steinen, Hölzern, Blumen und Fotos von euren Müttern, Grossmüttern, Urgrossmüttern. Ihr könnt in der Mitte eine rote Kerze für das Mädchen anzünden und jede Frau im Kreis kann ihr gute Wünsche für ihren Lebensweg mitgeben. Dafür könnte das Mädchen auf einem sehr bequemen, schön verzierten Stuhl sitzen oder auf einem Kissen, und jede Frau aus dem Kreis geht zu ihr hin, bringt ihr eine Blume, eine Lebensweisheit und gute Wünsche. Singt Lieder, macht einen Kreistanz oder knüpft ein rotes Armband, bei dem jede Frau reihum eine rote Perle auffädelt. Am Schluss kann die Mutter der Tochter das Armband anziehen. Lasst eurer Kreativität freien Lauf und stimmt das Ritual auf die Bedürfnisse des Mädchens ab. Natürlich darf es auch überrascht werden, aber das höchste Wohl des Mädchens sollte immer im Auge behalten werden, also bitte keine peinlichen Überraschungen, sondern nur ganz liebevolle.

Weitere Möglichkeiten sind, dass ältere Frauen dem jungen Mädchen in einem Rosenbad die Füsse waschen. Dass sie ihr die Geheimnisse erzählen, um eventuellen Bauchschmerzen während der Menstruation vorzubeugen. Sie können zum Beispiel mit dem Mädchen zusammen gleich während des Rituals ein hochwertiges Pflanzenöl mit den ätherischen Ölen von Rose und Mandarine beduften, jede Frau im Kreis segnet das Öl und die junge Frau kann sich den Bauch damit einreiben, wann immer sie eine Portion Liebe und Wärme im Bauch braucht.

Es gibt ganz viele weitere Ideen, um ein solches Ritual schön zu gestalten. Es kann 15 Minuten oder eine Stunde dauern, das entscheidet ihr selber. Schliesst den Kreis und feiert! An der Feier, also nach dem Ritual, können und sollen auch Brüder, Väter, Bonus-Väter, Onkel und Freunde teilnehmen können, denn auch sie gehören zum Leben der jungen Frau! Macht ein Buffet mit roten Speisen, roten Getränken und stosst auf das Leben an!

Die Rolle der Mutter

Überlege dir ganz gut, aus welchem Grund du eine Menarchefeier für deine Tochter machen willst! Wenn du zum Schluss kommst, dass du bedauerst, nie eine solche Feier gehabt zu haben, dann hole zuerst die Menarchefeier für dich nach! Mehr dazu im Abschnitt weiter unten. Es nie zu spät, um die Menarche zu feiern, ganz egal, ob du 45 bist oder 52. An der Menarchefeier deiner Tochter, deines Patenkindes oder der Tochter einer Freundin sollten keine Trauer- oder Eifersuchtsgefühle hochkommen, weil du selber keine solche Feier hattest! Werde dir also zuerst ganz klar darüber, wie sich die Idee einer Menarchefeier für dich anfühlt – sei es, wenn du über deine eigene, oder die einer jungen Frau, die du begleitest, nachdenkst.

Traditionellerweise begleitet die Mutter das Mädchen nur bis zum Eingang des Ritualortes, wie erwähnt zum Beispiel bis zu dem mit Efeu behangenen Ast. Dort übergibt sie ihre Tochter dem Frauenkreis. Sie ist am Ritual nicht dabei, erst danach wieder bei der Feier. Wieso? Weil die Tochter nun nicht mehr ihr kleines Mädchen ist, sondern eine junge Frau im Fortpflanzungsalter. Es soll und darf eine Ablösung geben. In unseren Kreisen ist eine solche Ablösung für die Mutter meist viel schwieriger als für die Tochter. Vielleicht sträubt sich in dir drin gerade alles, wenn du diese Zeilen liest. Und doch ist es ein natürlicher Prozess: Deine Tochter wird älter und sie geht nun immer öfters ihren eigenen Weg. Das wünschen wir unseren jungen Mädchen doch: Dass sie selbstsicher und aufgeschlossen ihr Leben entdecken.

Was nun, wenn das Mädchen wortwörtlich noch blutjung ist und bereits mit 10 oder 11 Jahren die Menarche erlebt? Auch dann ist es rein körperlich bereits so weit, dass es Kinder haben könnte. Und auch dann würde ich unbedingt eine Menarchefeier machen.

Entscheide zusammen mit deiner Tochter, ob du im Ritual-Kreis mit dabei bist, ob das für das Mädchen schön oder eher störend ist. Als Mutter kannst du deine Tochter trotzdem noch als Beschützerin durch die nächsten Jahre begleiten und ihr zu verstehen geben, dass du immer für sie da bist, falls sie Hilfe und Unterstützung von dir braucht.

Falls du dich entscheidest, deine Tochter nur bis zum Eingang zu begleiten und sie dort dem roten Kreis der Frauen zu übergeben, dann mache für dich in der Zwischenzeit selber ein kleines Ritual. Meine Lieblingsidee ist diese: Bemale vorgängig kleine, flache Kieselsteine mit roter Farbe, ca. 50 Stück. Sammle weisse Steinchen oder bemale kleinere Kieselsteine mit weisser Farbe. Such dir einen schönen, stillen Ort in der Nähe des Ritualortes oder in der Natur. Lege zuerst einen roten Kreis mit der Hälfte der Steine. Dieser Kreis symbolisiert dich, dein Leben. Mit den weissen Steinen legst du einen kleineren Kreis innerhalb des roten Kreises. Dieser Kreis steht für das Leben deiner Tochter. Denke an ihre Kindheit zurück, an schöne, glückliche Momente, aber auch an schwere Zeiten. Lass die Gedanken ziehen, die Tränen fliessen, denn Abschiede sind nicht leicht. Bedanke dich mit folgenden oder ähnlichen Worten bei deinem Mädchen:

«Liebe Tochter, danke für die Jahre, in denen ich dich ganz nahe begleiten durfte. Danke für alles, was ich durch dich und mit dir lernen durfte. Ich erinnere mich an die Zeit, als du in meinem Bauch gewachsen bist. Ich erinnere mich an deine Geburt und als ich dich das erste Mal in die Arme nehmen konnte. Ich erinnere mich an dein erstes Lächeln. Ich erinnere mich an (zu viele) schlaflose Nächte. Ich erinnere mich an die Wand, die du enthusiastisch mit wasserfestem, schwarzem Stift verziert hast. Ich erinnere mich an den ersten Kindergartentag, den ersten Schultag. Ich erinnere mich an alle Zeiten, wo ich dich losgelassen habe. Ich erinnere mich an alle Zeiten, wo ich dich gehalten und getragen habe. Ich vermisse das Kuscheln mit dir. Ich vermisse dein verschmitztes Kleinkindlachen. Ich vermisse deine Offenheit. Ich erinnere mich gerne an unseren Urlaub und die lustigen Zeiten mit dir. Ich bin stolz auf dich und hab dich lieb.»

Danach nimmst du die weissen Steine aus dem roten Kreis heraus, legst sie zur Seite. Neben deinem Kreis legst du nun einen zweiten roten Kreis, der gleich gross ist wie deiner und der symbolisch für deine Tochter steht, die nun auch eine Frau ist. Du kannst folgende oder ähnliche Worte an sie richten:

«Liebe Tochter, nun bist du eine Frau. Ich gratuliere dir. Ich wünsche dir Flügel und den Mut, zu deinen Träumen zu stehen. Ich wünsche dir Wurzeln, damit du fest verankert und selbstbestimmt durch dein Leben gehen kannst. Ich wünsche dir einen gesunden Körper, den du achtest und liebst. Ich wünsche dir die besten

Freunde, die du dir vorstellen kannst. Ich wünsche dir erwachsene Menschen, die das Beste für dich wollen. Ich wünsche dir, dass das Leuchten in deinen Augen nie erlischt. Ich wünsche dir Schmetterlinge in deiner Gebärmutter und ganz viel Liebe im Herzen: Für dich selber, für deine Familie, für deine Freunde. Ich sehe dich und ich werde immer für dich da sein.»

Der Wind hört zu, die Vögel, der Sonnenschein. Lass dich umarmen von Mutter Erde. Du kannst diese Steinkreise liegen lassen und nach der Feier deiner Tochter zeigen, wenn du das willst. Oder du zeigst sie einer Freundin, die am Ritual dabei war und die DICH in den Arm nehmen kann, denn du hast gerade eine grossartige, aber vielleicht auch sehr schwere Arbeit gemacht: Du hast deiner Tochter Flügel geschenkt.

Falls deine Tochter gar keine Menarchefeier will, kannst du für dich selber auch dieses kleine, wichtige Ritual mit den Steinkreisen durchführen. Frage doch eine Freundin, ob sie dabei und für dich da ist. Du kannst das Ritual auch mit deinem Mann machen, denn auch er lässt seine Tochter nun ziehen (auch wenn sie vielleicht die nächsten 10 Jahre noch zu Hause wohnt).

Mache oder kaufe dir selber ein Geschenk, um diesen Augenblick festzuhalten. Feiere dich selber als Mutter. Feiere auch das Stück Freiheit, das du nun wieder stärker geniessen kannst, da deine Tochter älter ist.

Alternativen zur Menarchefeier

Eine liebe Freundin von mir hat ihren eigenen Freundinnen einen Brief geschrieben, dass ihre Tochter «wohl in den nächsten 1–2 Jahren anfangen wird zu bluten». Sie hat uns gebeten, der Tochter eine Karte oder einen Brief mit unseren Wünschen für ihr Leben zu schreiben. Das fand ich so schön. Ich habe die Tochter persönlich nicht gut gekannt und doch war es für mich selbstverständlich, ihr einige Zeilen zu schreiben. Die Menarche der Tochter kam später als erwartet, aber nach drei Jahren erhielt ich einen Brief von der Mutter, in dem sie uns von dem Moment erzählt hat, wo sie die Briefe überreicht hat. Es waren ca. 10 Briefe aus aller Welt, von Freundinnen von nah und fern. Die Tochter hat gestrahlt und war sehr, sehr glücklich. Nehmt diese Idee auf, wenn sie euch gefällt, fragt eure eigenen

Freundinnen, einen solchen Brief für eure Tochter zu schreiben. Sammelt sie und übergebt sie feierlich eurer Tochter, wenn es soweit ist. Oder eben auch NICHT feierlich: Legt sie der Tochter einfach mit einem Blumenstrauss ins Zimmer, falls sie gegenüber der Idee einer grösseren Feier nicht offen ist. So markiert ihr diesen Moment eben doch auf eine feine, leise Art!

Eine andere Freundin von mir hat für ihre Tochter über Jahre hinweg kleine Gegenstände und Geschenke in einem roten Köfferli gesammelt, die sie der Tochter dann zur Menarche überreicht hat. Was für eine liebevolle Idee!

Ihr könnt auch als Familie mit der Tochter fein essen gehen. Sagt den Brüdern und dem Vater, was der Anlass dafür ist! Das Mädchen darf stolz darauf sein, die Brüder dürfen sich daran mitfreuen. Oder macht der Tochter, dem Patenkind, der Nichte, der Tochter einer Freundin, der Bonustochter ein Geschenk. Ideen gib es viele: Ein Mond-Kettenanhänger, ein Mondstein, ein roter Schal, ein feines, natürliches Körperöl, eine hochwertige Schokolade, ein Frauentee, ein rotes Tagebuch, eine kleine Reise, ein Wochenende an einem Ort ihrer Wahl …

Wichtig ist, den Grund dafür nie aus den Augen zu verlieren: Aus Achtung und Würdigung gegenüber diesem sehr wichtigen Übergang in ihrem Leben und für einen wunderschönen Einstieg in das Leben als erwachsene Frau.

Deine eigene Menarche nachfeiern oder aufarbeiten

Jede Anregung, wie ich sie beschrieben habe, kannst du auch selber für dich so aufnehmen. Du findest sicher Frauen in deinem Freundeskreis, die offen dafür sind, eine Menarchefeier nachzuholen. Falls du niemanden hast, dann verbinde dich mit gleichgesinnten «neuen» Frauen, schaue dich um, ob es in deiner Stadt oder deinem Dorf Frauenkreise gibt (die gibt es fast überall, halte die Augen offen!).

Feiert, macht Rituale, tanzt um ein Feuer, geht alleine in den Wald, schreit den Schmerz in den Wind, lacht mit den Wellen im See. Schmückt euch mit Henna-Tattoos und flechtet euch gegenseitig Blumen in die Haare. Erinnert euch zurück, wie eure erste Mens und die ersten Jahre als zyklische Frau waren. Schreibt es euch vom Herzen, grabt und wühlt auch in unangenehmen Erinnerungen. Seid wütend und tobt über das verlorene Wissen. Sprecht miteinander. Tauscht aus. Macht eure Münder auf und sprecht aus dem Herzen, aus dem Bauch. Roh, verletzlich, echt. Ermächtigt euch selber, euer Frausein so zu definieren, WIE IHR WOLLT.

Das hier wurde zu einer meiner Lieblingsübungen: Schreibe dir selber einen Brief an das junge Mädchen, das damals zu bluten begann. Was willst du ihr heute sagen, mit deinem jetzigen Wissen? Schaue ihr ins Gesicht. Ehre sie. Gratuliere ihr.

Ich bin überzeugt davon, dass wir erst auf eine gesunde, zyklische Lebensweise und einen besseren Umgang miteinander zusteuern, wenn wir Rituale wieder aufnehmen und durchführen. Sie ermächtigen uns, als selbstbewusste, starke Frauen, als mutige, liebevolle Männer, als wilde, lebensfrohe Kinder oder als Gemeinschaft zu leben, in der Teilnahme, Tiefgang und Entfaltung Hand in Hand gehen.

ZYKLISCH LEBEN IM FAMILIENALLTAG

Der Grund, warum der Familienalltag oft als kräftezehrend erlebt wird? Weil jeder Tag dem anderen gleicht. Die kleinen Kinder stehen auch am Wochenende (zu) früh auf. Alle wollen etwas essen, egal, welcher Wochentag gerade ist. Mütter verpuffen so viel Energie damit, für ihr Umfeld jeden Tag gleich beständig und verlässlich sein zu wollen. Oder sie rennen mit roten Köpfen und Wut im Bauch durch den Tag, weil scheinbar alles und alle gegen sie sind. Der Mann hätte am liebsten eine Gebrauchsanweisung für dich (sag ihm doch, er soll dieses Buch auch lesen, dann hat er nämlich eine). Er und auch die Kinder leiden oft unter harschen Worten der Drachenmütter, die ihre Zunge nicht im Zaun halten können (und auch nicht sollen). Aber andere Menschen – und zwar meistens die, die am nächsten sind – immer wieder verletzen? Das kann nicht sein. Jede Verletzung hinterlässt seine Spuren und Frauen verurteilen sich im Nachhinein für ihre Schimpfattacken und leiden unter Gedanken wie: «Ich habe mich ja voll nicht im Griff, ich bin eine Rabenmutter, ich bin so eine schlechte Ehefrau, mein armer Mann.»

Wohin mit dieser Wut? Wohin mit den Gedanken, dass du nicht verstanden wirst, von niemandem? Ins Zyklus-Rad. Beobachten, Schlüsse ziehen, tief in deinen Bauch hineinhorchen. Und dann selber entscheiden, ob du das alleine packst, dich selber liebevoll analysieren willst und dir Schritt für Schritt dein Glück erschaffst, Zyklus für Zyklus ganz praktische Anpassungen in deinem Leben vornimmst, die dich auch im Familienalltag gelassener und glücklicher machen. Oder du tauschst dich im geschützten Rahmen mit Menschen aus, die dir mit Rat und Tat zur Seite stehen.

Es muss dir NIE peinlich sein, Hilfe anzunehmen. Hätte ich während einiger spezifischer Zeiten in meinem Leben nicht auf die Hilfe anderer Menschen zählen können, wäre ich wohl mehr als einmal vom Rad gefallen. Oder auf Nimmerwiedersehen nach Hawaii durchgebrannt und dort mit den gleichen Problemen konfrontiert gewesen. Unser Gemeinschaftsgefühl ist so stark abhandengekommen. Jede Frau ist eine Einzelkämpferin. Jede Familie, und ist sie noch so klein, schaut selber, wie sie über die – auch emotionalen – Runden kommt. Ist das natürlich? Wo ist die Sippe? Wo der

Clan? Wo sind die weisen alten Frauen und Männer, die wohlwollend Mut zusprechen? Wo die jungen Erwachsenen, die mit ihrem Tatendrang, ihrer Grossartigkeit und Naivität Berge versetzen? Wo sind die Kinder, die sich vogelfrei entfalten können, ohne dass jeder zweite Satz ist: «Hör auf, sei doch mal normal, beeil dich, jetzt sei doch nicht so»? Wo sind die Freundinnen, die deine Tränen trocknen? Wo sind die Männer, die auch ohne Sex lange und innig umarmen können? Wo sind die schelmischen Kinder mit dem Herz am rechten Fleck? Wo sind die hinreissenden, lockeren und staunenden Frauen, die erhobenen Hauptes durch den Alltag gehen?

- ♥ Hast du den Mut, dich als Frau ins Zentrum zu stellen?
- ♥ Hast du die Kraft, dich als Frau an erste Stelle zu stellen?
- ♥ Hast du genug Selbstliebe, um aufrecht zu stehen und deine Wurzeln zu stärken?
- ♥ Bist du bereit dazu, die Clanmutter zu sein?
- ♥ Kannst du eine starke, wilde, unabhängige Frau sein und trotzdem Mutter und Partnerin? Lässt sich das kombinieren?

Ja, ja und nochmals JA! Ich könnte jetzt ein Kapitel lang nur JA schreiben.

Und wie soll das bitte schön gehen, Josianne? Der erste grosse Schritt in die gute Richtung ist dieser: Ignoriere deine Menstruation nicht (mehr). Sie ist da, sie existiert, sie ist ein wichtiger Teil von dir, sie ist deine spezielle, heilige Zeit. Während der Stille, der Ruhe, stärkst du deine Wurzeln, bist du ganz bei dir. Du spürst vielleicht das erste Mal in deinem Leben wieder ganz genau, was deine Bedürfnisse sind. Begegne dir und deiner Menstruation mit Würde und Achtung.

Damit das nicht nur schöne, aber leere Worte in einem Buch bleiben, werden wir nun etwas praktischer und schauen uns an, wie wir trotz Familie zyklisch leben können.

Menstruieren im Familienalltag

«Keine Mutter kann während der Mens eine Pause machen.» Stimmt das oder stimmt das nicht? Die schlechte Nachricht: Es stimmt, wenn du es so denkst. Die gute Nachricht: Du kannst umdenken und dir deine Pausen selber definieren, selbst mitten im Mama-Alltags-Dschungel.

Hast du auch einen Fanclub? Fans, die dir überallhin folgen? Groupies in Form deiner Kinder, die dich treu auf jeden Klo-Besuch begleiten? Ich schon. Man wird sie einfach so schlecht los … Aber in unserem Fall hat das eben auch etwas Positives: Einmal im Monat sehen unsere Kleinen, wie wir die Menstasse leeren oder die Binden wechseln und auswaschen. Und das ist gut so! Denn der Grundstein für eine positive Beziehung zur Mens lässt sich viel einfacher legen, wenn die Kinder noch klein sind. Wenn sie älter sind, werden sie nämlich oft genug durch Werbung oder lieblose Aussagen zur Mens negativ beeinflusst.

Kleinen Kindern die Menstruation erklären

Wie können wir also liebevoll erklären, woher das Blut kommt? Kinder im Alter von ca. zwei bis sechs Jahren finden diese Erklärung sehr spannend: «In meinem Bauch hat es eine kleine Höhle, die Gebärmutter. Das war auch deine Höhle, als du in mir drin gewachsen bist. Die ist ganz kuschlig und weich und rot. Einmal im Monat putzt sich die Höhle, damit sie wieder ganz gemütlich ist.» Aus dem Wort Gebärmutter und Höhle haben sich meine Kinder selber das Wort «Bärenhöhle» kreiert. Es ist echt schön, wenn kleine Kinder einen positiven Bezug zum Blut bekommen. Manchmal nenne ich das Mensblut ihnen gegenüber auch «Zauberblut» und erkläre, dass ich keine Wunde habe, keine Verletzung, sondern dass sich die «Bärenhöhle» wieder frisch macht, dass sie eine neue rote Decke macht und deshalb die alte nicht mehr braucht. Das versetzt sie in Staunen.

Ich selber verwende das Wort «Mondtage» bei meinen Kindern. Probiere aus, welches Wort sich für dich am stimmigsten anfühlt. Ich bin schwer der Überzeugung, dass die Mens einen Namen haben MUSS, sonst landet sie gleich wieder in der Tabu-Schublade. Denn wie kann man über etwas reden, das keinen Namen hat?

Ausserhalb des Badezimmers können folgende Sätze gut einen Hinweis auf deine heilige Zeit geben: «Ich habe gerade meine Mondtage, meine Bärenhöhle macht sich schön. Das macht mich ein bisschen müde und langsam, deshalb mache ich heute viele Pausen. Komm, wir machen es uns gemütlich! Machst du mit?» Wie bereits erwähnt, habe ich so schon ganze Nachmittage im Bett verbracht, auch als die Kinder noch klein waren. Das Handy war ausgeschaltet und die Kinder konnten bei mir im Bett sein oder jederzeit mit Büchern und Hörbüchern zu mir kommen. Ich verwende auch hier ab und zu das Bild der Bärenhöhle und sage ihnen, ich sei heute die faule, gemütliche Bärenmama, die sich nicht fest bewegen mag.

Kinder in diesem Alter fragen zwar oft «Warum?», aber du musst ihnen nicht detailliert Auskunft geben über Zyklen, Fruchtbarkeit und allfällige Schmerzen. Vermittle ihnen ein Bild von Behaglichkeit, Stille und von einer Mutter, die ihre Bedürfnisse kennt. Kinder im Alter von ca. fünf bis zehn Jahren sind selbstständiger unterwegs und können durchaus mit solchen Aussagen umgehen – oder es zumindest noch lernen: «Ich habe meine Mondtage, deshalb brauche ich jetzt 30 Minuten für mich selber, ganz alleine. Was könnt ihr in dieser Zeit machen?» Ihr könnt zusammen den Wecker stellen und auch vorgängig abmachen, was ihr danach gemeinsam macht. Ich würde auch hier die Mens wirklich beim Namen nennen und nicht sagen: «Ich habe Kopfschmerzen, ich brauche Ruhe». Bring das Pause-Machen wirklich in den Zusammenhang mit der Menstruation!

Kinder lieben es, wenn wir Mütter mal weniger Worte brauchen, wenn wir stiller sind als sonst. Wenn wir sie weniger mahnen, weniger drängen, weniger kommentieren. Wenn sie klein sind, haben sie oft gar nichts dagegen einzuwenden, 100 x ein Büechli anzuschauen. Und grösseren Kindern ist es egaler als wir meinen, wenn wir den halben Tag auf dem Sofa hängen. Klar gibt es zapplige Kinder, die jetzt eeeendlich etwas machen wollen, aber genauso viele hyperaktive Mütter! Es ist unglaublich, wie fest wir dem Aktivismus verfallen sind und auf wie vielen Hochzeiten wir tanzen. Das ist auch für die Kinder streng. Just saying ... Darum kann ein Herunterfahren für die Kinder genau gleich erholsam sein und ich bin immer wieder verblüfft, wie schnell wir das Gespür füreinander wieder finden, wenn wir nur endlich mal RUHIG werden. Eine menstruierende Frau muss nämlich nicht völlig in sich gekehrt sein und tiefe, dunkle und schwermütige Gedanken haben. Nein, nein, eine menstruierende Frau kann einfach auch nur total entspannt sein, friedlich, ein bisschen wie bekifft ohne kiffen. Halt wie die alte Weise, die schon 100 Jahre auf dem Buckel hat, und die nichts mehr so schnell aus der Ruhe bringt, die ein Lächeln im Gesicht hat und ihren Liebsten gegenüber total wohlwollend ist. Vom Sofa aus.

Etwas älteren Kindern die Menstruation erklären

Mit noch etwas älteren Kindern kann auf diese Weise kommuniziert werden:

«Holst du heute bitte die Milch? Ich hab die Mens.»

«Machst du heute den Zvieri für die kleineren Kinder bereit? Ich habe die Mens.»

«Ist es dir möglich, heute Nachmittag bei einem Kollegen spielen zu gehen? Ich habe die Mens und möchte gerne alleine sein.»

Das geht natürlich auch ausserhalb des inneren Winters. Ich schicke meine Kinder auch zur Bäckerei, wenn ich nicht menstruiere. Deshalb finde ich es wichtig, die Zusatzinformation «Ich habe die Mens» mitzugeben. Und zwar nicht auf dramatische, jammernde Weise und auch nicht theatralisch oder mit einem weinerlichen Unterton, sondern als klare, kurze, natürliche Aussage, mit einem Lächeln im Gesicht und einem «Danke» hinterher.

Was bei uns auch ganz gut ankommt ist, wenn die Kinder mir etwas zuliebe tun können. Wir haben zum Beispiel ein Massageöl, mit dem sie mir den Bauch einreiben dürfen, wenn ich die Mens habe. Und im Gegenzug – wenn sie Lust darauf haben – massiere ich auch ihren Bauch. So haben wir schon viele wohlige Johanniskrautöl- und Lavendelöl-Momente erlebt.

Oder so: «1 x im Monat kann ich Mama eine Tasse heisse Schokolade mit kleinen Marshmallows drauf machen, denn sie hat die Mondtage.» Das wäre doch für dich als Mutter ganz toll und für die Kinder ist das auch etwas Spezielles!

Teenager und Partner miteinbeziehen

Teenagern und auch dem Mann kannst du ganz die Verantwortung fürs Abendessen übergeben. Du kannst sogar sagen, was sie kochen sollen, wenn es dir wichtig ist. Du kannst in deiner Eisprungzeit einen nahrhaften Eintopf vorkochen und einfrieren, den sie dann einfach zubereiten können oder du kannst einfach geniessen, was sie von sich aus kochen möchten (auch wenn es Tiefkühlpizza ist). Du musst ihnen nicht den ganzen Zyklus erklären, wenn sie es nicht hören wollen, aber wenn dein Sohn jetzt schon merkt, dass Pausen normal sind, findet er es später auch bei seinen Freundinnen normal.

Sei nett und schlau und fürsorglich mit dir und deinem Umgang mit der Menstruation, respektiere die Zyklen der Natur. Gib dein Wissen deinen Kindern weiter, denn wenn sie deine Achtung davor spüren, können sie dasselbe später auch in die Welt tragen.

Wenn die Kinder schon von klein an eine gute Einstellung zur Mens haben, dann passieren gleich zwei wunderschöne Dinge:

1 Deine Töchter können von dir lernen, wie man mit der Menstruation umgeht und sich darauf freuen, wenn sie sie als junge Frauen auch bekommen.
2 Deine Söhne lernen einen respektvollen Umgang mit der Menstruation und werden dadurch respektvollere Partner, wenn sie älter sind.

Kinder fühlen sich wertvoll und sind stolz, wenn sie etwas helfen dürfen. Sie fühlen sich wichtig, weil sie eine Rolle bekommen und etwas zu deinem Wohlbefinden beitragen können. Findet euren eigenen Umgang damit und seid kreativ!

Eine ausgeruhte Mutter ist Gold wert

Es ist wirklich viel hilfreicher und heilsamer für die ganze Familie, wenn du dir als Mutter gut schaust. Wenn du dich selber nicht als Menstruations-Opfer siehst, sondern aktiv Selbstliebe praktizierst, hat das eine ganz an-

dere Note, als wenn du diese Message weitergibst: «Ich hab die verdamm-
te Scheiss-Mens, also lasst mich alle in Ruhe.» – «Sei froh, hast du diesen
Scheiss noch nicht.» – «Sei froh, bist du ein Mann.» Woah. Ok. Ähm. Das
können wir besser, oder?

Stell dir vor (also so wirklich! Stell es dir vor! Lieg aufs Sofa, mach die Augen
zu, und STELL ES DIR VOR!), du involvierst die Familie auf eine völlig positive
Weise in deine Menstruation! Sie können dir einen kurzen – oder wenn es
gut funktioniert auch einen langen – Rückzug ermöglichen. Einfach so entsteht diese Möglichkeit ja nicht, dafür sind wir in unserer Kultur nicht mehr
eingerichtet. Und da die Familie unser Zentrum ist, müssen oder dürfen wir
uns mit ihr arrangieren. Und da wir die Clanmütter sind, definieren WIR,
wie unsere Menstruation aussieht und nicht sie.

Frau sein – wundervoll sein!

Dein Frausein beinhaltet noch so viel mehr, als unser Alltag den Anschein
erweckt. Wir sind wahre Schatzkisten und in uns schlummern Dinge, die du
dir nicht mal in deinen wildesten Träumen vorstellen kannst. Starke Frauen
verändern die Welt, jeden Tag. Wir haben eine Aufgabe hier, und Mutter
Erde nimmt jede noch so kleine Hilfe an, die wir geben können, damit wir
unseren Planeten und die Liebe zwischen den Menschen nicht auslöschen.

DU hast eine Rolle in diesem Lebensspiel. Wenn du im Alltagsstrudel ver-
sinkst, wirst du kaum noch Energie haben, dich einem Kollektiv zu widmen.
Die zyklische Frau (also du) spielt bewusst mit ihren vier inneren Jahreszeiten, kostet sie aus und gestaltet sie so, dass der rote Faden der Liebe zu sich
selber und der Natur nie abreisst. Die zyklische Mutter kann das auch. Dieses Spiel ist nicht Frauen vorbehalten, die besser, schneller, aufgeräumter,
spiritueller, sportlicher, schlanker, gechillter, reicher, professioneller sind.

«Keine Zeit» für die Mens zu haben, ist langfristig keine gute Idee. Wirklich
nicht. Die Mens zu ignorieren, funktioniert einfach nicht. Wir klemmen da
einen essenziellen Teil unserer Weiblichkeit ab. Und davon hat niemand
etwas, weder du selber noch dein Mann oder deine Kinder. Werde dir klar
darüber, welche Bedeutung du der Menstruation geben willst. Und da die

Mens ja «nur» (doofes kleines Wort) ein Viertel des Zyklus-Kuchens ist, habe ich auch für die anderen drei inneren Jahreszeiten Ideen, wie du den Familienalltag auf spielerische Weise würzen kannst.

Zyklisch leben mit Familie

Beobachte dich über mehrere Zyklen und notiere in deinem Zyklus-Rad, wann du deine Familie wie erlebst. Wann hast du gut Energie und Power für deine Familie? Wann gibst du positive, kreative Anregungen für gemeinsame Spiele, gute Gespräche? Wann interessiert dich das Innenleben deiner Liebsten? Wann freust du dich auf deinen Mann? Wann findest du seine Eier grossartig? Und den schönen Zauberstab dazwischen sowieso?

Notiere auch über mehrere Zyklen hinweg, wann es klemmt, wann alle nerven und auch warum sie nerven. Wann nervt dein Mann nur schon alleine mit seiner Anwesenheit, ohne dass er ein einziges Mal den Mund aufgemacht hat? Oder warum nervt er gerade eben WEIL er den Mund nie aufmacht? Wann findest du deine Kinder zu laut, zu viel, zu fordernd? Wann geht dir die Star-Wars-Story, die dir dein Teenager enthusiastisch erzählt, aber so was von am Arsch vorbei? Wann ist es dir völlig egal, wenn die Kinder das Badezimmer unter Wasser setzen, solange du deine Ruhe hast? In welcher Zyklusphase parkierst du sie vor dem TV, damit du deine Ruhe hast?

Bei meinen eigenen Beobachtungen habe ich in meinem inneren Herbst schon so oft beobachtet, dass die Kinder umso mehr klammern, je mehr Ruhe und Abstand ich will. Doof, aber logisch. Hier kommt bei mir das Zyklus-Wissen zum Zuge: Ich organisiere mir im Vorfeld bereits freie Zeiten, so dass ich weiss, dass der innere Herbst nicht zu fest kinderlastig wird. Und wenn ich es verpasst habe oder es schlichtweg unmöglich war, etwas zu organisieren, dann nehme ich mir kleine, erfinderische Pausen raus:

- ♥ Ich gehe zum Kompost und «verirre» mich auf dem Weg dorthin ein bisschen …
- ♥ Ich schliesse mich für 20 Minuten im Gartenhaus ein und sage niemandem, wo ich bin …

♥ Ich bringe abends, wenn es dunkel ist, die Hasen in den Stall und sitze noch drei Minuten auf das Bänkli vor dem Haus. Still, ohne Handy (wiederhole ich mich hier eigentlich? OHNE HANDY? Schon geübt?) und schaue in den Himmel …

♥ Ich dusche (zu) lange …

♥ Ich sag den Kindern, sie sollen/dürfen 3 x barfuss ums Haus rennen, wenn es regnet und mache danach Fussbäder für sie. So sind sie kurz weg/draussen und mit den Füssen im Fussbad können sie auch noch ein paar Minuten stillsitzen.

Ihr seht, manchmal geht es nur um Minuten, die dazu führen, dass wir uns besser fühlen. Manchmal geht es wirklich um unsere innere Haltung, unsere silent message an das Umfeld: «Heute gibt es etwas weniger von mir. Und zu einem anderen Zeitpunkt gibt es dann wieder etwas mehr. Aber wisst ihr was? Es gibt NICHT IMMER ALLES von mir.» Schreib dir das mit rotem Lippenstift an deinen Badezimmerspiegel!

Ideen, um deinen Zyklus sichtbar zu machen

Ich hatte schon etliche Bestellungen von Männern – Männer, die mein Zyklus-Mandala bestellt haben, damit sie es im Wohnzimmer aufhängen können. Männer, die eine visuelle Erinnerung schätzen, damit sie ihre Frauen besser verstehen. Hier einige meiner Ideen, und du kommst bestimmt noch selber auf ein paar gute!

♥ Hänge Naturbilder auf, welche die vier Jahreszeiten repräsentieren. Erkläre deiner Familie deinen Zyklus anhand dieser Bilder. So gibt es eine spannende neue Sprache und ich habe schon etliche Male einen Mann sagen gehört: «Meine Frau hat gerade Herbst». Ist doch viel besser, als wenn er die Augen verdreht und das Wort PMS in den Mund nimmt, oder?

♥ Mache Jahreszeiten-Tische mit den Kindern. Pro Jahreszeit sucht ihr zusammen passende Naturmaterialen (Blumen, Äste, Blätter) und kleine Figuren (Filz, Stoff, Kastanientierchen etc). Der Tisch soll die jeweilige Jahreszeit repräsentieren. Manche Familien machen das pro Jahreszeit in der Natur, also für den äusseren Frühling, Sommer, Herbst und Winter. Auch anhand dieser Jahreszeiten-Tische kann man Mann und Kindern die inneren vier Jahreszeiten der Frau gut erklären.

♥ Bau Hütten mit deinen Kindern. In der Wohnung oder draussen. Stellt Zelte auf und wenn du die Mens hast, kriechst du da einfach auch mit rein. Du musst es den Kindern nicht mal gross sagen, dass du ihre Hütte zweckentfremdest und als temporäre Menshütte benutzt.

♥ Kaufe dir eine rote, grosse Kerze und erzähle Mann und Kind, das sei deine Menskerze. Wenn diese angezündet auf dem Tisch steht, wissen sie Bescheid. Und irgendwann werden sie deshalb auch wissen, was dies für dich und für sie bedeutet. Zuerst musst DU es aber für DICH herausfinden und definieren.

♥ Kündige im Voraus an, dass du bald wieder blutest. Nur schon diese Information kann viel Spannung lösen.

♥ Bitte deine Teenager-Kinder, am Tag XY das von dir gewünschte Abendessen zu kochen. Du kannst ihnen das ganz unaufgeregt mitteilen: «Ich habe Anfang nächster Woche meine Menstruation und wäre froh, wenn du am Dienstag das Abendessen kochst. Ist das ok für dich?»

♥ Baue solche Sätze bewusst ein und sprich sie laut aus: «Ich habe meine Mondzeit und nehme es darum heute etwas gemütlicher». Oder: «Ich wasche heute nicht, weil ich menstruiere». Oder: «Ich komme heute nicht mit euch aufs Trampolin, weil mein Körper gerade mehr Lust auf Ruhe hat.»

Eine praktische Übung

Eine lustige Idee, wie du mit den inneren vier Jahreszeiten spielen und deine Familie involvieren kannst, ist diese: Essen nach deiner Zyklusphase. Und ich meine damit nicht, WAS auf dem Teller liegt, sondern wie ihr zusammen als Familie esst. Funktioniert wunderbar auch nur zu zweit mit dem Partner:

Im inneren Frühling macht ihr ein Essen-Raten mit verbundenen Augen.

Das ist eine sehr amüsante Sache, auch die kleinen Kinder haben für eine kurze Zeitspanne Freude daran. Je nach Alter der Kinder kann man das natürlich ausdehnen. Wer schon etwas grössere Kinder hat, kann auch versuchen, das übers ganze Essen hinweg durchzuziehen, am besten an einem dunklen Abend mit zusätzlich verdunkeltem Raum. Das gibt total viel Humor in die Familie, eine gute Stimmung und die Wahrnehmung ist ganz anders, da die Sinne aktiviert sind. Oder ihr macht ein Picknick am Boden, mit schönen Tüchern und Fingerfood.

Im inneren Sommer ladet ihr Freunde ein. Schmückt den Tisch mit farbigen Tischtüchern und Blumen. Feiert, ohne einen «Grund» zu haben, sondern einfach, weil ihr am Leben seid und einander habt.

Im inneren Herbst nimmst du eine Mahlzeit alleine ein, die Familie überlebt das auch mal ohne dich. Wenn es warm ist draussen, kannst du dir dein Nachtessen in den Wald mitnehmen und auf einem ruhigen Bänkli oder einem Stein essen. Oder du gehst in einen Park, irgendwohin. Iss alleine, kaue langsam, lass das Handy zu Hause oder ausgeschaltet und sei still. Wenn es kalt ist, werde kreativ. Die Message an deine Familie ist hier: Ich bin auch ein Mensch, ohne Mutter und Ehefrau zu sein. Ich bin ich, und ich geniesse ab und zu Zeit mit mir alleine.

Im inneren Winter macht ihr ein Abendessen im Kerzenlicht, schaltet künstliche Lichtquellen aus. Lustig ist auch dieses Experiment: Fünf Minuten lang zu essen, ohne dass ein Wort gesprochen wird. Könnt ihr das?

Wozu soll das gut sein?

Damit es nicht immer gleich ist. Damit du merkst, dass die vier inneren Jahreszeiten verschiedene Qualitäten haben und du diese ohne grossen Aufwand in deinen Alltag einbauen kannst. Damit du ein Gefühl dafür entwickelst. Damit du spielen und ausprobieren kannst, wie es sich anfühlt, dich aus der Alltags-Komfort-Langweile-Zone herauszubewegen. Damit du testen kannst, wie deine Familie reagiert, wenn du mit neuen Ideen kommst. Damit du üben kannst, wie du mit deinem Mann sprechen kannst, wenn er schon wieder die Augen verdreht ob deiner durchgeknallten Ideen. Damit du lernst, für dich einzustehen, und zwar genau mit diesen «harmlosen» Versuchen.

Wenn du in deiner Familie ein neues Konzept ausprobieren willst, dann ist der innere Frühling oder der innere Sommer eine gute Zeit dafür. Die Geduld ist grösser und auch der Humor ist leichter anzuzapfen. Und Humor hilft fest, neue oder schwierige Situationen geschmeidiger zu machen. Wenn du mit der ganzen Familie etwas besprechen willst, wenn es zum Beispiel neue Regeln gibt, dann würde ich persönlich auch die erste Zyklushälfte wählen. Nutze hingegen die zweite Zyklushälfte – vor allem den inneren Herbst – dazu, genau hinzuschauen, was für dich funktioniert und was nicht. Kinder können neue Ideen gut aufnehmen und sind offener dafür, wenn wir sie mit einer Prise Gelassenheit, aber mit viel Bestimmtheit präsentieren. Wenn in deinem inneren Herbst nur ein wildes Fauchen aus deinem Mund kommt, machst du damit niemandem einen Gefallen und neue Verletzungen entstehen. Nutze also deine innere Weisheit, um deine Familie gut zu führen und zu leiten. Zapfe diese Weisheit immer wieder an und pflücke aus jeder inneren Jahreszeit die Information, die du brauchst, um eine starke, gesunde Familie zu formen.

Herbstmütter sind klar und kraftvoll und müssen keine Rabenmütter sein. Wie oft höre ich aber von meinen Kursfrauen, dass sie sich selber im inneren Herbst einfach nur schrecklich finden, weil der eine Tropfen das Fass zum Überlaufen gebracht hat, weil der Geduldsfaden gerissen ist. Dass sie sich immer wieder entschuldigen müssen, dass sie sich selber in Frage stellen, weil sie «anders hätten reagieren müssen». Frauen, Mütter, ihr seid keine ruderlosen Boote, die auf einem wilden Fluss hin- und hergeschaukelt werden. Ihr wurdet nicht geboren, um euch ständig zu verbiegen, bis ihr zerbrecht. Klar haben wir ein paar (Untertreibung des Jahrhunderts, ich weiss) ganz mühsame, patriarchalische Strukturen um uns herum, die es uns verdammt schwer machen, frei und wild zu leben. Aber es liegt wirklich in unseren Händen, unsere Freiheit, unsere Verantwortung und unseren Rhythmus zu umarmen und unser Leben zu gestalten.

Stürme im Leben gibt es wie schon geschrieben sowieso, und darum ist es in meinen Augen eine unserer Hauptaufgaben, unser Innenleben so zu gestalten, dass wir unbeschwert, glücklich und frei von Ballast sind. Wir sind es, die den Ballast abwerfen dürfen und müssen. Wir sind es, die das Los-lassen Monat für Monat, Zyklus für Zyklus üben dürfen. Wir machen das für uns selber, für unsere Männer und unsere Kinder.

ZYKLUSWEISE DURCH DEN MONAT DEZEMBER

Der Monat Dezember ist ein super Monat, um dich und deinen Zyklus genau unter die Lupe zu nehmen. Bist du noch nicht per Du mit deinem Zyklus, kann es dir hier gefühlsmässig schon ganz arg mal eins in die Fresse hauen. Wieso? Der Dezember ist als Wintermonat eigentlich ein Monat der Ruhe. Und was machen wir? Wir stopfen in voll mit Aktivitäten und Terminen und können manchmal ein bisschen wie kopflose Hühner sein. Im Dezember geht gefühlsmässig so ziemlich alles ab. Kein Wunder also, ist vielen die Weihnachtszeit ein Graus.

Bei einer Schulweihnachtsfeier in der Kirche kamen mir die Tränen bei einem supersüssen, sentimentalen Herz-Schmelz-Lied, das die Schulkinder aufführten. Schlosshundtränen, Kloss im Hals, Japsgeräusche – richtig peinlich. Es hörte nicht mehr auf. Im Jahr darauf hab ich mich köstlich amüsiert über all die lustigen Kleinen, die auf der Bühne Quatsch machten. Ich war hundertprozentig nicht am gleichen Zyklustag wie im Vorjahr.

Manchmal stressen mich die Geschenke wegen der Überflussgesellschaft, manchmal bin ich im Flow und beschenke die Menschen um mich herum mit feinen, sinnvollen Dingen.

Manchmal sind mir Familienfeiern zu laut, zu chaotisch und manchmal dauern sie mir nicht lange genug, ich bin traurig, wenn nach ein paar Stunden alles schon wieder vorbei ist.

Manchmal ist Kekse backen mit Kindern ein Zuckerschlecken und manchmal würde man ihnen am liebsten das Gesicht in den Teig drücken.

Manchmal betrinkt man sich an der Betriebsweihnachtsfeier und plötzlich wirkt der sonst durchschnittlich aussehende und nur halb amüsante Mitarbeiter unglaublich attraktiv, und manchmal wäre man am liebsten zu Hause geblieben, schliesslich siehst du die Typen ja schon das ganze Jahr über im Büro. Danke schön, ich bin heute lieber krank.

Manchmal macht das Packen für den Weihnachtsurlaub Spass, manchmal ist man so froh, geht man gar nicht erst weg.

Manchmal tut es total weh ihm Herzen, dass man keinen Partner hat, mit dem man weggehen kann, und auch keine tolle Familie, bei der alles Friede-Freude-Eierkuchen ist.

Manchmal hat man einen lieben Menschen verloren und man feiert das erste Mal Weihnachten ohne ihn. Nicht einfach.

Manchmal gibt es Patchworkfamilien-Situationen, die nicht optimal zu lösen sind: Wann sind die Kinder bei wem? Und ist Weihnachten nicht grundsätzlich eine doofe Zeit, um eine solche Patchworkfamilie zu sein? Manchmal kommt Trauer hoch über die Situation, manchmal ist man unglaublich froh, die Feier nicht mehr mit der Ex-Schwiegerfamilie feiern zu müssen.

Manchmal kommen alte Samichlaus-Gefühle wieder hoch – ich meine, ich hatte doch auch Angst vor dem Kerl!! Und jetzt kommt der Doofe und macht meinen Kindern Angst? Oder ich lache darüber und sehe und geniesse den Zauber eines Samichlaus-Besuchs.

Detektivarbeit im Dezember

So, und wann fühlen wir jetzt was? Und was hat das mit dem Zyklus zu tun? Bringen wir etwas (Zyklus-)Licht in diesen Gefühlsdschungel, können wir uns selber ein Geschenk machen und das Jahr selbstbestimmt und harmonisch abschliessen. Dafür machen wir zuerst mal eine Liste an potenziellen Baustellen, Tretminen und anderen Naturkatastrophen:

Samichlaus, Schulweihnachtsfeier, Besorgen von Geschenken, Gotte- und Götti-Besuche, Geschäftsessen, Weihnachtsfeiern, Patchworkfamilie, Trauern, Arbeiten während Weihnachten, Single sein und Beziehung wollen, Ferien, Fliegen, New-Years-Party ... Vielleicht betreibst du ein Verkaufsgeschäft und hast im Dezember mehr zu tun als das ganze Jahr hindurch, so dass gar keine festliche Stimmung aufkommt. Oder du wirst krank und bist dadurch gleich ganz blockiert.

Und was machst du mit all diesen Informationen? Jetzt machst du Detektiv-arbeit! Erinnere dich an das letzte Jahr und wie du deinen Dezember erlebt oder überlebt hast. Und dann erträumst du dir deinen perfekten Dezem-ber. Notiere dir, auf was du dich freust, auf was du dich bereits nicht freust, und fange Mitte November an, zu rechnen! Wo in deinem Zyklus wirst du bei diesen Terminen, Anlässen, Feiern ungefähr sein? Ende November weisst du spätestens, wann dein Eisprung im Dezember etwa sein wird und wann deine nächste Menstruation beginnt. Und dann planst du dement-sprechend! Sag einen Besuch ab (den Januar gibt es ja auch noch). Plane dir Zeit ein für lange Winterspaziergänge. Sei nicht bei jeder «Hundsverloche-te» mit dabei, mach nicht bei jedem Kekse-Back-Marathon mit.

Für mich ist auch eine andere Feier ganz wichtig: Die Wintersonnenwen-de vom 21. Dezember. Sie bringt mir die gewisse Portion «Magic» in diese doch eher verwirrende oder anstrengende Weihnachtszeit. Und ich habe gemerkt: In Jahren, wo ich mir zwischen all den Feiern der Schule, Kirche und Familie die Zeit nehme, meine ganz persönliche Wintersonnenwende zu feiern, habe ich den Dezember ruhiger, sinnlicher und sinnvoller erlebt.

Lege dir für den nächsten Dezember doch folgenden Plan zurecht:

Teil A: Vorbereiten ist alles!

Geschenke suchen, einfach so auf gut Glück, klappt bei mir nicht. Über-lege dir, ob du glücklich bist mit eurem Geschenke-System: Wollt ihr euch wirklich Geschenke machen, also alle schenken allen etwas? Oder willst du das Geld an eine gute Organisation spenden? Oder kannst du das Wort «schenken» für dich neu definieren? Vielleicht machst du dieses Jahr die Bestellungen bei einem Online-Shop (am besten bei einem kreativen Klein-Business), anstatt mit den Kindern an einem überfüllten Weihnachtsmarkt oder in einem leblosen grossen Warenhaus etwas zu suchen? Oder viel-leicht gibt es ganz lokal in deiner Stadt oder deinem Dorf jemand, der was Schönes anbietet? Und weniger ist mehr: Wenn du gar keine Idee hast, dann schreibe doch mal wieder ein paar Briefe! Ein Brief mit persönlichen Worten ist mehr wert als jedes Geschenk, das nicht zur anderen Person passt. Gleichzeitig ist das Briefeschreiben eine entschleunigende Tätigkeit und das wiederum tut sehr gut.

Backst du gerne Guetzli? Wirklich, wirklich gerne? Dann geniess es! Viel Freude! Und falls nicht? Dann lass es doch bleiben! Kaufe sie bei einer Frau ein, die super gerne backt. Kochst du gerne? Willst du das ganze Weihnachtsessen selber kochen? Gibt es Teile davon, die sich wunderbar vorbereiten und einfrieren lassen? Zum Beispiel eine Suppe?

Es ist auch völlig ok, wenn du dich eine Stunde früher als alle anderen von einer Feier oder einem Essen verabschiedest. Du musst nicht um jeden Preis die Coole oder Nette sein, die immer lustig ist, jeden Scherz versteht, so tut, als ob ihr das Gesicht bei belanglosem Smalltalk nicht einschläft. Du darfst ruhig mal sagen: «Danke, war schön, tschüss, wir sehen uns im nächsten Jahr wieder.» Und weg.

Gehe jeden einzelnen deiner potenziellen Stolpersteine auf deiner Liste durch und schreibe sie um, definiere sie selber, notiere dir deinen ungefähren Zyklustag dazu und sei smart! DU entscheidest, wie du deinen Dezember gestaltest (na, bist du schon begeistert von dem Geschenk der Selbstverantwortung oder stehst du damit noch auf Kriegsfuss?).

Teil B: Was macht die Situation um 1% besser?

Lässt man all diese obengenannten Stationen und Situationen einfach so über sich ergehen, kann man sich an diesen Festtagen schon mal in einem echten Gefühlschaos befinden. Sie können leicht zu Stresstagen werden. Natürlich kenne auch ich Situationen, an denen ich nicht viel ändern und die ich nicht mitbestimmen kann – und das nicht nur im Dezember. Dafür habe ich mir eine Liste mit kleinen Handlungen gemacht, welche die Lage um 1% verbessern:

- 💜 Ich suche ein feines ätherisches Öl und habe es in meiner Hand- oder Hosentasche dabei! Ab und zu einen Zug zu inhalieren oder einen Tropfen davon auf die Bluse, den Pullover, das T-Shirt zu tropfen, wirkt bei mir Wunder.
- 💜 Lange WC-Besuche: Niemand kann mir sagen, dass ich zu lange auf der

Toilette war. Ich mache einfach die Augen ein bisschen zu, massiere mir die Schläfen, kühle mir das Gesicht und mache ein paar Dehnübungen.

💜 Kurz vor dem Anlass dusche ich gerne, auch wenn es mitten am Tag ist und ich sonst nie tagsüber dusche.

💜 Pro Glas Alkohol oder Süssgetränk trinke ich mindestens ein Glas Wasser. Mindestens.

💜 Ich esse schlau! Ich finde es immer amüsant, wie man die Weihnachtsfressbäuche danach scheinbar wieder wegtrainieren muss. Ich glaube, wir entscheiden ja selber, wie viel wir wovon essen, oder? Ich jedenfalls wurde noch nie wie eine Weihnachtsgans gemästet.

💜 Falls ich an Neujahr im inneren Winter bin: Anstatt wach zu bleiben bis 24 Uhr, gehe ich früh ins Bett und stehe morgens um 7 Uhr auf, um das neue Jahr alleine bei einem Spaziergang zu begrüssen.

Wie sieht deine «1%-Liste» aus? Schreib dir ein paar Dinge auf und kleb die Liste an einen Ort, wo du sie täglich siehst.

Viele Frauen, viele verschiedene Zyklustage

Und wisst ihr, was die ganze Sache mit dem zyklischen Leben noch zusätzlich spannend macht? Andere Frauen haben auch einen Zyklus! Töchter, Schwestern, Arbeitskolleginnen, Schwägerinnen, manchmal auch Mütter, viele von ihnen sind im gleichen (wunderschönen!) Zyklus-Boot. Wie geht es ihnen? Wie gehst du damit um, wenn sie eine total andere Energie haben als du? Kannst du deiner Schwägerin ihre eisprüngliche Alle-sind-eins-und-super-und-ich-liebe-euch-alle-Energie zugestehen? Kannst du mit einer grummeligen Schwester umgehen, die alles als reine Kommerzkacke beschimpft? Kannst du zu deinem Zyklustag stehen (also zu dir selber!) und dementsprechend fürsorglich mit dir selber sein?

Das misslungene Experiment

Ich habe im letzten November und Dezember ein Experiment gemacht und mir meine Zyklustage absichtlich nicht aufgeschrieben und die Zyklus-App gelöscht. Schon kurz nach der Mens habe ich den Faden verloren beziehungsweise die Übersicht, wo im Zyklus ich gerade stehe (ich verliere relativ schnell den Faden, denn der Zyklustag ändert ja JEDEN Tag, krass, oder?). Und in meinem inneren Frühling hab ich es sowieso nicht so mit Zahlen, ich konnte also nicht innerlich mitzählen, und so haben sich dann nach und nach die Tage vermischt. Irgendwann spürte ich, wie es flutscht da unten beim Abwischen und ich dachte nur: «Es ist eh noch zu früh für den Eisprung, kann noch nicht sein, das war was anderes. Ich bin ja noch mitten im inneren Frühling!» Ein paar Tage später kam dann der Stimmungswechsel, ich fand alle um mich herum brutal doof. Mein Hirn hat mir aber immer gesagt: Hey, ist doch noch zu früh für deine Drachentage, was ist bloss los mit dir, du doofe Schachtel? Stell dich nicht so an. Sei lockerer. Sei nicht so ernst. Dann, wiederum ein paar Tage später, kam – zack! – die Mens. Ich habe einfach nur gelacht. Mein Hirn sagte mir, es sei zu früh! Hey … Aber mein Körper, meine Emotionen wussten GENAU, wo im Zyklus ich stand, nur mein Hirn wollte es nicht glauben (ich hatte in diesem Monat einen etwas kürzeren Zyklus als sonst). Und genau so habe ich jahrelang gelebt. Ich bin 20 Jahre lang Monat für Monat von der Mens überrascht oder gar überrumpelt worden. Ich habe immer nur «reagiert», so anstrengend!! Ich habe mich nicht auf mein Gefühl verlassen. Ich habe mich selber in Frage gestellt und mir selber nicht geglaubt. Meine innere Kritikerin war viel zu laut eingestellt.

Sei schlau!

Deshalb bin ich so ein Fan von der Zyklus-Arbeit. Vom Zyklus-Rad, vom Aufschreiben, vom Beobachten. Es gibt keinen Grund, gegen uns selber zu arbeiten, wenn wir ein solch brillantes Werkzeug zur Verfügung haben, wenn wir von der Natur mit einem inneren Kompass ausgestattet worden sind, der uns zeigt, auf was wir unseren Fokus setzen dürfen, wo wir Informationen nicht gegen, sondern FÜR uns einsetzen können.

Merry bloody christmas für dich und deine Liebsten.

AUS DEM VOLLEN SCHÖPFEN DANK ZYKLUS-WISSEN – MEINE LUSTIGEN UND NICHT SO LUSTIGEN ZYKLUS-GESCHICHTEN

Wir leben so stark im linearen Denken, dass wir uns manchmal keine zwei Sekunden Zeit nehmen, um wirklich in eine Situation hinein zu spüren. Wir entscheiden in einer Situation nicht mehr nach dem Bauchgefühl, denn «wir machen es immer so». Doch Zyklus-Wissen hilft enorm (ENORM!) bei so vielen Alltagssituationen, die oft wirklich kein Zuckerschlecken sind: Schulgespräche, Abklärungen der Kinder, Gespräche mit Psychologen, Termine mit dem Ex-Partner, Gespräche mit Behörden, Gespräche mit dem Altersheim oder der Demenzklinik, Sterblichkeit, wenn es um die eigenen Eltern oder Schwiegereltern geht. Solche und weitere Situationen, die emotional schwer belasten, sind mit Zyklus-Wissen leichter einzuordnen. Ich sage nicht, dass die Situation oder die Nachricht einfacher zu ertragen ist, denn schwer ist schwer. Aber die Orientierung am Zyklus gibt eine gewisse Stabilität, einen Halt, und damit auch eine Verlässlichkeit auf sich selber.

Mit Zyklus-Wissen kannst du aus dem vollen Teller schöpfen, du hast ein volles Herz, ein Leben voller Möglichkeiten und immer die Wahl, selber zu entscheiden, was dir guttut. Schau zum Beispiel mal, was Ruhe und Pausen bewirken – also schauen wir es wirklich mal von einer total pragmatischen Seite an: Du hast einen Zeitrahmen, sagen wir drei Stunden, der ganz dir gehört. Du hast keine Verpflichtungen, du hast kein Handy, keinen Computer, keinen TV. Diese Qualitätszeit kannst du füllen, mit was immer dich nährt: Malen, töpfern, zeichnen, stricken, Sport, ausmisten, weben, schlafen, schreiben, sein, Sex, spüren, fühlen, weinen, lachen, lange Spaziergänge, ein Bad, Rituale machen, Yoni Steam, Kultur, Leidenschaften nachgehen, in Buchhandlungen stöbern, schneidern, Körbe flechten, Mandalas legen, Musik machen oder hören, tanzen, barfuss laufen …

Was entsteht dann? Weisst du überhaupt noch, wie «schöpfen» im Sinne von «erschaffen, kreieren» geht»? Oder versetzt es dich in Panik, wenn du alleine bist und gar nicht weisst, was mit dir anzufangen? Kannst du dir die Fähigkeit wieder aneignen und das Gefühl von «erschaffen, kreieren» unterscheiden vom Gefühl von «erledigen, abarbeiten»? Kennst du das Gefühl vom «schuldlosen» Geniessen schon? Falls nicht, solltest du dich damit anfreunden. Es kann sein, dass Genuss dein bester neuer Freund wird!

Man kommt auch ohne Zyklus-Wissen durchs Leben, keine Frage. Fast alle unsere Mütter, fast alle unsere Mitfrauen heutzutage leben ohne Zyklus-Wissen. Es kann gut sein, dass du genau aus diesem Grund dieses Buch liest. Weil dein Bauchgefühl dir sagt, es fehle etwas. Weil du etwas vermisst. Bei mir war es so.

Lass mich ein bisschen aus meinem Nähkästchen plaudern (ok, ich mach ja eigentlich gar nicht viel anderes hier ...). Also. Wo fangen wir an? Mit den lustigen oder den nicht so lustigen Situationen? Übrigens, ich werte oder analysiere die erlebten Situationen nicht allzu gross. Sie sind oder waren einfach und gehören zu meinem Leben. Zyklus-Wissen hätte mir früher beim Verstehen von gewissen Situationen unglaublich geholfen, aber ich bin auch im Reinen damit (also mit mir), dass ich nicht immer alle Tassen im Schrank hatte und Dinge gemacht habe, die ich heute nicht mehr machen würde. Und ich bin gleichzeitig dankbar, habe ich Dinge gemacht, die ich mit zu viel Wissen und Reife auch nicht gemacht hätte. Werde ich kompliziert? Ich höre ja schon auf ... Also, wo waren wir? Legen wir los!

Tell me more

Mit sweet sixteen habe ich in einem Musiklager mit einer Freundin vor versammelter Lagerleitung und allen Lagerteilnehmern das Duett «Tell me more» aus dem Musical Grease gesungen. Das waren alles junge, begabte Musiker. Und ich ... Ich weiss nicht, warum mich der Hafer gestochen hat und ich fand, wir müssten jetzt unbedingt diesen Song vortragen, und zwar nicht etwa «gut» vortragen, sondern wirklich, wirklich schlecht. Wir haben falsch gesungen, kannten den Text nicht ganz auswendig, haben nicht auf die Klavierbegleitung gehört. Es war schlichtweg die peinlichste Sache, die wir da gemacht haben. Ich wollte im Nachhinein vor Scham in Grund und Boden versinken und ich hoffe bis heute, dass keine Videoaufnahmen davon existieren. Aber heute weiss ich, was mich da geritten hat: Ich war im inneren Sommer, ich war das erste Mal so richtig fest in einen tollen jungen Mann verliebt und die Welt lag mir zu Füssen. Ich dachte, ich wüsste alles, ich könne alles, ich war auf Wolke 7. Wäre ich an besagtem Tag im inneren Winter gewesen, hätte ich mich wohl eher in meinem Zimmer verkrochen, als die Bühne zu rocken, oder ich wäre gar nicht erst auf diese Schnapsidee gekommen.

Musikerinnerungen

Ich konnte (und kann noch immer) in Tränen ausbrechen, wenn ich ein bewegendes Brass-Band-Stück höre oder in einer Guggenmusik stehe und in meinem inneren Winter bin. Heute weiss ich das und bin mit Taschentüchern und Selbstliebe ausgestattet. Früher habe ich mich dafür geschämt, habe es versteckt und noch schlimmer: Ich habe mir gesagt, ich sei unglaublich empfindlich, doof, peinlich. Nun weiss ich, was mich so emotional macht: Ich habe Brass-Band-Musik sozusagen mit der Muttermilch aufgesogen, mein Vater war Dirigent im Armeespiel und seine Kollegen spielten sogar an einem meiner Geburtstage, es war wohl ungefähr der sechste, ein Ständchen für mich in unserem Garten. Mein Grossvater war in einer Blechmusik, mein Vater auch, meine Brüder, meine Freunde waren es. Ich war an vielen Konzerten und in vielen Musiklagern und Musik war ein grosser Teil meines Lebens, bis ich ca. 20 Jahre alt war. Es folgten Jahre ohne Musik ... Sie ist verklungen, oder auf jeden Fall ist diese Art von Musik für mich verklungen. Doch die Freude daran kommt wieder zurück, ich spüre sie wieder aufkeimen. Und wenn dann halt eben bei einem Konzert die Tränen fliessen, dann weiss ich, dass ich in tausend Erinnerungen an die Zeit schwelge, als ich noch ein Mädchen war.

Oh Maria

In meinen Teenagerjahren bin ich mit dem grössten Charme auf der Bühne gestanden und habe verschiedene Theaterrollen gespielt (wieso war ich eigentlich immer die Maria?) oder auch Sketche aufgeführt und den ganzen Saal zum Lachen gebracht. Woher kam dieser Mut? Von meiner Frühlingsfrau! Ich war unerschrocken. Und ich konnte die vier inneren Jahreszeiten auch noch sehr gut überspielen und so tun, als ob ich immer glücklich und gut drauf war. Ich dachte auch, dass das normal sei, denn ich konnte meine Gefühle und Bedürfnisse noch nicht einordnen oder ausdrücken.

Kind oder Erwachsene?

Früher war ich bei Elterngesprächen in der Schule meines ältesten Sohnes immer super nervös, und das aus zwei Gründen: Ich fand es seltsam, dass ich die Mutter bin, denn in Schulhäusern fühle ich mich nach wie vor selber noch wie ein Kind. Der zweite Grund war, dass die Gespräche mit dem Vater meines Sohnes, meinem Ex-Partner, stattgefunden haben und diese Stunden deshalb nicht zu den Lieblingsstunden meines Lebens gehörten. Je nach Zyklusphase quälte es mich unglaublich, dass mein Sohn durch Schulnoten definiert und nicht als Mensch wahrgenommen wurde. Je nach Zyklusphase empfand ich mich als sehr unsicher im Umgang mit «Erwachsenen», denn ich zählte mich nicht dazu.

Vom Fernweh und Heimweh

Ich bin nach manch langer Reise in ein Loch gefallen. Vor allem, als ich aus Zentralamerika zurückkam. Ich empfand die Schweiz als leblos, farblos, fake. Ich vermisste die Farben, das feine Essen auf der Strasse, die Wortschwalle, die durch die Gassen klangen. Ich fühlte mich dort so frei, habe mich von Tamales, Avocados, Tortillas und scharfer Sauce ernährt, habe mich ohne mein herkömmliches Umfeld zum ersten Mal so richtig gespürt und einige Seiten an mir entdeckt, die ich noch nicht gekannt hatte. Nach der Heimreise kam das Loch. Es dauerte jeweils Monate, bis ich gefühlsmässig wieder zu Hause oder am «richtigen Ort» war. Bei späteren Reisen, als ich bereits zyklisch unterwegs war, fiel mir das Zurückkehren leichter. Ich konnte mich selber gut einschätzen und habe bereits viel Selbstliebe praktiziert, wusste, wie ich mir selber gut schauen kann. Ich wusste besser, wie ich mit dem Sehnsuchtsgefühl umgehen kann und habe auch meine Eigenverantwortung akzeptiert: Ich gestalte mein Leben selber, ich bin keine Marionette der Gesellschaft. Ich schätze mein Zuhause in der Schweiz, meine Familie, und vermisse sie mitunter auch, wenn ich am Reisen bin.

Und ich notiere im Zyklus-Rad, wann mein Fernweh besonders stark ist und wie ich es organisieren kann, dass ich bald wieder losziehen kann.

Traurig sein

Auch Trauern bekommt eine ganz andere Qualität, je nachdem, ob ich mit oder ohne Zyklus-Wissen unterwegs bin. Ein Freund von uns hat vor ein paar Jahren entschieden, aus dem Leben auszutreten. Ich war so, so traurig. Aber nicht immer. Manchmal hatte ich ein schönes Gefühl im Herzen, ich habe mit ihm kommuniziert, an ihn gedacht, war dankbar, dass ich ihn überhaupt für eine gewisse Zeit in meinem Leben hatte. Zu anderen (Zyklus-)Zeiten konnte ich fast nicht damit umgehen, habe mich wegen all der verpassten Treffen und Gesprächen gegrämt, habe mir gewünscht, es hätte einen anderen Weg für ihn gegeben.

Von Kursfrauen habe ich schon gehört, dass sie ein schlechtes Gewissen hatten, weil sie «nicht so traurig seien, wie sie eigentlich sein müssten», wenn gerade jemand Liebes im Umkreis gestorben ist. Wenn man «Trauer» zyklisch lebt, erlebt, auslebt, durchlebt, dann stellt man auch da fest, dass wir uns nicht so hart ins Gericht nehmen müssen, denn JA, die vier inneren Jahreszeiten haben einen grossen Einfluss darauf, wie wir wann trauern und heilen. Eine Beerdigung kann je nach Zyklusphase ganz anders auf einen wirken. Lieder und Erinnerungen können anders einfahren – viel stärker, mit grossen Wellen von Traurigkeit, oder leise begleitet von einem Gefühl der Hoffnung, von Akzeptanz und Liebe.

Dein Zyklus als Orientierung

Zyklisch leben ist die Grundlage aller Naturvölker. Die Orientierung. Der Rhythmus von Wachen und Ruhen. Lerne deinen eigenen Zyklus wirklich gut kennen, damit er dir die Schatztruhe sein kann, die dir zusteht. Wir sind doch nicht hier, um uns durchs Leben durchzuwursteln und ein negatives Gefühl ans andere zu reihen. Wenn du deinen Zyklus nicht kennst, bist du ewig nur am Reagieren auf Situationen. Wer nur reagiert, hat keine Luft zum Kreieren. Aus Stress entstanden noch nie neue Ideen. Aus Gehetze,

Wut und Jammern entstand noch nie ein Gefühl von Wonne und Wohlsein oder von einer inneren Stärke und Liebe.

Wir leben viel zu stark mit einem kollektiven Gedankengut. PMS wird akzeptiert: Frauen sind halt so und haben das halt. Die Mens ist blöd, aber du musst das jetzt halt aushalten oder die Pille nehmen. Wir leben als Gesellschaft so stark in der ersten Zyklushälfte, dass Frauen oft Folgendes als einzigen Weg sehen: So zu tun, als ob man ein Mann wäre. Um «mithalten» zu können, vor allem auch in der Geschäftswelt. Das ist doch sich selber und den Männern gegenüber nicht fair. Und so was von nicht nötig! Das verwirrt doch bloss alle.

Wenn die Menstruation als glücklicher Teil unseres Frauseins anerkannt wird, löst sich das Tabu um die schmutzige, schmerzvolle oder gar gefährliche Mens auf. Mir selber gefällt das Wort «Monatshygiene» nicht, denn die Mens ist keine unhygienische Sache. Und doch ist sie in weiten Teilen der Welt ein Gesundheitsrisiko, denn viel zu viele Frauen leiden unter schlimmen Unterleibsentzündungen. Viele von uns wissen, wie schmerzhaft und unangenehm Infektionen, Pilze und Blasenentzündungen sind. In unseren Breitengraden machen wir einfach einen Anruf, haben ein paar Stunden später einen Termin beim Arzt, bekommen ein Medikament und schon ists wieder besser. Wir können unsere Wegwerfbinden sauber entsorgen. Wir können unsere Stoffbinden hygienisch waschen und uns auch noch eine fünfte Menstruationstasse kaufen. Frauen, spendet Stoffbinden für die Frauen aus armen Verhältnissen. So viele Infektionen werden verhindert, wenn auch diese Frauen ihre Binden mehrmals wechseln und waschen können. Die Scham und der Schmerz werden kleiner, das Tabu schrumpft … Möge es sich ganz auflösen.

Wenn wir uns keine zyklusbedingten Pausen gönnen, hinterfragen wir wohl nie unsere Gewohnheiten. Werden durch TV-Dauerberieselung schwierige Gedanken überdeckt? Das gleiche gilt für Social Media und News: Wer dauernd online ist, kann in eine komplett andere Welt abtauchen (been there, done that, mindestens etwa schon 10'000 Mal). Ist dies eine Art Konsumation, weil ALLES zu viel ist? Ich denke schon. Mit einem Blick auf Instagram oder in die News sind wir – zack! – nicht mehr bei uns selber. Die Menge macht das Gift: Wenn es 20 Minuten pro Tag sind, finde ich das voll ok.

Wenn es zwei Stunden sind? Drei? Vier? Dann würde ich mal behaupten, dass ein Media-Detox sehr guttun würde.

Deinen Gebrechen auf der Spur

Detektivarbeit, also das Führen des Zyklus-Rads, ist auch eine sehr gute Sache, wenn du körperlichen Gebrechen auf die Spur kommst willst. Einige Beispiele:

Ich hatte jahrelang (ich spreche hier von ca. 15 Jahren) fast jeden Zyklus-Herbst starke Schluckbeschwerden. Und mit dem Einsetzen des Blutes verschwanden sie wieder. Und trotzdem habe ich sie nicht in Zusammen-hang mit dem Zyklus gebracht (war ich eigentlich besonders schwer von Begriff?). Für mich hatten die Schluckbeschwerden zwei Gründe: Ich habe viel zu vieles «heruntergeschluckt». Ich hatte regelrecht einen Kloss im Hals, konnte nicht sagen, wenn ich wütend, traurig oder verletzt war. Ich habe meine Gefühle unterdrückt, bin aber innerlich fast geplatzt. Ich wollte halt die Angenehme sein, the nice girl. Und ich habe darunter gelitten. Der zweite Grund war, dass ich in meinem inneren Herbst viel zu oft kalte Füsse hatte. Die Wärme geht in der zweiten Zyklushälfte in den Bauch, da dort ja möglicherweise ein kleines neues Leben wächst. So war ich tagelang mit kalten Füssen unterwegs und konnte abends lange nicht einschlafen, weil mir so kalt war. Diese Kälte hat bei mir Hals- und Schluckbeschwerden aus-gelöst, da diese Stelle sowieso mein physiologischer Schwachpunkt im Kör-per war. Die Lösung dafür war sehr pragmatisch: Bessere Socken, bessere Hausschuhe, bessere Schuhe und eine Wärmeflasche ins Bett. So einfach kann «sich besser schauen» sein, und die Lebensqualität steigt!

In meinem inneren Frühling habe ich oft Kopfschmerzen. Nicht sehr starke, aber es fühlt sich so an, als ob ich einen Schwamm im Kopf hätte. Als ich noch nicht gewusst habe, dass das immer ca. um Zyklustag 5 bis 7 auf-tritt, habe ich mich unglaublich darüber genervt: Meine Mens war vorbei, aber die Energie kehrte trotzdem nicht wirklich zurück, beziehungsweise die Kopfschmerzen machten mir einen Strich durch die Rechnung. Nach langem Hinhören und neu erworbenem Zyklus-Wissen habe ich gemerkt, dass ich weniger Kopfschmerzen habe, je mehr ich mich während der Mens ausruhe, und zwar eben nicht nur am Zyklustag 1!

Als zweiten Punkt sah ich eine Parallele zu meiner Jugendzeit: Auch da hatte ich manches «Gstürm» in meinem Kopf, die Gefühle schwankten von «Ich weiss ALLES» zu «Die Schule kann mich mal, ich bin die ALLERDÜMMSTE», und von «Mädchen für alles/alle sein» zu «Lasst mich gopfertelli in Ruhe, ich bin jetzt am Schmollen». Überkommen mich heute diese Kopfschmerzen, versuche ich mit viel Liebe und Verständnis meiner inneren jungen Frau zu begegnen und gewisse Erinnerungen und Aspekte von früher zu heilen oder loszulassen.

Ein dritter Punkt ist, dass ich in meinen inneren Frühling nicht wirklich viel Lust habe, Verantwortung zu übernehmen. Wenn ich dann so aus einer Menstruation «aufwache», wo ich in meiner schönen roten Blase war, wo mein Mann vermehrt gekocht und zu den Kindern geschaut hat, dann ist es nicht immer verlockend, das Zepter wieder zu übernehmen und für die Familie wieder ganz präsent zu sein.

Mit diesen drei Aspekten kann ich mein Kopfweh besser einordnen, und es liegt wiederum in meiner Hand, mein Leben so zu adaptieren, dass es in erster Linie für mich – und dadurch auch für meine Familie – stimmig ist.

Auch du kannst in deinem Zyklus-Rad deinen Gesundheitszustand notieren. Ist er immer gleich? Wann plagt dich was besonders? Wann schmerzt eine Körperstelle mehr, wann weniger? Wann ist es Zeit, sich mit diesem Problem an eine Fachperson zu wenden? Wie kannst du bestimmten gesundheitlichen Leiden vorbeugen?

Zyklisch leben mit Freude!

Wenn zyklisch leben wieder normal wird, wenn wir wissen, wie das Zyklus-Wissen uns weise durch das Leben trägt, dann müssen wir uns nicht mehr dafür rechtfertigen und verteidigen. Wir müssen uns nicht mehr verbiegen und entschuldigen. Wir können uns die Rosinen des linearen Lebens pflücken und sie mit unserer zyklischen Natur vereinen. Du kannst eine besondere, hellwache, selbstsichere, zyklische Frau sein. Du kannst mit deiner

Natur leben, mitgehen, wendig und geschmeidig sein. Das ist ein Vorteil! Ein grosser. Grossartig, oder?

DAS TOR DES LEBENS: DIE YONI

Eines Tages sagte unser Lehrer, dass wir nächste Woche im Aufklärungs-unterricht üben würden, wie man Kondome über Bananen streift. Ich war an besagtem Tag dann krank. Das war mir einfach zu peinlich. Ich wollte das nicht vor einem Lehrer und den (mit 15 Jahren wirklich auch lächerlichen) Jungs üben. Sicher nicht. Meine Mutter lacht heute noch darüber, wie krank ich dann war.

Und überhaupt, ich fand dieses Thema einfach nicht relevant für mich, da ich sowieso erst Sex haben wollte, wenn ich verheiratet bin.

Auf jeden Fall finde ich Sex heute, neben dem zyklischen Leben, eine ganz gute Sache. Doch die Yonis, unsere Vulvas, werden grundsätzlich ganz fest vernachlässigt, selbst wenn wir ab und zu oder regelmässig Sex haben. Den Rest der Zeit fristen sie ihr Dasein im Dunkeln. Sie hätten so viel lieber fri-sche Luft. Sie wollen nie mehr mit synthetischer Unterwäsche in Berüh-rung kommen. Sie würden am liebsten weit davonspringen, wenn sie noch ein einziges Mal parfümierte Wegwerfbinden aushalten müssten. Sie wären glücklich, würden wir öfters an sie denken. Stell dir mal ein muffiges, zu enges Zelt vor. So fühlt es sich oft an in deiner Unterhose. Wir tragen keine Röcke mehr mit «nix drunter», sondern zwängen uns in enge Jeans.

Verlernte Sprache

Viele Unterleibsbeschwerden könnten vermieden werden, wenn wir einen gesünderen Umgang mit unserer Yoni finden würden und da schliesse ich auch gleich unser Denken und unsere Sprache wieder mit ein. Wie viele Worte kennst du für «da unten»? Und wie viele davon sind liebevoll oder zu-mindest neutral? Ich kenne eines bis keines. Ich mag das Wort «Yoni» sehr, es kommt aus dem Sanskrit und heisst übersetzt «Tor des Lebens». In der deutschen Sprache gefällt mir der Ausdruck «Vulva» gut, weil es weich und weiblich, aber auch etwas vulkanisch klingt. Und manchmal sprühen da ja wirklich Glücksfunken raus.

«Scheide» finde ich ganz grotesk. «So, Herr Ritter, dann stecken Sie doch mal Ihr Schwert in meine Scheide.» Eklig, oder? Und für Kinder von getrennt lebenden Eltern finde ich Scheide auch doof, ist es doch gar nahe beim Wort «Scheidung». Ich könnte noch ewig so weiter machen … «Schamlippen» (what the hell? Für was schämen wir uns denn da?) könnten wir doch «Venuslippen» oder «Liebesmoränen» nennen. «Schamhaare»? «Charmehaare»! Und hey, was ist mit dem Geschlecht? So schlecht wird das nicht sein …

Im Schweizerdeutschen gibt es ein paar angeblich «niedliche» Worte für «das da unten», die wir vor allem bei den Mädchen verwenden, und auch davon halte ich nicht viel. Zum Beispiel dieses hier: «Schnäggli» (kleine Schnecke). Wohlgemerkt, das Interesse für den Körper, der Spracherwerb und das Auge für die echten Schnecken, die da so im Garten rumkriechen, erwachen etwa gleichzeitig. Wieso sollte ich meiner damals 2-jährigen Tochter also erklären, dass sie eine Schnecke zwischen ihren Beinen hat? So verwirrend, echt.

Mädchen MÜSSEN ein liebevolles Wort kennenlernen für ihren wertvollsten Körperteil. Es ist nicht so, dass ein Junge ein Schnäbi, einen Penis hat, und das Mädchen hat dann einfach NICHTS. Nein, sie hat eine Yoni, eine Vulva. Sie muss ein Wort dafür kennen, auch damit sie sagen kann, wenn sie dort Schmerzen hat. Auch dein Mann und deine Söhne sollen ein schönes Wort kennen, denn auf dem Schulhof, beim Feierabendbier und durch doofe Sprüche lernen sie bestimmt kein würdevolles Wort kennen.

Mach dich auf eine spannende Suche: Laufe durch die Natur, durch einen Wald und halte Ausschau nach Vulva-Formen. Es gibt sie überall zu sehen – an Bäumen, bei besonders geformten Steinen, in Blumen etc. Du kannst natürlich auch eine Yoni filzen, nähen, sie mit der Kohle eines verglühten Feuers auf einen Stein zeichnen … Yonis sind überall, genau wie wir Frauen. Finde Fruchtbarkeitssymbole in Büchern, Reiseberichten, auf Fotos, an alten Häusern, Kirchen, Tempeln …

Wie du deiner Yoni Gutes tun kannst

Lasst mich euch dazu zuerst eine kurze Geschichte erzählen:
«Es war einmal eine Frau. Die hatte immer wieder wiederkehrende, schmerzhafte Pilzinfektionen «da unten». Und Blasenentzündungen. Und sogar einmal eine Nierenbeckenentzündung. Es juckte und zwickte so, dass sie die Wände hätte hochgehen können! Und vor der Mens war alles ganz schlimm, die Trockenheit machte sie halb wahnsinnig – und nach der Mens? Da fing alles wieder von vorne an. Sie ging in Apotheken, Drogerien und Arztpraxen ein und aus, das brachte sie jedoch nicht viel weiter. Und dann hatte sie eines Tages genug davon. Genug von 3 x pro Jahr Antibiotika-Verschreibungen wegen einer Blasenentzündung oder einer Pilzinfektion. Zu viel war zu viel. Sie machte sich auf die Suche nach Gründen. Nach Ursachen. Nach Lösungen. Sie las Bücher, sie suchte nach spannenden Frauen, sie fühlte in sich selber rein, sie überlegte und sie fand ein Puzzlestück nach dem anderen, das sie auf ihrem Weg zum ganz Frausein hinzufügen durfte.»

Diese Frau war ich. Mindestens 10 Jahre lang, so ziemlich genau im Alter von 19 bis 29 Jahren, erlebte ich Beschriebenes. Aus diesem Leidensweg entstand der Wunsch nach einem Balsam für «da unten». Ich suchte jahrelang nach einer guten Salbe, die meine Yoni nährt und pflegt. Nichts, was die Lust steigert. Nichts mit Milchsäurebakterien. Kein kaltes Gel. Etwas, was meine Yoni schützt und pflegt. Eine Salbe, bei der die Zutaten zu 100 % natürlich sind. Zum Glück habe ich nie eine solche Salbe auf dem Markt gefunden. So entstand nämlich meine eigene Kreation: Der Yoni-Bliss-Kräuterbalsam!

Das für mich wichtigste Kräutlein darin ist der Frauenmantel, lateinisch Allchemilla vulgaris. Schau mal nach, ob er in deinem Garten wächst. Oft wird er auch bei Bepflanzungen in Dörfern und Städten eingesetzt. Es gibt viele schöne Informationen zu dieser Pflanze, die für uns Frauen wächst, uns begleitet und kräftigt. Lerne von ihr und bitte sie um ihren Schutzmantel für dich, deine Yoni und deine Weiblichkeit. Ich selber sass vor vielen Jahren im Garten, habe das samtige Blatt des Frauenmänteli gestreichelt und meine Lieblingssalbe erträumt. Kurze Zeit später habe ich in der Küche Öle gerührt, gemischt, geprobt, Pflanzen miteinander bekannt gemacht, habe mit viel Bauchgefühl und Neugierde ausprobiert und so ist nach einiger Zeit der Yoni-Bliss-Balsam, die Kräutersalbe, entstanden.

Was Yoni bedeutet, wisst ihr ja bereits, Bliss bedeutet Seligkeit. Der Balsam ist in erster Linie eine Umarmung von Mutter Natur für «da unten». Gesunde Frauenkräuter begleiten dich, verbreiten eine angenehme Entspannung bei Trockenheit, kleinen Fissuren, vor und nach der Menstruation, in den Wechseljahren, wenn die Haut dünner und trockener wird, in der Schwangerschaft, nach der Geburt, nach einem operativen Eingriff, nach Trauma, vor und nach dem Baden, nach viel Sex, bei zu wenig Sex – einfach dann, wenn die Yoni extra Liebe, Pflege, Streicheleinheiten und Aufmerksamkeit braucht!

Seit ich den Yoni-Bliss-Kräuterbalsam herstelle, höre ich Dutzende Geschichten von Frauen mit Beschwerden! Hunderte! Mache dich auch auf die Suche, wenn du immer wieder geplagt wirst von Juckreiz, Trockenheit, oder einem allgemein unguten Gefühl «da unten». Es lohnt sich.

Yoni Steam

Ich selber habe vor einiger Zeit den Yoni Steam entdeckt und DAS ist für mich das Tüpfelchen auf dem i, die Kirsche auf der Schlagsahne!

Yoni Steaming ist eine uralte Methode, die weibliche Gesundheit durch Dampfbäder zu unterstützen. Das Wort «Yoni» stammt aus dem Sanskrit, bedeutet wie bereits oben erwähnt «Tor des Lebens» und steht für die Vagina, Vulva. Yoni Steaming ist also ein Dampfbad, das sich auf den Unterleib, die Genitalien und den weiblichen Schossraum ausrichtet. Seit Jahrhunderten wird das Yoni Steaming überall auf der Welt als heilendes Ritual und vor allem auch in der nachgeburtlichen Pflege angewendet. In vielen Kulturen und auf allen Kontinenten gibt es Aufzeichnungen über diese Tradition.

Durch das vaginale Dampfbad wird die Durchblutung angeregt und eine angenehme Wärme breitet sich aus – zuerst im Unterleib, dann im gesamten Körper. Yoni Steaming führt in kürzester Zeit zu absoluter Entspannung und eignet sich besonders gut als Selbstliebe-Ritual. So etwas Me-Time kannst du dir nämlich ganz einfach in den eigenen vier Wänden und ohne grossen Aufwand einrichten. Unser Schossraum wäre eigentlich von Natur aus selbstreinigend. Jedoch ist unsere Lebensweise nicht immer sehr gesund: Synthetische Unterwäsche, falsche Ernährung, Stress oder auch unverarbeitete Themen zur Sexualität können der Yoni zu schaffen machen. Da tut etwas Unterstützung einfach gut.

Der Dampf mit der passenden Kräutermischung dringt tief in das Beckenboden- und Gebärmuttergewebe ein, so dass die Heilwirkung der Kräuter über die Schleimhaut aufgenommen wird. So können sich physische, aber auch seelische Themen und Unterleibsverletzungen lösen.

Folgende Beschwerden, Situationen oder Themen kannst du mit Yoni Steaming hilfreich unterstützen:

- Menskrämpfe: Verringerung oder gänzliche Verbesserung von Krämpfen während der Menstruation durch Steamen kurz vor und nach der Menstruation.
- PMS: Linderung des prämenstruellen Syndroms und des Eisprungschmerzes (sogenannter Mittel- oder Ovulationsschmerz).
- Monatsblutungen: Reduzierung von Zwischenblutungen, zu starker Monatsblutung und klumpigem Menstruationsblut durch Steamen kurz vor und nach der Menstruation.
- Menstruationszyklus: Regulierung des Zyklus auf ca. 28 oder 29 Tage.
- Fruchtbarkeit: Erhöhung der Fruchtbarkeit durch regelmässige Zyklen.
- Endometriose: Schmerzlinderung bei akuten Endometriose-Beschwerden.
- Blasenentzündung und Pilzinfektionen: Wiederkehrende Infektionen können zum Verschwinden gebracht werden.
- Hämorrhoiden: Reduzierung von Hämorrhoiden und Enddarmbeschwerden – auch in der postpartalen Pflege.
- Schwangerschaft und Geburt: Wohltuende Unterstützung in der Vorbereitung zur Geburt und im Wochenbett, sollte nur in Begleitung einer erfahrenen Hebamme durchgeführt werden.
- Narbenpflege: Schnellere Gewebeheilung nach einer Geburt oder einem operativen Eingriff an der Vulva.
- Trockene Yoni: Verbesserung der Durchblutung der Schleimhäute ergeben eine feuchtere Yoni – sehr angenehm auch in den Wechseljahren.
- Sexualität: Dampf macht weich und öffnet. Yoni Steaming erhöht das

Lustempfinden und eignet sich daher auch als Vorspiel.

💜 Schlafprobleme: Erleichtert das Einschlafen und bringt einen tiefen Schlaf.

💜 Entspannung: Durch das Steamen zu mehr Ruhe und Zufriedenheit im eigenen Körper gelangen.

💜 Emotionale Reinigung: Schenkt emotionale Ausgeglichenheit, da es einem wohlig warm wird im Schossraum und im ganzen Körper.

💜 Loslassen: Unterstützung bei Loslass-Prozessen: Zum Beispiel, wenn eine bestimmte Phase oder ein Kapitel im Leben zu Ende geht.

So geht's — das Ritual

Für einen Yoni Steam brauchst du einen ruhigen Ort, einen Topf mit dampfendem Kräutersud (lass dir gerne etwas Passendes in der Apotheke zusammenstellen) und eine Yoni Steam Box. Falls du keine solche Box hast, kannst du dich auch auf einen Stuhl oder Hocker setzen, ganz nach vorne rutschen, dich mit einer guten Decke untenrum einhüllen und so den Dampf zu deiner Yoni steigen lassen. Die Vorteile einer Yoni Steam Box sind das bequeme Sitzen und der langanhaltende, warme Dampf. Wird der Topf unter einen Stuhl gestellt, kühlt sich der Dampf schneller ab.

Anleitung:

Setze den Topf mit dem Wasser auf und bringe das Wasser zum Kochen. Nimm den Topf von der Herdplatte und gib eine Kräutermischung dazu – ungefähr zwei Esslöffel voll – und lass den Kräutersud ca. 10 Minuten lang mit geschlossenem Deckel ziehen. Das Kondenswasser auf der Unterseite des Deckels unbedingt zum Sud geben, denn darin sind die flüchtigen ätherischen Öle deiner Kräuter enthalten!

Gehe vor dem Steamen zur Toilette.

Lege dein Tagebuch und einen Stift bereit, falls du etwas notieren willst.

Schalte alle elektronischen Geräte aus und schalte das Handy auf Flugmodus (oder nimm es gar nicht erst in den Raum mit – du brauchst es nämlich nicht!).

Trage den Topf mit dem heissen Wasser oder dem Kräutersud vorsichtig zu deiner Yoni Steam Box und stelle ihn hinein, oder du stellst den Topf unter den Stuhl.

Ziehe dich unten herum aus, schaue aber, dass du warme Füsse hast (also eventuell Socken tragen).

Prüfe mit der Hand den Dampf – fühlt es sich gut an? Stimmt die Temperatur?

Setze dich auf die Box oder den Stuhl. Schaue, dass du bequem sitzt – du wählst selber, ob du mit offenen oder geschlossenen Beinen dasitzt. Du wirst den Dampf je nachdem unterschiedlich wahrnehmen.

Packe dich untenrum gut ein mit einer Decke oder einem Tuch, so dass du immer schön warm hast.

Reguliere den Dampf. Ist er zu heiss, lasse ihn noch etwas entweichen, indem du dich etwas weiter nach hinten setzt. Du musst dich IMMER wohlfühlen! Beisse dich auf keinen Fall durch, falls der Dampf zu heiss ist! Das führt nur zu Rötungen bis hin zu Verbrennungen. Benutze deinen wachen Geist und dein gutes Gespür dafür. Genau wie du auch nicht zu heiss duschen würdest, darfst du nie zu heiss dampfen!

Geniesse deinen Yoni Steam für ca. 10–20 Minuten. Trockne dich anschliessend gut ab und pack dich warm ein. Ruhe dich noch etwas aus oder geh schlafen.

Wer kann steamen? Wer nicht?

Allgemein ist das Steamen für gesunde Frauen gedacht, die nicht unter akuten Beschwerden leiden. Als Vorbeugung, um weitere Beschwerden zu vermeiden, eignet es sich aber hervorragend.

Es gibt einige wenige Kontraindikationen, wann eine Frau lieber nicht steamen sollte. Yoni Steaming ist nicht das Richtige für dich, wenn …

… du gerade deine Mens hast: Während der Menstruation solltest du nicht steamen, da der Körper bereits mit einem heiligen Reinigungsprozess beschäftigt ist.

… du unter starkem vaginalem Juckreiz leidest: Vertraue deinem Gefühl und spreche dich mit deiner Naturheilpraktikerin ab. Das Steamen kann die Beschwerden entweder lindern, aber auch verstärken.

… du eine Plastikspirale trägst: Die Hitze könnte den Kunststoff schmelzen.

… du versuchst, schwanger zu werden: Verzichte nach dem Eisprung und einer möglichen Befruchtung auf das Steamen.

… du Hormon-Implantate in der Gebärmutter oder im Arm trägst: Bitte sprich dich zuerst mit deiner Gynäkologin oder Naturheilpraktikerin ab.

… du schwanger bist: Bis kurz vor der Geburt solltest du nicht steamen, als Vorbereitung auf die Geburt nur mit einer erfahrenen Hebamme.

Mein Highlight

Ich liebe es, meinen Yoni Steam abends zu machen, wenn ich für alles andere zu müde bin. Die Kinder sind im Bett und ich möchte gerne noch etwas für mich selber machen, bin aber zu schlapp für einen nächtlichen Spaziergang oder die Dehnungsübungen vor dem Sofa. Jeden Abend auf Facebook abzuhängen ist ja auch nicht besonders spannend. Da ist ein Yoni Steam meine erste Wahl! Entspannt und mit dem Tag im Reinen schlafe ich kurz danach jeweils wie ein Murmeltier ein und werde von dem magischen, guten Gefühl durch die Nacht getragen. Gleichzeitig mache ich so aktiv etwas für meine Zyklus-Gesundheit.

ZYKLISCH ARBEITEN IN EINER LINEAREN WELT

Einer der grössten Vorteile der Selbstständigkeit ist, dass man sich während der Menstruation die Pausen besser einrichten kann. Sitzt du in einem Grossraumbüro, arbeitest du im Service oder an der Kasse beim Grossisten, ist die Logistik bezüglich «zyklisch arbeiten» etwas heimtückisch, aber doch machbar!

Für uns Frauen steckt ein riesiges Potenzial im zyklischen Arbeiten, da wir den Schwung der ersten Zyklushälfte und die Weisheit der zweiten Zyklushälfte wunderbar miteinander vereinen können: Wir wissen genau, wann uns welche Arbeit leicht(er) fällt, wann ein guter Zeitpunkt für eine Sitzung ist und wann wir unser Business unter die Lupe nehmen sollten, um es zu optimieren. Seit ich meinen Zyklus kenne und das Wissen darüber in meinen Arbeitsalltag integriere, läuft es doppelt so gut, ich bin viel effizienter und habe sogar mehr Zeit. Und ich arbeite weniger.

Go with the flow!

So oft werde ich gefragt: «Josianne, wie schaffst du das alles?» Wisst ihr, ich schaffe LÄNGST nicht alles. Meine Ideen reichen bestimmt für zwei bis drei Leben. Zusätzlich bin ich aber auch eher von bequemer Natur, ich bin nicht der Typ Workaholic. Um es etwas abgelatscht auszudrücken: I am going with the flow. Ist wirklich so. Zusätzlich LIEBE ich meine Arbeit, so dass sich das Arbeiten eben oft nicht nach Arbeiten anfühlt. Ich richte meine Tätigkeiten nach meinem Zyklus aus. Alles, worüber ich selber entscheiden kann, wird nach Zyklustag oder Phase geplant. Und wenn Termine für Sitzungen, Vorträge oder dergleichen fremdbestimmt werden, dann weiss ich mittlerweile auch, wie ich mir das Rundherum so angenehm und unaufgeregt wie möglich gestalten kann (bös gesagt auch «langweiliger»).

Kennst du deinen Zyklus, entsteht eine Verlässlichkeit, und zwar auf dich selber! Du musst nicht immer alles gleich gerne machen. Du musst auch nicht immer als gleich gut machen. Jede Tätigkeit deiner Arbeit gehört zu einer bestimmten Zyklusphase. Und gelingt dir erst die Zuordnung, läuft es eben plötzlich rund!

Zyklisch arbeiten als Selbstständige

Unsere Gesellschaft, unsere Wirtschaft und somit auch unser Arbeitsalltag funktionieren linear. Leistung zählt. Produktivität ist das Ziel. Wachstum ist das neue Gold. IMMER ALLES JETZT ist ein «Muss», wenn du überhaupt mithalten willst. Die meisten von uns üben zudem Tätigkeiten aus, die Strom benötigen. Da uns Strom IMMER zur Verfügung steht, steht uns nichts im Wege, IMMER zu arbeiten. Tag und Nacht. Morgens schon vor dem Frühstück die Mails zu checken, während des Frühstücks zu schauen, welche Termine heute anstehen, beim Zähneputzen die ersten Nachrichten zu beantworten. Noch bevor die Arbeit überhaupt angefangen hat ... Meistens arbeiten wir Montag bis Freitag, machen am Wochenende Pause und haben pro Jahr ein paar Wochen Urlaub. Selbstständige Mütter arbeiten zusätzlich noch zu zerquetschten Zeiten wie abends, wenn die Kinder im Bett sind, am Samstagmorgen, wenn der Mann mit ihnen was unternimmt und zu sonstigen Unzeiten, da ja ALLES irgendwie nebeneinander Platz haben muss. Streng. Für die meisten von uns haben die äusseren Jahreszeiten keinen Einfluss mehr auf die Arbeit, es sei denn, du bist Bäuerin, Gärtnerin oder dergleichen. Wir sind also konditioniert, unsere «Sache» linear, logisch und zielgerichtet durchzuziehen – sei diese «Sache», eine Deadline einzuhalten, ein Projekt voranzutreiben, die Marketingkampagne zu starten oder unseren Businessplan aufzustellen. Klingt sehr vertraut, oder? Und ziemlich unsexy, wie ich finde.

Wenn wir als Frauen unsere Geschäfte linear führen, kommen wir irgendwann einmal an den Punkt, wo es streng wird. Sehr streng. Wo wir den ganzen Druck, immer mögen zu müssen, nicht mehr ertragen. Wo es zum Burnout kommt. Und dann hören wir wieder auf und fühlen uns als Versagerinnen. Merke dir: Zyklisch zu arbeiten ist für uns viel natürlicher! Deine vier inneren Jahreszeiten bringen immer andere Aspekte hervor, die du in deiner Arbeit wunderbar einsetzen kannst. Wenn du also zyklisch arbeitest, hast du eigentlich bereits ein Vierer-Team.

Richtest du deine Termine und deine Arbeitstätigkeiten nach deinem Zyklus, wirst du erstaunt sein, wie in kurzer Zeit viel mehr Leichtigkeit und Sinn in deine Arbeit fliesst und sich gute Resultate ergeben (und was «gut» heisst, entscheidest du selber, denn du misst dich nicht am Massstab der

Gesellschaft). Arbeitest du zyklisch, wirst du immer wieder Rumtrödel-Momente erleben. Zeiten, in denen du völlig unproduktiv bist, in denen dich kein Projekt so richtig anzieht. Ziellos herumtrödeln passt nicht so zum Bild einer fleissigen Biene. Es ist so ziemlich das Gegenteil von fokussiert arbeiten, oder? Du kannst dich in diesen Momenten entweder selber steinigen oder du kannst dir mit ganz viele Liebe begegnen und einen tieferen Sinn darin sehen: Deine Gebärmutter erinnert dich daran, dass es Momente im Zyklus gibt, in denen dir Stillstand, Ruhe und Nichtstun guttun. Sie zwingt dich zu einer Mini-Pause. Bei mir sind das meistens die letzten ein bis zwei Tage vor der Mens, aber auch oft die Tage um den Eisprung. Das Fokussieren fällt schwerer in der Zyklusmitte, vielleicht sind wir während des Eisprungs einfach mit Eierlegen beschäftigt und haben keine Lust auf weltliche Dinge? Was, wenn du das völlig ok finden würdest? Glaube mir, der Energieschub, der danach wieder kommt, ist grandios und du «verlierst» überhaupt keine Zeit, nur weil du dich einen Moment lang ausgeruht oder zurückgezogen hast. Genauso ist es, wenn ich kurz vor der Mens auf meinen Körper höre. Wenn ich mich schon total winterlich fühle, das Blut aber noch nicht fliesst. Wenn ich nicht mal einen Funken Aufregung verspüre, den Computer anzustellen und mich meinen E-Mails zu widmen. Wenn ich mich doch dazu zwinge, dann kostet mich das viel Energie. Dann arbeite ich gegen meine Natur. Wenn ich das aber erkenne, kann ich einfach auch total smart MIT meiner Natur arbeiten: Ich kann zum Beispiel für eine halbe Stunde etwas Kreatives machen: Einen Stein bemalen, ein Mandala mit Blättern und Zweigen legen, an einem Speckstein feilen, mit dem Sackmesser an einem Stecken schnitzen ... Wichtig ist für mich, dass ich in dieser Zeit nichts erschaffen, sondern nur mein Hirn abschalten und meine Sinne aktivieren will. Ich bemale den Stein also nicht, weil ich danach einen schönen, farbigen Dekostein haben will. Nein, ich bemale ihn um des Malens Willen, weil ich für ein paar Minuten in eine andere, nicht lineare Welt abtauchen will.

Und selbstverständlich kenne ich auch Momente, in denen ich einfach etwas erledigen MUSS. Jede Frau kennt diese Momente. Doch je besser wir unsere zyklische Natur und unsere Bedürfnisse ins Arbeitsleben integrieren, desto schlauer und vorausschauender werden wir.

Beobachte dich mal in deinem Arbeitsleben. Musst du dich zu Pausen zwingen oder machst du gerne mal eine Siesta? Führst du verurteilende Selbstgespräche und sagst dir, du seist eine faule Schachtel? Oder kannst du den Sinn von stillen Momenten erkennen? Liegt ein 10-Minuten-Spaziergang drin, oder stresst dich der Gedanke daran bereits, auch nur 10 Minuten Arbeitszeit zu «verpassen»? Beobachte dich, wenn du bemerkst, dass du nicht motiviert bist. Was kann das für Gründe haben? Ist dir ein Projekt zu gross? Ist es immer präsent? Hast du 100 Dinge zu tun und weisst nicht, wo anfangen? Hat der Tag nicht genügend Stunden? Erfüllt dich die Arbeit gar nicht? Ist sie dir egal? Oder bist du einfach nur müde?

Immer mögen ist nicht nötig

Es ist so wichtig, dass du deine Batterien regelmässig auflädst. Selbst ein Freejazz-Musiker muss ab und zu Luft holen (Gott sein Dank!). Ein Taucher muss an die Wasseroberfläche kommen. Eine Pilotin muss wieder landen. Eine Langstreckenläuferin braucht nach dem Lauf eine Erholungsphase. Eine Künstlerin braucht ab und zu Abstand zu ihrem Werk. Eine Autorin braucht Inspirationsquellen – immer nur am Bildschirm zu sitzen und zu schreiben, funktioniert nicht.

Hier ein Einblick in meinen Arbeitsalltag als zyklische und selbstständige Frau – vielleicht findest du die eine oder andere Inspiration oder hast einen weiteren Aha-Moment:

Tätigkeiten für den inneren Frühling und Sommer

Interviews geben: Ich bin wortgewandter, schlagfertiger und charmanter.

Fotoshootings für mein Marketing: Ich bin verspielter, verschmitzter und unkomplizierter.

Workshops und Kurse: Ich bin offener für die Geschichten der Kursfrauen und mir ist pudelwohl in einem Schwarm Frauen. Die ganze Packerei und Schlepperei des Kursmaterials finde ich einen Klacks.

Werbung machen für mein Angebot: Finde ich spannend, aufregend und ich verteile auch mal Flyer an einem Ort, wo ich mich zu einem anderen Zyklus-Zeitpunkt nicht getraut hätte.

Sitzungen: Will ich etwas präsentieren, Teammitglieder mit einer Idee begeistern, wähle ich meinen inneren Sommer dazu. Mein Enthusiasmus ist ansteckend.

Anfragen, die Mut brauchen: In der ersten Zyklushälfte bin ich definitiv mutiger und frage munter drauflos, und habe auch weniger Respekt oder Angst vor Absagen.

E-Mails beantworten: Ich schreibe tendenziell ausschweifender in der ersten Zyklushälfte und stelle mehr Gegenfragen, was wiederum zu einem Dialog führt und daran habe ich Freude.

Texte und Newsletter schreiben: Das Schreiben geht mir einfach von der Hand. Die Worte sprudeln aus mir heraus, eine Vielfalt von Ideen und Worten will zu Papier gebracht werden.

Tätigkeiten für den inneren Herbst und Winter

E-Mails beantworten: Im inneren Herbst bin ich direkter, klarer und präziser, brauche weniger Worte und stelle keine Gegenfragen (denn sonst könnte es ja sein, dass sich die Person nochmals meldet, um Himmelswillen!). Im inneren Winter bin ich intuitiver und weiser, wenn es um das Mitfühlen und Mitdenken bei persönlichen Schicksalen meiner Kursfrauen geht.

Allgemeiner Erledigungsmodus: Gegen Ende des inneren Herbstes will ich eine leere Inbox haben. Ich tippe also wie eine Verrückte drauflos, in der Hoffnung, der E-Mail-Berg lasse sich abtragen, damit ich einen ruhigen inneren Winter habe.

Buchhaltung: Habe ich im Sommer noch die Haltung «Ach, die zahlen dann schon noch, ist ja nur Geld», kippt diese im inneren Herbst in «So, jetzt wird bezahlt, schliesslich hat die Person das Produkt schon lange erhalten».

Mahnen finde ich also im inneren Herbst besonders toll. Ist ein bisschen so wie Schäfchen eintreiben, damit die dann (in meinem inneren Winter) alle im Stall sind und ich nicht mehr an sie denken muss.

Workshops und Kurse: Ich entscheide, ob mir meine Konditionen noch passen (richtig gelesen: ICH entscheide, ob sie MIR passen, und nicht ob sie den Kundinnen passen). Ich definiere eine neue Mindestteilnehmerzahl (denn will ich wirklich für drei Nasen zwei Stunden den Kurs vorbereiten, alles einpacken, eine Stunde Auto fahren, den Kurs halten, eine Stunde zurückfahren, alles wieder auspacken und verräumen? Nope!).

Werbung, Flyer und Blogbeiträge: Mein Fokus ist klar, ich lösche Worte, Schnörkel und Floskeln, die es nicht wirklich braucht oder die meine Kundinnen verwirren könnten.

Verträge und Abmachungen: Mit Adleraugen lese ich im inneren Herbst nochmals durch, was vielleicht zuvor im inneren Frühling oder Sommer entstanden ist: «Deals», Tauschgeschäfte etc., die ich abgemacht habe. Ich schaue, ob diese für mich wirklich stimmen oder ob ich sie einfach nur aus Goodwill angeboten habe, weil ich gerade ein riesiges Herz für ALLE hatte.

Allgemeine Arbeitsstrukturen: Ich frage mich, ob mir meine Arbeitsorganisation passt. Bin ich schlau? Arbeite ich am Wochenende oder nicht? Schaue ich mir gut? Finde ich für jedes «To do» auf meiner Liste noch den Gegenpart, der «To be» heisst? Gibt es Teile meines Geschäfts, die abgelaufen sind und die ich loslassen darf/soll/muss?

Schreiben: Im inneren Herbst streiche ich Überflüssiges aus meinen Texten und merke schnell, ob ich in meinen Aussagen klar bin oder nicht. Im inneren Winter schreibe ich Gedanken, Ideen und Projekte gerne von Hand auf Papier. Später kann ich diese immer noch am PC abschreiben.

Beispiel «Interview geben» unter der Lupe

Falls du auch selbstständig bist, dann weisst du, dass sich nicht die ganze Welt nach deinem Zyklus richtet. Deshalb möchte ich das Beispiel «Interview geben» noch etwas detaillierter anschauen.

Wie gesagt, bin ich in meiner ersten Zyklushälfte offener, die Worte frei sprudeln zu lassen. Mein Charisma kommt stärker zum Ausdruck, ich lache sicher auch mehr, denn ich finde mich dann ja auch recht lustig. Das heisst aber nicht, dass ich in der zweiten Zyklushälfte kein Interview geben kann oder soll! Überhaupt nicht. Es ist einfach sehr gut möglich, dass meine Worte eine total andere Qualität haben werden. Im inneren Herbst werde ich sicherlich direktere und vielleicht auch aufmüpfigere Antworten geben, vielleicht sogar provokative? Und auch das braucht es für die Zuhörerinnen! Im inneren Winter kann ich mich total gut in andere Menschen hineinversetzen, ich antworte ruhiger und intuitiver und es ist gut möglich, dass ich somit sehr einfühlsame Antworten gebe, die Balsam sind für das Publikum. Wenn ich also selber festlegen kann, wann ich ein Interview gebe, dann mache ich das sicher am liebsten im inneren Frühling oder Sommer. Je nachdem, welche Botschaft ich schlussendlich aussenden möchte, kann ich mich aber auch dafür entscheiden, das Gespräch im inneren Herbst oder Winter zu führen.

Wichtig ist für mich, mich selber zu kennen und ernst zu nehmen: Spreche ich in meinem inneren Herbst oder Winter vor Menschen, halte ich zum Beispiel einen Vortrag oder gebe ich einen Kurs, dann weiss ich einfach, dass ich danach eine längere Erholungsphase brauche, als wenn es in der ersten Zyklushälfte gewesen wäre. Ich kann nun entweder gegen meine zyklische Natur arbeiten und meine Bedürfnisse ignorieren, was sich in Bauchkrämpfen und allgemeiner Scheisslaune ausdrücken dürfte (nicht zu empfehlen), oder ich kann lieb zu mir selber sein und mehr Zeit für die Wege einplanen, mir etwas Nahrhaftes, Selbstgekochtes mitbringen, die Einladung für eine Runde Bier nach dem Anlass dankend ablehnen (sehr zu empfehlen).

Zyklisch arbeiten als Arbeitnehmerin oder Chefin von Angestellten

Wenn ich mit Frauen über die Mens und den weiblichen Zyklus spreche, höre ich so oft, dass es nicht möglich ist, sich während der Mens eine Pause zu gönnen. «Es muss einfach weiter gehen.» – «Ich muss einfach funktionieren, so läuft das nun mal.» Stimmt ... So halb! Wenn deine Arbeitgeberin nicht Josianne von Quittenduft heisst, dann ist es wohl nicht das Einfachste, deinem Boss (ob das ein Mann, eine Frau oder du selber bist!) zu sagen: «Hey, ich blute gerade, ich komm dann in zwei Tagen wieder, ja?» Wenn du angestellt bist und deine Arbeit nicht selber einteilen kannst, ist es deshalb doppelt wichtig, dass du deine Freizeit während der Menstruation nach deinem Geschmack gestaltest. Natürlich gilt dasselbe, wenn du ein Team leitest. Deshalb hier ein paar Tipps für dich für das Arbeiten während der Menstruation:

💜 Ernähre dich besser als sonst. Kein kaltes Sandwich über Mittag – sondern etwas Warmes, Gesundes. Bringe es von zu Hause mit.
💜 Trage bequemere Kleider als sonst. Vielleicht mal flache Schuhe? Vielleicht mal keinen BH?
💜 Verbringe deine Pausen alleine. Lauf ein paar Schritte an der frischen Luft – egal, ob in einer Stadt oder in einem Park … Vielleicht kannst du dich sogar kurz an einen Baum anlehnen.
💜 Brauche weniger Worte als sonst. Behalte sie für dich, brauche die Zeit, die du nicht sprichst, um deinen inneren Gedanken nachzuhängen.
💜 Falls du bei der Arbeit oft stehst: Versuche, ein paar sitzende Mini-Pausen einzubauen. Im ärgsten Fall bleib einfach länger auf dem WC sitzen als üblich.
💜 Gehe 30 Minuten früher als üblich ins Bett. Wir brauchen in der zweiten Zyklushälfte mehr Schlaf als in der ersten!
💜 Stell dir einen roten Schal vor, der dich umarmt, dich einhüllt und schützt, während du arbeitest. Stelle dir eine Höhle vor, in die du dich zurückziehen kannst.
💜 Höre dir über Mittag eine Gedankenreise oder eine kurze Meditation an, während du Pause machst. Tauche ein in eine schöne Gedankenwelt und schalte die Welt um dich herum für ein paar Minuten ab.
💜 Last but not least: Sage Verabredungen am Abend ab oder verschiebe sie! Lass mal eine Sitzung ausfallen. Geh mal nicht in den Verein, die Musikstunde, die Yogastunde. Die Welt geht davon nicht unter.

Wenn du dich schon einige Monate beobachtest und das Zyklus-Rad führst, findest du sicher auch bald heraus, was dir während der Arbeit wann guttut und was dich besonders stresst. Mich nerven zum Beispiel schlecht vorbereitete Teamsitzungen im inneren Herbst brutal. Ich habe keine Geduld für

Präsentationen, bei denen endlos gelabert oder gar der gleiche Text vorgelesen wird, der schon an der Leinwand steht. Ich hab ja Augen im Kopf, bitte schön! Seid doch mal effizient, bitte schön! Kann ich bitte wieder selber arbeiten, für mich, bitte schön? Auf der anderen Seite sind Teamsitzungen eine super Sache, wenn du keine Lust auf deinen einsamen Arbeitsplatz hast. In der ersten Zyklushälfte sind Meetings besonders spannend, vor allem dann, wenn deine Mitarbeiter recht flott sind und der Chef durch die rosarote Brille einen Zacken hübscher aussieht als sonst. Innerer Sommer lässt grüssen.

Ich war schon an Sitzungen, da sagte der Sprecher irgendwann: «So, nun kommen wir zum Punkt vier …» – und in mir drin machte es: «Jesses Gott, gab es bereits die Punkte 1 bis 3?» Da war ich bestimmt in meinem inneren Winter! Im inneren Herbst kann es sein, dass dich Kritik von einem Chef oder Mitarbeiter härter trifft. Oder dass du die ganze lineare Arbeitswelt verabscheust und du am liebsten davonrennen würdest. Oder du arbeitest total konzentriert an einem Projekt, kommst gut voran und hast Freude an der Arbeit! Alles ist möglich! Das Spannende bleibt allein die Frage, wie es für DICH ist! Kennst du dich gut genug, um deine vermeintlichen Launen und Schwankungen einzuordnen? Merkst du, wie du durch deinen Zyklus schaukelst und wie dir zu den verschiedenen Zeitpunkten gewisse Arbeiten leichter oder schwerer fallen?

Eine Lehrerin, die einen Kurs bei mir besucht hat, schrieb mir einmal: «Ich dachte jahrelang, ich müsse mich für die Klassen verbiegen, ich müsse immer gleich sein. Seit ich meine zyklische Natur kenne, passe ich den Unterricht meinem Zyklus an. Natürlich nur ganz subtil, ohne dass es die Kinder merken, aber ICH merke es und das ist die Hauptsache. Ich bin nun abends viel weniger erledigt.»

Vielleicht gibt es Mitarbeiter oder Chefinnen, die offen sind für Zyklus-Wissen? Vielleicht hast du Kolleginnen, denen du von deinem Zyklus-Wissen erzählen kannst? Es tut so gut, wenn man «Verbündete» hat, die auch zyklusbewusst unterwegs sind.

Als Chefin könntest du mal folgendes Experiment machen: Überlege dir, welche Arbeiten deine Angestellten erledigen. Mach eine Liste. Danach ordnest du diese Arbeiten den inneren vier Jahreszeiten zu. In einer Drogerie könnte das zum Beispiel so aussehen: Frühlings- und Sommerfrauen sollen die Kunden bedienen. Frühlingsfrauen können zum Beispiel besonders gut auf Angebote oder Aktionen hinweisen und sie den Leuten schmackhaft machen. Sommerfrauen können sich den schwierigen Kunden annehmen, für die es viel Geduld braucht. Herbstfrauen könnten das Büro aufräumen, das Warenlager umräumen, neu sortieren und ausmisten. Und sie können super gut Rechnungen schreiben. Winterfrauen könnten einen Bürotag machen, monotone Arbeiten erledigen wie Salben oder Teemischungen abfüllen oder einen Versand einpacken. Etwas, was sie alleine und im Sitzen erledigen können. Ich bin mir zu 100 % sicher, dass ein Betrieb mit vielen Mitarbeiterinnen enorm profitieren würde, könnten die Frauen ihren inneren Jahreszeiten entsprechend arbeiten.

Frauen, füllt eure Zyklus-Räder aus und findet heraus, wann ihr wie tickt. Die Einsichten werden euer Arbeitsleben ganz bestimmt einfacher machen!

Wo sich zyklisches und lineares Arbeiten die Hand reichen

Ist denn «linear» schlecht? Um Himmels Willen, NEIN! Unser lineares Denken und Handeln ist ein grosser Schatz. Unsere Fähigkeit, logisch und strukturiert zu denken, ist total hilfreich und auch notwendig in unserer Welt. Spielt linear und zyklisch nicht gegeneinander aus, sondern braucht diese zwei Komponenten als Ergänzung zueinander. Wo arbeiten sie Hand in Hand? Wo dient linear, wo zyklisch? Ich selber habe Mühe, wenn es zu stark in die eine Richtung kippt, und die Welt, unsere Wirtschaft, das Gesundheitswesen und weitere alte Strukturen sind nun mal linear organisiert. Schwierig wird es, wenn das Zyklische gar keinen Raum oder keine Beachtung bekommt. Wenn es nur um höher, schneller, besser geht und nicht mehr um Gefühle, Sein und Muse. Oder um Tapferkeit, Ehre, Herzlichkeit und Würde. Diese Tugenden waren nicht den Rittern vorbehalten, sondern sollten auch im heutigen Leben ein wichtiger Bestandteil sein, damit ein Miteinander funktionieren kann.

Gerade in der jetzigen Welt ist es wichtiger denn je, dass sich die beiden Komponenten «linear» und «zyklisch« ergänzen und sich gegenseitig unterstützen, statt sich zu konkurrieren. Es gibt sehr schöne Beispiele, wie dies funktionieren kann: Ein junger Mann aus Holland etwa hatte die Vision von sauberen Meeren ohne Plastikmüll. Er studierte, wurde Ingenieur und konstruierte Schiffe, welche die Plastikfelder auf den Meeren verkleinern können, indem sie den Müll einsaugen, damit er an Land entsorgt werden kann.

Damit du dieses Buch lesen kannst, brauchte es lineare Entscheide und Handlungen von mir. Ich musste mich mit dem Gestalten, Verlegen, Drucken und Vertreiben des Buches auseinandersetzen, Termine einhalten, Material abliefern. Das Schreiben ist für mich eine zyklische Tätigkeit, ich bin mit ganzem Herzen, mit meiner Seele und vor allem mit meiner Gebärmutter dabei, lasse mich auf den Prozess ein, träumte bereits von dem Buch, längst bevor ich angefangen habe, es zu schreiben. Wäre ich aber immer noch beim Träumen, oder ausschliesslich nur beim Schreiben, hätte niemand diese Worte je zu Gesicht bekommen. Es brauchte die strukturierten, geplanten Handlungen, um das Buch fertigzustellen.

Auch für die Durchführung meiner Kurse braucht es lineare Entscheide und Handlungen. Ich muss Daten festlegen, habe Systeme bereit, wie ich von Punkt A nach Punkt B komme. Und das ist GUT so. Solange meine Arbeit nicht ausschliesslich aus «To do's», Erledigen, Fokussieren und Durchziehen besteht, ist es wunderbar, wie man mit linearen Systemen etwas umsetzen kann. Aber die Message, der Inhalt, die Gefühle, die die Kurse vermitteln, die kommen direkt aus dem (zyklischen) Bauch und dem Herzen. Eine wunderbare Hochzeit.

Unser Hirn ist eine grossartige Erfindung, es ist perfekt, um Fahrpläne zu lesen, stabile Häuser zu bauen, eine Raumplanung zu machen, die Buchhaltung abzuschliessen oder sich Systeme einzurichten, die den Arbeitsalltag erleichtern. Aber die Würze, die Liebe, die Leidenschaft für eine Arbeit, die wohnt im Bauch und im Herzen, nicht im Hirn. Und von dieser Würze und Leidenschaft brauchen wir dringend mehr auf der Welt. Wir brauchen keine weiteren Roboter, Menschen ohne Zeit, Arbeitsplätze, wo uns vor Langeweile das Hirn aus den Ohren sickert oder wo der Druck so hoch ist, dass wir ständig auf 180 sind. Wir brauchen Menschen, Frauen wie Männer, die sich selbstständig überlegen, ob das, was sie machen, gut ist. Ob es ihnen selber oder dem grossen Ganzen dient. Ob es ihren ethischen Grundsätzen entspricht. Wir brauchen wieder mehr Menschen, die mit der Natur vertraut sind. Wir brauchen Menschen, die unkonventionell denken. Wir brauchen Menschen, denen es nicht egal ist, wie es anderen geht. Wir brauchen Menschen, die hin- und nicht wegschauen. Wir brauchen DICH und deine Talente und Gaben und deine Einzigartigkeit.

Braucht euer smartes Hirn, um knifflige logistische Aufgaben zu lösen, aber braucht euer Herz und eure Bäuche, um weise und mutig euer (Arbeits-) Leben zu gestalten, so dass es euch und euren Liebsten guttut.

It takes two to tango – es gehören immer zwei dazu –, und so können wir uns in einem linearen und zyklischen Tanz durch unsere Arbeitswelt bewegen und damit Grossartiges erschaffen.

NUR MAUERSEGLER FLIEGEN IMMER ODER WIE WIR EINER ERSCHÖPFUNG VORBEUGEN

Als ich 24 war, sass ich auf einem kleinen Boot auf dem Lago de Atitlán in Guatemala. Ich hörte, wie eine ältere Touristin der Frau neben sich erzählte, sie besuche ihre Tochter, welche «die Gesellschaft verlassen habe». Diese Mutter war nicht glücklich. Sie klagte, wie ihre (erwachsene) Tochter wie ein Hippie von der Hand ins Maul lebe, Lederbänder knüpfe und am See Gitarre spiele. Dass sie keinen Beitrag mehr leiste an die Gesellschaft. Ein paar Tage später sass ich am Ufer des Sees, wir waren eine kleine zusammengewürfelte Gruppe aus Reisenden und Einheimischen. Ein Feuer brannte. Ein Mann trommelte. Eine Guatemaltekin schnitt eine Papaya auf und verteilte die Stücke. Tausend Sterne leuchteten über dem See. Und diese Frau, diese Tochter, die «die Gesellschaft» verlassen hatte, die spielte Gitarre. Sie spielte so schön, dass ich weinte. Sie hat unser aller Herzen berührt. Sie hat den Moment zu einem der glücklichsten, lebendigsten meines Lebens gemacht. Sie, die den Mut hatte, zu sein, anstatt zu tun und zu leisten. Sie, die eine Pause brauchte. Sie, die eine Gabe hatte. Sie, die ihrem Herzen gefolgt ist.

Ihr habt es jetzt schon oft gelesen: IMMER ALLES ist nicht natürlich, und vor allem ist es auch nicht gesund. Nur Mauersegler fliegen immer. Sie schlafen im Flug. Sie essen im Flug. Sie pinkeln im Flug. Sie pflanzen sich im Flug fort (nennt man das dann Sex auf Luftmatratze?). Das Einzige, was sie für kurze Zeit sesshaft macht, ist das Eierlegen, Ausbrüten und das Ernähren der Kleinen in ihren ersten Lebenswochen.

Angebote und Wörter wie Meditieren, Achtsamkeit, Plädoyer für die Langeweile, Rückzug in die Wüste, Zu-sich-finden-in-der-Stille-für-3'500-Franken-inklusive-Flug-nach-Indien boomen. Wir zwingen uns zu Auszeiten. Wir organisieren mit Ach und Krach zwei kinderfreie Tage, ein Paarweekend (und wenn dieses dann genau auf die Drachentage fällt, lassen wir es für die nächsten fünf Jahre wieder bleiben). Kommt dir das irgendwie bekannt vor?

Links und rechts bin ich umgeben von erschöpften Menschen. Ihre Freude, ihre Leichtigkeit, ihr Humor ist «ausgeschöpft». Ende Feuer. Wenn ich sie frage: «Hallo, wie geht es dir?», ist die Antwort so oft: «Eigentlich gut, aber viel Stress. Es läuft immer zu viel.» Kinder sind schulmüde. Der Mann ist ausgebrannt wegen des Jobs. Das Wort Eltern-Burnout wird immer häufiger erwähnt. Was tun wir uns da eigentlich an? Erschöpfungsdepressionen und Burnouts nehmen vielen Menschen den Lebensmut. Ich drehe diese Aussage mal ganz provokativ um: Was nehmen wir dem Leben? Was nehmen wir uns selber weg? Lassen wir Pausen, Ruhe, Stille und Intuition überhaupt zu? Gibt es Tätigkeiten, die aus purer Freude oder Lust ausgeführt werden, ohne dass damit irgendein Resultat beabsichtigt wird? Gibt es.

To do oder To be?

Bist du auch ein Fan von Listen? Ich schon! Sie sind so wunderbar linear, man kann sie abarbeiten und wenn man die einzelnen Punkte durchstreicht, gibt das ein befriedigendes Gefühl. Ich Sibäsiech, ich habe wieder vieles erledigt und geschafft. Ich passe voll ins System. Hurra! Nein, Quatsch, es hat natürlich durchaus auch seine Berechtigung, organisiert durchs Leben zu gehen, es vereinfacht sehr vieles, auch gerade im Familien- und Arbeitsalltag, damit es nicht ganz so chaotisch zu- und hergeht. Aber jetzt fordere ich dich (und mich) mal heraus: Schaffst du es, neben deiner vielleicht ellenlangen To-do-Liste (zu erledigen) eine gleichlange To-be-Liste (zu sein) zu erstellen? Was könnte darauf stehen?

- Alles, was dich mit deinen Sinnen verbindet.

- Alles, was dir Freude und Glücksgefühle bringt.

- Alles, was deinen Bauch weich macht.

- Alles, was mit Lebensqualität zu tun hat.

- Alles, was nicht mess- und prüfbar ist.

- Alles, was «nicht unbedingt nötig, aber schön» ist.

- Alles, was mit Handarbeiten zu tun hat.

- ♥ Alles, was resultatunabhängig ist.

- ♥ Alles, was nicht logisch erklärbar ist.

- ♥ Alles, was mit Lust zu tun hat.

- ♥ Alles, was dir ein Lächeln aufs Gesicht zaubert.

Selbstverständlich müssen «To do's» und «To be's» nicht exklusiv voneinander getrennt sein! Es gibt immer wieder Tätigkeiten, die in beide Bereiche fallen. Bei mir gehört zum Beispiel die Gartenpflege und das Jäten in beide Bereiche: Es muss getan werden, aber es erfüllt mich auch mit Freude. Das Gleiche mit dem Kochen: Wir sind eine hungrige Familie, also koche ich auch viel. Oft ist es ein «Müssen», vor allem, wenn ich es sieben Tage lang 2 x täglich mache. Wenn ich aber Kochpausen habe, weil mein Mann kocht, oder weil ich etwas Vorgekochtes aus der Gefriertruhe nehmen kann, dann habe ich nachher wieder mehr Freude am Experimentieren und geniesse den Kochprozess. Wo gibt es bei dir Überschneidungen und wo kannst du ganz klar sagen, wenn eine Tätigkeit ausschliesslich auf die To-do-Liste oder die To-be-Liste gehört?

Gehen wir einen Schritt weiter: Versuche nun, deine To-do-Liste zu kürzen und deine To-be-Liste zu verlängern – oder Letztere überhaupt erst zu erstellen, wenn du in deinem Leben noch nie daran gedacht hast, wie wichtig solche kreativen Inseln eigentlich sind. Inseln, die ganz alleine den Sinn und Zweck darin haben, dich zu erfreuen, zu erquicken, zu nähren.

Wenn du dein Leben mit ganz vielen «To be's» bereicherst, dann bist du bereits auf der richtigen Fährte für eine Burnout-Prävention. Im nächsten Abschnitt erzähle ich dir, wie du noch viel mehr dafür tun kannst, wenn du zyklisch lebst.

Zyklisch leben als Burnout-Vorbeugung

In jedem Artikel, in jedem Buch über Burnout und Erschöpfungsdepression wird folgender Faktor als oberste Ursache genannt: Dauerstress. Gefolgt von hoher Belastung im Job, Perfektionismus, Vereinbarung von Beruf und Familie. Danach gibt es jeweils eine Liste von Massnahmen und Ideen zur Vorbeugung, von Vorschlägen für eine Lebensumstellung.

Diese Listen sind lang, und sie klingen zum Teil so banal, dass wir ihnen keine zwei Sekunden Aufmerksamkeit schenken. Jeder hat die Nase bis oben voll von «3 x 20 Minuten Sport pro Woche, gesund essen, genug schlafen, gute soziale Kontakte pflegen». Was, wenn du keinen Funken Freude an Sport verspürst? Was, wenn du Single bist und du alleine für dich kochen und alleine essen zum Kotzen findest? Was, wenn du in der Arbeit ersäufst oder Kinder hast, die nicht durchschlafen? Was, wenn du nicht mit einem Lächeln auf deine Whatsapp-Kontakte schauen und denken kannst: «Manno, habe ich tolle Freunde, ich ruf sie gleich alle an?» Die vorgeschlagenen vorbeugenden Massnahmen sind trotzdem gut, und ich verstehe auch, weshalb sie «in der Theorie» auch wirklich funktionieren. Wie gesagt, es sind wichtige Punkte, doch solange sie nur Konzepte im Kopf sind, bei denen man keinen Plan hat, wie man sie in den Alltag integrieren sollte, tja dann ... sind sie genauso schnell wieder vergessen wie gehört oder gelesen.

Jeder Leistungssportler weiss, dass nach intensiven Trainingseinheiten Ruhephasen eingeplant werden müssen, da sonst die Verletzungsgefahr zu gross ist. Für viele ist das Leben zu einem Marathon geworden. Die geistigen und seelischen Quellen sind versiegt, das Bauchgefühl verlässt uns, weil wir so erschöpft sind und immer nur noch das Dringlichste knapp erledigen können. Verzweiflung ist real. Keinen Ausweg mehr zu sehen, raubt alle Kräfte. Resignation aus Erschöpfung ist leider keine Seltenheit. In bestimmten Berufsfeldern ist es normal, am Anschlag zu sein. Gesellschaftliche Wertvorstellungen tragen einen grossen Teil dazu bei, dass wir die Situation nicht «einfach so» mal schnell nebenbei lösen können. Wie viele Menschen hängen Abend für Abend vor dem TV, weil sie gar keine Energie mehr haben für etwas anderes? Und mit «etwas anderes» meine ich nicht, dass wir Abend für Abend einem aktiven Hobby nachgehen sollen, denn da sind wir bereits wieder im Abmachen, müssen zur richtigen Zeit am richtigen Ort sein, Kinderbetreuung organisieren etc. Ich persönlich finde stille, kreative Arbeiten, die auch im Halbschlaf ausgeführt werden können, ideale Energiespender und eine gute Alternative zu den langen TV-Abenden: weben, spazieren, Yoni Steaming, Postkarten von Hand schreiben, häkeln (ok, kann ich nicht), stricken (ok, das auch nicht, aber ihr versteht, was ich meine), mit Wasserfarben malen, Steine bemalen ... Irgendeine Tätigkeit, die zu keinem Ziel führen muss, die in zwei Minuten hervorgenommen und wieder weggeräumt ist.

Ich selber wäre auch eine ganz gute Burnout-Kandidatin, würde ich meine zyklische Natur nicht kennen. Ich LIEBE meine Arbeit. So sehr, dass ich als Erstes an sie denke, wenn ich am Morgen aufwache, und meistens auch als Letztes, wenn ich abends einschlafe. Ist so viel gesund? Nicht immer, ich gebe es zu. Und es braucht Disziplin, um nicht IMMER arbeiten zu wollen. Weil ich könnte ja. Es fällt mir ja leicht. Ich mache es ja gerne. Es erfüllt mich ja. Zum Glück habe ich eine Schutzengelin, sie hat einen seltsamen, schönen Namen. Sie heisst «Menstruation».

In keinem einzigen Buch oder Artikel zur Burnout-Prävention habe ich bislang das Wort Zyklus oder Menstruation gehört als Werkzeug, wie frau dem ganzen Lebensstress vorbeugen kann, wenn sie nur darüber Bescheid wüsste. Konzepte für Auswege aus Erschöpfungsdepressionen, Therapiekonzepte als Lösung für Burnouts gibt es, und ich bin froh, dass sich immer mehr Therapeuten diesem Thema annehmen. Die Burnout-Kliniken sind voll. Nach einem Aufenthalt in einer solchen Klinik gibt es zum Teil auch wirklich nachhaltig gesunde, frische, lustvolle Menschen. Doch wie viele Ärzte wohl ihren Patientinnen das Wunder vom Zyklus erläutert haben und die ideale Pausenzeit, die Menstruation, erwähnten?

Sonderbonus Zyklus

Wenn es ums Vorbeugen eines Burnouts geht, hat die zyklische Frau einen wunderbaren Sonderbonus: Sie weiss genau, WANN sie Ruhephasen einplanen soll. Sie weiss, WARUM die Stille und das Ausklinken aus der schnellen Welt so wichtig ist. Sie weiss, WIESO sie den natürlichen Rhythmen der Natur Beachtung schenken soll. Die zyklische Frau weiss, dass sie sich selber Zeit für Pausen einplanen muss. Dass es eine Illusion ist, dass ihr ein Zeit-Postbote immer mal wieder eine Portion Zeit in den Briefkasten steckt. Dass sie durch ihre Zyklus-Beobachtungen ihre Bedürfnisse schneller erkennt und deshalb auch VORBEUGEN kann, sie kann VORSORGEN. Schauen wir uns diese zwei Worte kurz an: «Vor dem sich beugen» und «Vor dem sich sorgen». Also noch bevor die grosse Sorge einer Erschöpfungsdepression kommt. Wir haben die Werkzeuge in der Hand, um uns schlau und liebevoll um uns selber zu kümmern.

Meine ergänzenden, zyklischen Ideen zu den gängigen Vorschlägen aus der Burnout-Prävention sind diese:

- ♥ Während der Menstruation 1–2 Tage das Programm MASSIV herunterfahren, egal, ob du an Schmerzen leidest oder nicht (ich meine, was hättest du jetzt anderes erwartet?).
- ♥ Regelmässig Sex, mit dir selber oder deinem Partner, deiner Partnerin.
- ♥ Während der Herbst-Tage einige Stunden alleine verbringen, ohne Handy, in der Natur.
- ♥ Für jeden To-do-Punkt einen To-be-Moment erfinden und geniessen.
- ♥ Ehrlichkeit währt am längsten: Jeden inneren Herbst eine genaue Bestandesaufnahme machen bezüglich deiner Freunde, deines Umfelds, deiner Arbeit, deiner Hausarbeit, deiner Wohnung, deiner Hobbys, deiner ehrenamtlichen Tätigkeiten: Was und wer passt noch zu dir? Was dient dir und deiner Lebensfreude? Was erfüllt dich und macht dich glücklich?
- ♥ Zyklisch Frausein: Für dich selber definieren, was das heisst und wie du das (er)leben willst.

Mit diesen Punkten, die du ganz einfach in deinen Alltag integrieren kannst, ist schon ein GROSSER Schritt in Richtung eines selbstbestimmten Lebens getan, in dem mehr Luft im Alltag vorhanden ist und du ein ruhiges Hirn und Herz hast. Und somit auch ein grosser Schritt weg von einem möglichen Burnout.

Wie Wurzeln stärker werden

Erinnern wir uns an Worte in früheren Kapiteln: Während der Pausen, in der Stille, stärken wir unsere Wurzeln. Wenn wir im Leben schon grundsätzlich – also «einfach so» – bereits im Dauerstress sind, haut es uns tatsächlich schneller um, wenn Stürme kommen. Wenn wir uns dauernd verbiegen für andere, wenn wir uns selber durch Perfektionismus und unglaublich hohe Erwartungen unter Druck setzen, wenn wir einem Ideal nachstreben, um Anerkennung und Schulterklopfen zu bekommen, dann braucht es echt manchmal nur einen Windstoss in Form einer Krankheit, einer Veränderung in der Familie oder bei der Arbeit, damit es uns umhaut. Wenn wir nicht lernen, nein zu sagen, uns Inseln für uns selber zu schaffen und unsere seelische wie physische Gesundheit an erste Stelle zu setzen, tja dann … Ich weiss nicht – machen wir es dann wirklich richtig hier auf dieser Welt? Sollten wir nicht eigentlich sagen können: «Es geht mir gut, ich bin dankbar, ich bin gesund, ich habe Lust auf das Leben und darauf, einen Beitrag an die Menschlichkeit zu leisten»?

Folgender Spruch bringt mich zum Lachen und zum Schreien: «Ich wäre eigentlich ganz anders, aber ich komme so selten dazu». Das war bei mir bis ich ca. 35 Jahre alt war auch viel zu oft so. In meinem heutigen Leben als zyklische Frau kann ich jetzt sagen: «Ich tue es mir nur noch ganz selten an, so zu sein, wie ich nicht bin.»

Bei mir ist es so: Sobald bei mir Gedanken wie «Ich wünschte, ich wäre auch mal krank, um einfach mal liegen bleiben zu können» oder «Ich wünschte, ich würde mir das Bein brechen, damit ich ein paar Tage im Spital liegen könnte und die zu mir schauen und für mich kochen würden» durch den Kopf sausen, sind das deutliche Zeichen von «immer dran sein». Für mich ist das Alarmstufe Rot. Und da gilt es, in die Zyklus-Werkzeugkiste zu greifen und mir diese Werkzeuge zunutze zu machen, die mir dienen, die mich aufbauen, die mir Zeitfenster schaffen. Das kann ganz etwas Einfaches sein wie für ein paar Stunden einen Babysitter zu organisieren. Und zwar nicht, damit du arbeiten oder an eine Sitzung gehen kannst, sondern damit du in den Wald, an den See, auf eine kurze Wanderung gehen kannst, ohne dass alle fünf Minuten ein Kind sagt, es möge nicht mehr laufen, es müsse pinkeln, es habe Hunger etc. DAS ist wirklich gut ausgegebenes Geld.

Wie lustig wäre es, wir würden solche Sätze aussprechen können: «Excusé, ich kann heute leider nicht an die Sitzung kommen, ich habe ein Date mit einer grossen Eiche, unter der ich ein bisschen sitzen muss.» Oder: «Excusé, aber das mit dem Einsatz im Frauenverein klappt grad nicht, ich wollte mal wieder ein Bild malen». Oder: «Excusé, ich habe zwar acht Jahre lang studiert, aber ich kann bei der Projektgruppe nicht dabei sein, weil ich schon lange mal mit dem Rucksack durch die Welt tingeln wollte». Ooooh der Gegenwind, ich höre ihn schon deutlich blasen! In erster Linie Gegenwind von sich selber – denn wir müssen uns wirklich selber an der Nase nehmen, um unser eigenes Gedankengut hell zu beleuchten: Welche Tätigkeiten machen wir, um zu genügen, um unseren Platz in der Gesellschaft zu wahren, um uns anzupassen, damit wir nicht zu fest aus dem Rahmen fallen? Welche Entscheide treffen wir mit dem Hirn, von einem rein praktischen, linearen Standpunkt aus? Wo lassen wir unser Bauchgefühl zu? Wo stehen wir uns selber im Weg, wo schauen wir nicht hin, wo sind wir einfach nur unglaublich müde und bringen die Energie gar nicht erst auf, um uns zwei Sekunden lang Gedanken zu machen, wie das Leben einfacher werden könnte? Es dürfte nämlich. Wir sind nicht auf der Welt, um uns wie Ackergäule abzurackern. Wir sind hier, um zu geniessen, zu sein, zu lieben, zu leben und Sinn, Freude und Lebenslust zu spüren.

Wir haben die Wahl

Wir haben immer Wahlmöglichkeiten. Immer. Ich sage das als Frau, die zwei Eileiterschwangerschaften hinter sich hat. Als Frau, die auf natürlichem Weg keine weiteren Kinder mehr hätte bekommen können. Als Frau, die Jahre um den Erhalt des Sorgerechtes für ihr ältestes Kind gekämpft hat. Als Frau in einer nicht immer einfachen Patchworkfamilien-Situation. Als Frau, die in unterbezahlten Jobs gearbeitet hat. Als Frau, die von einem Frauenarzt unsittlich berührt wurde. Als Frau, die zwei viel zu schnelle Geburten erlebt und ein Trauma davongetragen hat. Als Frau, der das Herz mehr als einmal gebrochen wurde. Als Frau, die seit Jahren mit rheumatischen Schmerzen unterwegs ist und sich zeitweise kaum bewegen kann. Als Frau, die den Schmerz der Welt oft im Herzen spürt. Als Frau, die ganz normal privilegiert zur Welt gekommen ist.

Wir haben IMMER eine Wahl. Wir können hin- oder wegschauen. Wir können wiederkehrende Situationen, die uns nicht guttun, anschauen oder ignorieren. Wir können sagen: «Ich kann nicht mehr», und uns verschliessen oder das Telefon in die Hand nehmen und einen Termin bei einem Therapeuten oder einer anderen weisen Person buchen. Wir können wählen, zyklisch zu leben. Wir können wählen, glücklich zu sein oder zu werden.

Es ist aber auch normal, zu glauben, dass das Leben nicht leicht ist. Es ist normal, nicht zu wissen, dass wir träumen dürfen. Es ist normal, zu glauben, dass wir keine Wahl haben. Denn wer sagt es uns schon, dass wir eine haben? Welche starken Frauen und Männer stehen hinter uns in den jungen Jahren und begleiten uns auf unseren Herzenswegen? Hat dir als junger Mensch mal jemand in die Augen geschaut und gesagt, dass ALLES möglich sei, was du dir nur erträumst? Oder schüttelst du sogar jetzt noch den Kopf ab so einer Aussage, weil sie einfach keinen Platz hat in deinem Weltbild und du eine Erfahrung nach der anderen machst, die dir zeigt, dass das Leben kein Wunschkonzert ist?

Wir haben die Wahl. IMMER. Wählen wir weise und mit Liebe für uns selber. Das Leben darf leicht sein.

Das Gleichgewicht halten zwischen Ruh'n und Tun

Ich liebe Leute, die ihre Arbeit lieben, sei es in der Berufswelt als Chefin, Angestellte, Freischaffende oder als Ehefrau und Mutter. Ich kenne so viele Frauen, die überquellen von Ideen und Mitteilungsdrang. Meistens erschöpfen sie damit ihre Männer. Ich mag mich noch gut erinnern an den resignierten Gesichtsausdruck meines Vaters, als meine Mutter die Wohnung SCHON WIEDER umgestellt hat. Ich habe schon oft genug gesehen, wie ein Kollege die Augen verdreht hat, weil seine Freundin oder Frau gerade DIE Idee hatte, was sie mit ihrer sowieso schon knappen Zeit alles anstellen könnte. Ich liebe Weltretterinnen, Frauen und Männer, die gerne ihre Gaben in den Dienst der Menschheit stellen. Hand aufs Herz, ich bin mit Leidenschaft eine davon.

Was ich aber noch mehr lieben würde, wäre Folgendes: Menschen, die sprudeln vor Energie, Mitgefühl und Tatendrang UND sich in der Stille, mit sich selber, pudelwohl fühlen. Menschen, die die Balance zwischen Geben und Nehmen halten können. Frauen, denen es wohl ist, wenn sich jemand anderes um sie kümmert, wenn sie die Fäden mal loslassen. Frauen, die zu der Familie sagen können: «Ich nehme mir dann und dann so und so

viel Zeit für mich, bitte organisiert euch selber.» OHNE SCHLECHTES GE-
WISSEN. Ohne den Gedanken an «die armen Kinder und die Doppelbelas-
tung für den Mann». Eine ausgeruhte, ruhige, glückliche Frau ist Gold wert
für die Familie. Ich würde es lieben, wenn es mehr Frauen gäbe, die ihre
Beliebtheit nicht in «Likes» auf ihrem Instagram-Feed abwägen würden.
Zum Beispiel ist die Angst, auf Social Media eine Pause zu machen, real. Die
Angst davor, dass man vergessen wird, dass einem danach niemand mehr
folgt, weil man mal eine Pause braucht, existiert.

Ich kenne mich nicht so gut aus mit Frauen, die neidisch sind, aber einmal
habe ich ganz bittere Worte zu hören bekommen: «Du hast ja leicht reden.
Dein Mann ist selbstständig und verbringt total gerne viel Zeit mit den Kindern. Du verdienst gut, da ist es einfach zu sagen, man macht mal frei, geht
für ein Wochenende weg, bezahlt einen Babysitter. Nur weil du auch selbstständig bist, kannst du während der Menstruation eine Pause machen.
99 % der Frauen können das nicht.» Ich musste ein paar Mal leer schlucken
und wollte mich schon ganz, ganz fest rechtfertigen, ein paar der Aussagen
geraderücken etc. Aber ich habe gemerkt, dass ich keine Lust hatte, dieser
Frau ihre Bitterkeit abzunehmen. Ich selber weiss, wie ich die ersten 35 Jahre meines Lebens gelebt habe, und wie mich dieser Weg dahin führte, wo
ich jetzt bin. Ich weiss, dass ich glücklich sein und ein leichtes Leben haben
DARF. Das hat mir niemand vor die Haustüre gelegt und gesagt: «Et voilà,
hier eine Portion Leichtigkeit für dich, mach was Schönes draus.» Und klar,
Veränderungen passieren nicht von heute auf morgen, aber wichtig ist,
dass du einfach mal anfängst. Anfängst, auch mal Nein zu sagen, anfängst,
dir im Rahmen deiner Möglichkeiten Pausen zu schaffen, anfängst, deine
zyklische Frau aufzuwecken. Auch bei mir geschah das nicht von heute auf
morgen. Und auch ich übe mich auch heute noch in dieser Kunst.

Wie wir bessere Entscheidungen treffen können

Lebst du dein Leben als zyklische Frau, wird es immer einfacher, gute Entscheidungen zu treffen. Und gute Entscheidungen führen schlussendlich
zu einem ruhigeren, selbstbestimmten Leben, und das wiederum ist das
Gegenmittel für Dauerstress. Treffen wir Entscheidungen immer in der Hitze des Gefechtes, sind wir ganz schnell an einem Punkt der Erschöpfung.

Mit dem Wunsch, das «gute Mädchen» für alle zu sein, sagen wir viel zu oft JA anstatt NEIN. Du kannst das an ganz einfachen Beispielen in deinem Leben beobachten, indem du wie Miss Marple Detektivin spielst: Wo bist du so begeistert von einer Sache, dass du immer gleich JA sagst? Das kann an einer Teamsitzung sein, an einem Kurs, am Gartentisch in einer Runde von Freunden. Ich selber falle bei kreativen Kursen immer mal wieder drauf rein: Wenn ich an einem Linoldruck-Schnitzkurs bin, bestelle ich mir doch glatt am nächsten Tag alle Werkzeuge, um zu Hause gleich selber weiterzumachen. Sie liegen auch nach drei Jahren noch ungebraucht in der Schublade. Wenn ich an einem Filzkurs bin, dann kaufe ich mir in meiner Begeisterung gleich noch 13 Farben Filzwolle mehr, auch wenn die letzten 12 noch unangetastet sind. Wenn ich an einer Sitzung bin, in der es um ein cooles Projekt im Dorf geht, bin ich sowieso dabei, denn hey, endlich läuft mal was im Dorf. Erst später, wenn ich alleine bin, merke ich, ob mir die Entscheidung noch passt oder nicht. Wenn ich ein Bob-der-Baumann-Geburtstagskuchen-Foto auf Social Media sehe, muss ich dann auch so einen backen? Weil es doch der allertiefste, schönste Herzenswunsch ist, den ich je hatte in meinen Leben, mal eine solche Torte zu backen (weil echt jede Mutter mindestens einmal in ihrem Leben eine solche Glanzleistung vollbringen sollte, sonst ist sie ja keine echte Mutter, ey!)? Oder mache ich es nur, damit ich mit meinem Foto zurückbeeindrucken kann? Ich könnte noch unzählige Beispiele aufführen, aber du hast sicher deine eigenen Erlebnisse mit dieser Thematik gemacht. Und gell, das sind jetzt nur harmlose Alltagsbeispiele. Wie gehen wir um mit wirklich wichtigen Entscheidungen? Solche, die das Leben ein Stück weit verändern?

Kommen wir zur Freiheit und zum Platz im Kopf: Wann und wo spürst du genug Raum zum Denken, zum Spüren? Wann kannst du deinen Gedanken freien Lauf lassen, Szenarien durchdenken, und wann fühlst du dich beeinflusst von anderen? Und ich meine es – wie so oft – wortwörtlich: WANN und WO fühlst du dich so wohl und so bei dir, dass du in Ruhe überlegen kannst?

Sei einfach (haha, einfach!) ehrlich zu dir selber! Wo triffst du Entscheidungen, die nicht zu dir passen? Solche, die du später bereust? Solche, die du nur anderen zuliebe fällst? Lebst du zyklisch und bindest deine Entscheidungen auch in deinen zyklischen Alltag ein, schärfst du so Monat für Monat deine Wahrnehmung und lernst dich immer besser kennen. Deine Intuition erwacht, deine Sinne werden geschärft und du kannst mit beiden verwurzelten Beinen auf dem Boden stehen und aus deiner Mitte heraus Entscheidungen genau so treffen, dass sie dir guttun! Das fühlt sich total lebendig und mit dem Leben verbunden an.

Wie schon oft erwähnt, befinden wir uns als Gesellschaft in der ersten Zyklushälfte, also im produktiven, aktiven inneren Frühling und Sommer. Als zyklische Frauen passen wir in der ersten Zyklushälfte auch besser in die Leistungsgesellschaft rein, da wir mehr Energie haben. Und genau diese Leistungsgesellschaft ist es, die uns ausbrennt und erschöpft. Genau diese ist es, die Forderungen stellt, die uns so müde machen, vor allem, wenn wir der zweiten Zyklushälfte keine Beachtung schenken. Unsere Körper rebellieren, unsere Psyche sowieso. Wir sollten bitte stressresistenter sein. Ähm, nein danke. Klar, wenn wir unserem Körper und unserer Psychohygiene gut schauen, sind wir automatisch stressresistenter und das das dient selbstverständlich der eigenen Gesundheit. Aber ich finde nicht, dass wir stressresistenter werden sollen, damit wir wieder besser in die Leistungsgesellschaft passen, wir unsere Arbeit gut leisten können und uns niemand einen Aufenthalt in der Klinik finanzieren muss.

Immer-alles-jetzt ist einfach zu anstrengend. Für Frauen, für Männer, für Kinder. Nie gab es so viele Schul-Burnouts wie heute. Kinder passen in die Schule, wenn sie glücklich und aktiv sind. Sie passen rein, wenn sie mithalten können. Träumer werden abgeklärt. Zapplige auch. Die, die «noch nicht genug weit sind», auch.

Auch Kinder und Männer haben einen Zyklus, einen Biorhythmus, und zwar dadurch, dass der Mond über unseren Himmel wandelt und durch die vier Phasen geht. Kinder und Männer kennen genauso wie wir Ruhephasen und aktive Phasen. Kein Mann muss immer mögen. Kein Kind sollte immer mögen müssen. Ich weiss noch, wie mich mein Sohn mal ganz erstaunt angeschaut hat, als ich sagte, wir müssen uns NICHT beeilen, als wir in die Bibliothek gingen. Das war mir eine Lehre: Ich plante danach viel mehr Zeitpuffer ein für «belanglose» Dinge: Blumen am Parkplatzrand betrachten, durch Wasserpfützen springen, mit dem Finger auf einem Schild die Buchstaben nachfahren …

Gute Gespräche mit meinem ältesten Sohn finden oft statt, wenn ich ihn ins Aikido fahre. Anstatt wie eine Irre durch die Stadt zu fräsen und ihm dreimal zu sagen: «Renn rein, sonst bist du zu spät», plane ich fünf Minuten mehr Zeit ein, damit er mir seine Geschichten und Gedanken zu Ende erzählen kann und wir so unseren Beziehungstank füllen können.

Gute Entscheidungen treffen dank Intuition

Wie können wir wieder spüren, wohin uns die Träume und Sehnsüchte ziehen? Wie können wir wieder lernen, gute Entscheidungen zu treffen, damit unser Leben immer leichter und besser wird? Wie wissen wir, dass wir unseren Alltag nicht überladen und uns zu viel aufhalsen? Ich mache jeweils gerne folgende zwei Experimente:

❶ Wenn ich mich innert kurzer Zeit für eine Sache entscheiden muss, gehe ich mehrere Stunden ohne Handy oder andere Ablenkung aus dem Haus. Ich mache einen Entscheidungsspaziergang. Ich suche bewusst einen Weg, der sich gabelt: Der eine Weg ist die eine Option, der andere Weg die zweite. Welchen Weg möchte ich lieber beschreiten? Probiere es mal aus, tolle Sache!

❷ Wenn ich einige Monate habe, um eine Entscheidung zu treffen, dann blute ich jedoch gerne darüber. Ich warte also jeden Monat die Mens ab und schaue, was ich in diesen Tagen bezüglich der Entscheidung empfinde – ob es nun um eine Beziehung, den Job, Projekte, Schulwechsel, Studiumsentscheide oder etwas anderes geht. Das kannst du auch an harmlosen Entscheidungen üben, zum Beispiel im (äusseren) Winter bereits überlegen, wohin du im Sommer in den Urlaub willst, und dann jeden Monat während der Menstruation schauen, ob dir die Entscheidung passt oder wohin es dich zieht.

Gute Entscheidungen tragen einen erheblichen Teil dazu bei, dass wir ein stressfreies, gelassenes Leben leben können. Wir können dem Hamsterrad zu einem grossen Teil entrinnen, wenn wir nicht bei allem mitmachen. Und wir DÜRFEN ein leichtes Leben haben. Unsere Intuition ist so eine unfassbare Sache. Wir spüren etwas, können es aber nicht rational erklären. Wir wissen nur, dass wir etwas wollen, dass es uns irgendwohin zieht, dass wir einen Kurs besuchen, eine Reise machen oder eine Freundschaft beenden wollen.

Hast du auch schon eine Wohnung oder ein Haus besichtigt und schon in der ersten Sekunde gemerkt, ob es sich richtig oder falsch anfühlt? Ich stand schon in den tollsten Wohnungen, alles perfekt, ABER meine innere Stimme sagte was anderes. Wir treffen jeden Tag tausend kleine Entscheidungen im Alltag und viele davon basieren auf dem Prinzip der Intuition. Grundsätzlich wurden wir von Mutter Natur mit einem sehr guten Sensor ausgestattet, was unser Bauchgefühl betrifft. Nur leider wurde dieser Sensor dumpf durch zu viele äussere Einflüsse wie TV, Werbung, unethische Politik, leblose Beziehungen, veraltete Systeme und Gesellschaftsstrukturen, die uns nicht mehr dienen.

Unser Zyklus liefert die Informationen

Die zyklische Frau sammelt jeden Monat mehr Erfahrung, was Urvertrauen, Mut haben und Intuition schärfen angeht. Ihre Fühler werden aktiviert, ihre Zellen lebendig, ihr Geist wird wach. Durch die vier verschiedenen Zyklusphasen können wir immer aus einer anderen Perspektive einen Blick auf unsere Bedürfnisse werfen. So können wir uns allmählich stärker auf uns selber verlassen. Wir beginnen, uns selber wieder zu vertrauen und unserer inneren Stimme Raum zu geben. Sind unsere Bedürfnisse befriedigt, leben wir im Einklang mit uns selber, stehen auf stabileren Beinen und haben eine lebensbejahende Haltung. Kennen wir unsere Phasen vom Aktivsein und vom Ruhen, dann beugen wir einer Erschöpfung massiv und schlau vor.

Wählen wir unsere Lebensmusik wieder selber. Wählen wir den Stil und das Tempo wieder so, dass wir frei atmen und uns entfalten können. Gehen wir den Tanz mit der zyklischen Welt ein. Passen wir uns nicht der linearen Gesellschaft an, sondern uns selber, indem wir die HALTUNG in uns tragen, würdige, anmutige, zyklische Frauen zu sein.

DER TANZ DER ZYKLISCHEN FRAU MIT DER LINEAREN GESELLSCHAFT

Niemand muss ausschliesslich linear oder ausschliesslich zyklisch leben. Mir selber gibt das zyklische Leben eine grosse Portion Würze in meinen Lebenseintopf, die ich nicht mehr missen will. Das Leben als zyklische Frau ist farbig, intensiv und genussvoll. Gleichzeitig bin ich unglaublich dankbar für den Halt, den mir lineare Strukturen geben können, wenn ich sie bewusst wähle.

Lineare Strukturen müssen uns nicht einengen, wenn wir sie uns zunutze machen, wenn wir uns ihrer bewusst sind. Das Mass ist doch auch hier ausschlaggebend: NUR linear? Das ist zu anstrengend, da hat es zu wenig Herz und Bauch dabei. NUR zyklisch? Ich weiss nicht, ob ich jemals wieder aus meinem roten Zelt rauskriechen würde, weil es da drin so saugemütlich ist. Eines meiner Lieblingstiere ist die Haselmaus, die macht bequeme, kugelrunde kleine Nester. So eines möchte ich auch mal haben. Ich würde es mit dem flauschigsten Moos auspolstern. Aber auch eine Haselmaus muss Essen sammeln gehen. Und so geht es mir auch als Josianne: Der Alltag braucht ein gewisses Mass an Organisation und ich bin meinem Hirn total dankbar, dass ich relativ flink eine 5-köpfige Familie logistisch unterstützen kann. Ich bin dankbar, konnte ich mir meine Selbstständigkeit aufbauen – und da war auch ein rechter Anteil an kopflastigen Gedanken dabei. Aber wenn sich eine Handlung, ein Projekt oder eine Idee in der Gebärmutter nicht richtig anfühlt? Dann lass ich das ziehen. Dann ist das nicht meins. Dann ist das nicht im Einklang mit meinem Leben als zyklische Frau.

Wo in deinem Leben befindest du dich in einer rein linearen Funktion? Wo «muss» dein Hirn einfach logisch und pragmatisch funktionieren, damit die Arbeit getan ist? Und wo hast du noch Raum, um deine zyklische Natur zu entfalten?

Wettbewerb — höher, schneller, besser

Stell dir eine Springreiterin vor, die gerade eine Springkonkurrenz reitet. Jeder Schritt ist abgezählt. Der Fokus laserscharf. Die Konzentration auf 100 %. Sie kann sich nicht den kleinsten Fehler erlauben. Am Schluss ist sie Erste, Zweite, Dritte oder Letzte. Oder irgendeine Nummer dazwischen. Und jetzt stell dir ein Pferd und eine Frau vor, die lieber miteinander im Wald spazieren gehen. Die zusammen ein bisschen schnauben, den Eichhörnchen zugucken und die Gemeinschaft geniessen. Ihr Name wird durch keinen Lautsprecher verkündet, niemand kennt das genaue Gewicht ihres Pferdes und sie bekommt am Ende ganz bestimmt keine Auszeichnung. Ausser von mir. Ich bin ihr grösster Fan. Springreiterin zu sein, ist nicht per se eine schlechte Sache. Das GANZE Leben aber in dieser Energie zu verbringen, woah, das ist streng und geht voll am Eichhörnchen vorbei.

Als Gesellschaft befinden wir uns auf einem Rummelplatz, es ist laut, es ist hektisch, es ist schnell, Stimmen surren, Nervosität fliegt in grossen Fetzen rum, spürbar für alle mit feinen Antennen und auch für die menstruierenden Frauen. Das Leben ist kein Wettkampf. Im Leben geht es nicht um Punkte. Kinder werden aber schon spielerisch auf das Leben vorbereitet: Der Sporttag in der Schule ist ein Highlight (für alle, die Sport mögen). Es geht bei jeder Übung um Sekunden und Meter, die genauestens gemessen und notiert werden. Am Schluss stehen die glücklichen Drei auf dem Podest und alle anderen werden mit Sätzen getröstet wie: «Macht doch nichts, Mitmachen ist das Wichtigste, die Freude zählt». Ähm. Ok. Wenn also die Freude und das Mitmachen am meisten zählen, warum muss dann wochenlang geübt, gepusht und angespornt werden? Versteht mich nicht falsch, ich bin in keiner Weise gegen ein spielerisches Messen der Kräfte. Was mir aber so häufig fehlt bei solchen Anlässen, egal ob es Kinder oder Erwachsene betrifft: die FREUDE! Das Lachen auf den Gesichtern. Das gute Gefühl und der Humor, auch wenn man ein Spiel verloren hat. Oder brauchen wir wirklich Kinder, die schon von klein auf hören, dass nur «weiter, besser und schneller» zählt? Sie lernen es im Sport und versuchen es dann, in der Arbeitswelt umzusetzen. Weil hey, sonst gibt es keine Medaille.

Vor ein paar Jahren kam mir mein Zyklus-Wissen einmal mehr total zugute: Ich war am Sporttag meines ältesten Sohnes und die Kinder mussten Runden ums Fussballfeld rennen. Als die ersten schon im Ziel waren, gab es solche, die noch zwei Runden rennen mussten. Man sah ihnen an, dass es eine Qual war. Es waren eher mollige Kinder und ich bin sicher, dass auch ein paar Mädchen dabei waren, die gerade menstruierten. Und dann erlebte ich eine total berührende Sache: Die Kinder, die bereits am Ziel waren, rannten zu den noch laufenden Kindern, rannten langsam neben ihnen her, spornten sie an, machten ihnen Mut, noch bis ins Ziel zu laufen. Ich war am Zyklustag 1 und Tränen liefen über meine Wangen, so sehr hat mich das gerührt. Hätte ich meinen Zyklustag nicht gewusst, hätte ich mich meiner Tränen geschämt.

Ich hoffe, dass sich diese Kinder immer an dieses Gefühl erinnern können, das sie aus einem Akt der Güte und des Mitgefühls ausgelöst haben. Die ganze Menge jubelte, weil es um Menschlichkeit ging und weil doch noch ein Lächeln über die verschwitzen Gesichter der Langsamen huschte. Ich habe alle anderen Sporttage vergessen, ein Jahr mischt sich mit dem anderen, doch dieser Moment, der nur ein paar wenige Minuten gedauert hat, der blieb mir immer in Erinnerung. Solche Momente sind Perlen und ich liebe es, diese auf meine Lebenskette aufzufädeln.

Was zählt: Fact oder Gefühl?

Wir Menschen wollen handfeste Facts, Studien, Aussagen, die geprüft und von Statistiken unterstützt werden. Wir meinen scheinbar, dass diese dann wahrer sind als unsere Empfindungen, Bauchgefühle und Ahnungen. Wir wollen klare Verhältnisse, gute Anstellungen, Karrieremöglichkeiten und Privilegien, die uns zu besser angesehenen Menschen machen. Unser Verstand hindert uns so oft daran, einfach zu sein. Das ist ihm wohl ZU einfach. Zyklisch zu leben ist keine komplizierte Sache, also hat sie keine Berechtigung? Eine zyklische Frau kann man nicht messen und kontrollieren, also müssen um sie herum Dramen kreiert werden. Die Menstruation muss als Krankheit in den Köpfen verankert werden, damit das «Problem» dann gelöst werden kann. PMS wird als eine Störung präsentiert und die lineare Gesellschaft (also wir), die medizinische Welt, hat eine Antwort darauf: Pillen schlucken, den Psychiater aufsuchen. Frauen ersticken im Selbstzweifel und sind dadurch besser formbar. Das ist doch Gehirnwäsche und gehört zu keiner würdigen Menschlichkeit.

Sobald etwas leicht und einfach wird, ist es vielen zu banal. So sabotieren sich viele Frauen selber und sagen, sie können nicht zyklisch leben, weil das nun mal nicht möglich ist in dieser Gesellschaft. Sie warten lieber ab, bis wieder Abend ist, bis das Wochenende kommt, bis sie Urlaub haben, um sich erholen zu können. Sie warten ab, bis die doofe zweite Zyklushälfte vorbei ist, weil hey, es kommt ja wieder ein Frühlingserwachen und ein toller Sommer. Das sind Gedanken, die rein vom Verstand her gesteuert sind. Und echt jetzt, unser Verstand ist nicht die einzige Wahrheit.

Ich selber lebe als zyklische Frau und erfolgreiche Geschäftsfrau. Ich finde die Businesswelt spannend und das Thema Geld sowieso. Die Gratwanderung ist, dass ich mir jeden Moment bewusst sein will, wie ich mein ethisches Business mit meinem Zyklus-Wissen und meinem pragmatischen, linearen Denken in Einklang bringe. Möglich ist es, absolut. Und je länger ich zyklisch lebe, desto klarer und einfacher wird es. Es gibt also auch hier einen ganzen Farbenbogen zwischen linear und zyklisch, eine ganze Bandbreite dazwischen, und keine zwei zyklischen Leben sehen gleich aus! Eine Freundin kann auch zyklisch unterwegs sein, Familie haben und selbstständig sein, und ihr Zyklus, ihre dazugehörigen Gefühle sind anders als meine. Das ist perfekt so.

Das Wort «erfolgreich» finde ich ja eigentlich ein ganz schwieriges. Ich sass vor Kurzem im Wald auf einer Decke, angelehnt an einen Baumstrunk, neben mir hat das Feuer geknistert und ich habe auf meinem Laptop geschrieben. Das mache ich manchmal, dass ich im Wald an meinem Lieblingsort schreiben gehe. Da sass ich, mir war vögeliwohl und ich sah einen Eichelhäher, hörte einen Specht und ein Eichhörnchen huschte an der Tanne neben mir rauf und wieder runter. Ich fühlte mich rundum erfolgreich in diesem Moment: Ich habe selbstbestimmt gewählt, was mir guttut. Ich bin meiner inneren Stimme gefolgt. Ich habe auf mein Bauchgefühl gehört. Das nenne ich «erfolgreich sein».

Wir tragen die Verantwortung für unser Leben. So streng das manchmal sein mag, so gut tut es uns, wenn wir diese Verantwortung übernehmen. Nicht-zyklisch zu leben, laugt auf Dauer viel mehr aus, als wenn wir unseren persönlichen Baustellen in die Augen schauen und sie lösen würden.

Ich sass einmal auf einer Kutsche, unterwegs irgendwo in Kanada, und die Pferde sind für ein paar wenige Sekunden durchgebrannt. Ich glaube, das Ganze hat keine 45 Sekunden gedauert und doch wurden wir durchgeschüttelt, das Gefühl war ohnmächtig. Spickt es uns vom Wagen? Kippt der Wagen? Ich kenne Frauen, die leben ständig in diesem Gefühl. Krieg ich die Kurve? Bin ich gemacht für diese Zeiten? Schaff ich es? Bin ich berechtigt, hier zu sein oder soll ich besser aussteigen? Sie fühlen sich keine Minute lang so, als ob sie die Zügel ihres Lebens in den Händen halten, oftmals, weil sie sich ständig in Frage stellen, da sie ihre vier inneren Jahreszeiten und die dazugehörigen Geheimkräfte nicht kennen. Sie nehmen es hin, sie GLAUBEN es, dass es ok ist, sich nicht ok zu fühlen. Sie GLAUBEN, dass das Leben «halt nicht einfach ist», aber das «ist halt so».

Was du fühlst, stimmt!

Wir müssen uns zu keinem Zeitpunkt anders fühlen, als wir es tun, ganz egal, an welchem Zyklustag wir sind. Aber wir müssen uns selber ernst nehmen, wenn es uns nicht wohl ist, wenn wir traurig sind, wenn uns etwas fehlt. Unsere Bedürfnisse zählen, und wir dürfen genau hinhören.

Du fühlst dich am Zyklustag 3, mitten in der Menstruation, kraftvoll, ausgeglichen und lustig? Super! Geniess es.

Du fühlst dich im inneren Frühling, als ob du nur schlafen könntest? Dann schau, was es mit dem inneren Frühling auf sich hat. Grüble in deiner Vergangenheit. Schau hin und nicht weg.

Du freust dich jeden Monat auf deinen inneren, glasklaren Herbst? Gratuliere, das kann nicht jede! Geniess es und nutze dieses Geschenk, um dein Leben zu deinem kostbarsten Gut zu formen.

Du hörst von links und rechts (und jetzt von mir auch noch!), dass der Eisprung die fruchtbare, fröhliche Zeit ist und deiner fühlt sich an wie ein Krug mit Sprüngen, abgefallenem Henkel und einer Pfütze saurer Milch drin? Mach das nicht 390 x mit! Schau hin! Vogelstrauss-Taktik war gestern! Die zyklische Frau hat Mut!

Und die zyklische Frau weiss: Wenn sie die ganze Nacht auf war, weil das Kind Ohrenschmerzen hatte, wirft das jeden nachfolgenden Zyklustag über den Haufen, und das ist ok so! Sie muss sich dann nicht anders fühlen, als sie es tut, aber sie weiss, welche Werkzeuge in ihrer Kiste sind, um sich selber gut durch den nächsten Tag zu schleppen.

Zyklisch leben ist keine todernste Sache. Im Leben einer zyklischen Frau hat viel mehr Humor und Leichtigkeit Platz als in einem strikt linearen Leben. Zyklisch leben ist kein neuer Trend, kein Konzept, das mühsam erlernt werden muss. Zyklisch leben ist ein Spiel, ein Tanz mit dem Leben und sich selber.

Die zyklische Frau kann ein kleines Zelt mitten im Wohnzimmer aufstellen und dann Papierflieger rausfliegen lassen, wenn sie was braucht (zum Beispiel: «Eine Tasse heissen Kakao mit kleinen Marshmallows drauf!»).

Die zyklische Frau kann ihre Sprache neu erfinden, ohne dass sie gleich als Eso-Nudel abgestempelt wird. Denkt zum Beispiel in Tieren, das funktioniert auch super als Veranschaulichung unserer inneren Gefühlswelt, wenn wir mit Männern und Kinder sprechen:

- ♥ Ich fühle mich gerade wie ein Maulwurf, mir ist es am wohlsten, wenn ich unter der Erde ein bisschen für mich alleine graben kann.
- ♥ Ich fühle mich wie ein Kolibri, flatterhaft, beschäftigt, von der Süsse des Lebens angezogen.
- ♥ Ich fühle mich wie eine Haselmaus, in meinem Kugelnest ist mir gerade am wohlsten.
- ♥ Ich fühle mich wie eine Katze, kannst du mich bitte ein bisschen streicheln?
- ♥ Ich fühle mich wie ein Ochse, wo ist der nächste Acker, den ich umgraben kann?
- ♥ Ich fühle mich wie ein verpuppter Schmetterling, ich verwandle mich gerade und brauche viel Ruhe.
- ♥ Ich fühle mich wie ein Jaguar in der guatemaltekischen Wildnis, ich bin scheu und stolz und liege auf der Lauer.

Anstatt im inneren Herbst destruktiv zu sagen: «Jetzt ist alles sowieso nur Scheisse», können wir uns auf die Suche nach Sachen begeben, die uns im inneren Herbst Spass und Freude machen, die uns dann LEICHT fallen, und unsere Sprache neu erfinden: «Jetzt ist eine gute Zeit, um Rechnungen zu zahlen.» Oder: «Jetzt ist eine gute Zeit, um die Dokumente aufzuräumen, um Ordnung zu schaffen.» Wir können solche einfachen Massnahmen belächeln und denken, das ist jetzt aber ZU einfach, ZU oberflächlich, oder wir können die Herausforderung eines selbstbestimmten Lebens annehmen und es ausprobieren.

Denke in Tänzen, in Sportarten, in Musikstücken, in Filmcharakteren: Was passt zu deinem Bild der inneren vier Jahreszeiten?

Jede Tageszeit, jede äussere Jahreszeit, jede Lebensphase und jede innere Jahreszeit hält ihre Qualitäten und Schätze bereit. Die sollen sich untereinander nicht konkurrieren.

Die zyklische Frau lebt in einer intimen, liebevollen Beziehung mit sich selber. Sie ist in ihrem ureigenen Takt, in ihrem Rhythmus unterwegs und geniesst diese Freiheit und dieses Gefühl.

WORTE AUF DEN WEG

Mein Wunsch ist es, dass du mit einem Zwinkern im Auge und einem Schmunzeln in der Gebärmutter deine zyklische Natur umarmst. Es ist ein Geschenk, dass du keinen Ritter brauchst, der dich rettet, sondern dass du selbstbestimmt zyklisch leben kannst, wie es für dich stimmt und passt. So war es von Anfang an gedacht.

Wir haben das unverschämt grosse Glück, dass wir zyklisch leben DÜRFEN. Wir können die Kraft des Menstruationszyklus als die positivste Sache in unserem Leben annehmen. Wir können uns selber dazu entscheiden. Wir dürfen in dieser Haltung, in dieser Lebensphilosophie, in diesem Rhythmus aufblühen und gedeihen. Wir dürfen kichernd durchs Leben gehen und uns an der LEICHTIGKEIT orientieren. Wir dürfen andere anstecken mit glücklichen Gedanken, mit Mitgefühl, mit Grosszügigkeit. Wir dürfen unsere Gedanken frei ziehen lassen und uns diese Frage immer wieder stellen: Was macht mein Leben leichter?

Wir dürfen uns verbunden fühlen mit den Rhythmen der Natur, mit dem Zunehmen und Abnehmen des Mondes und uns in Dankbarkeit mit guten Menschen verbinden. Wir dürfen Ebbe und Flut spüren, wir dürfen uns ausruhen, wir dürfen die Welt verändern. Wir dürfen weinen, wir dürfen lachen, wir dürfen tanzen, bis die Tische krachen.

Meine liebe, hellwache, stille, laute, traurige, lebendige, mutige, nachdenkliche und selbstbestimmte Leserin (oder auch Leser): DANKE von Herzen, dass ich dich auf meine Reise ins Zyklus-Universum mitnehmen durfte. Es ist mir eine grosse Ehre, dass du meine Worte gelesen hast und es ist ein riesiges Privileg, dass ich, ohne verbrannt zu werden, meine Gedanken frei äussern kann.

Ich hoffe von Herzen, dass ich mit meinen Worten einen Samen in dir gesät habe. Er liegt nun in dir, er liegt in der Erde. Mit Wassertropfen, Licht, Blut und Liebe kannst du ihn zum Keimen und zum Wachsen bringen. Deine ganze Weisheit liegt in dir drin. Manchmal versteckt sie sich zwar sehr gut, aber sie ist da, du kannst dich auf dich, dein Bauchgefühl, deinen Instinkt verlassen. Mach es. Vertraue dir jeden Tag, jeden Zyklus ein Stück mehr.

Du STIMMST. Du bist GANZ. Du bist nicht zerbrochen, fehlerhaft, mangelhaft, nur halb gut. Du bist ein wunderbares, wildes Wesen und du hast ALLES GLÜCK DER ERDE zugute! Nimm es an. Lass es zu. Und werde so selber zu deinem Anker, zu deinem Licht, zu deiner Stärke. DU bist der Schlüssel zu deinem zyklischen Leben. DU bist der Zugang zu deiner Selbstliebe, deiner Selbstachtung und deiner Freiheit!

❀ Ich wünsche dir, dass du immer in deinem Rhythmus tanzt.

❀ Ich wünsche dir, dass die Liebe überquillt und in alle Ecken deines Lebens fliesst.

❀ Ich wünsche dir, dass dich Menschen berühren und du Menschen berührst.

❀ Ich wünsche dir, dass du verzaubert wirst von dir selber, von deinem Menstruationszyklus.

❀ Ich wünsche dir, dass Liebe und Schalk in deinen Adern pulsieren.

❀ Ich wünsche dir, dass du dein Becken mit den allerfeinsten Zutaten füllst.

❀ Ich wünsche dir, dass deine Gebärmutter dich liebevoll umarmt und du sie auch.

❀ Ich wünsche dir, dass du das Eichhörnchen siehst.

❀ Ich wünsche dir, dass deine Gedanken ruhig werden.

❀ Ich wünsche dir, dass du gedeihst und wächst.

- Ich wünsche dir, dass du aufmerksam und wach bist.

- Ich wünsche dir, dass du jeden Monat mehr Zeit in der Natur verbringst.

- Ich wünsche dir, dass du laut und satt lachen kannst.

In Liebe und
Verbundenheit,
♡ Josianne

MEINE ANGEBOTE

Als Zyklus-Mentorin und Menstruationskundige unterrichte ich mit viel Leidenschaft, Humor und einer Prise Weisheit Workshops und Onlinekurse
zum zyklischen Leben und einer stimmigen Menstruationszeit.

And I bloody love it!

Meine Herzensprodukte sind der Kräuterbalsam «Yoni Bliss» die «Yoni Steam Box» und das wunderschön illustrierte Zyklus-Mandala, die wie Gänse-
blümchen auf die Frühlingswiese zum Frausein und zum zyklischen Leben
passen.

Du findest meine Produkte, Kurs-Angebote sowie weiterführende Informationen zum Thema «Menstruationszyklus» auf quittenduft.ch.

MAHALO — ICH SAGE DANKE

Als Kind und Teenager wollte ich schon Bücher schreiben und ich habe auch immer mal wieder eines angefangen. In meiner Lehre als Buchhändlerin ist dieser Wunsch wieder abgeflacht, ich sah so viele Bücher, dass ich dachte: Heutzutage schreibt ja jeder Depp zu jedem Pups ein Buch, da braucht es sicher keines mehr, schon gar nicht von mir. Doch in den letzten Jahren wurde mir klar, dass dieses Buch hier geschrieben werden MUSS! Ich konnte gar nicht anders. Dieses Buch brauchte viele «Zutaten», bis es fertig war, und da ich eben der Typ «Ich machs gerne selber, danke» bin, habe ich mich dazu entschieden, das Buch selber zu verlegen und herauszugeben. Aber selber heisst nicht alleine, und so sage ich folgenden Menschen von ganzem Herzen DANKE:

Meinen Kursfrauen. MEINEN KURSFRAUEN!!!! Ohne euch gäbe es dieses Buch nicht! Ihr seid jeden Tag eine Inspiration und ich bin immer wieder von Neuem berührt über eure Offenheit und Bereitschaft, hin- und nicht wegzuschauen! YOU ARE BLOODY BRILLIANT! Vergesst das nie! Ich will euch alle einzeln auflisten, aber hey – es wären Hunderte von Namen. Ich kenne aber jeden einzelnen davon und bin zutiefst dankbar, dass ihr mir euer Vertrauen schenkt und eure zyklische Natur umarmt.

Mein Leben ist so reich gefüllt mit guten Menschen. Jeder von euch ist eine Perle. Euch zu kennen und eure ermutigenden Worte zu hören, haben mir den Mumm gegeben, nicht nur von diesem Buch zu träumen, sondern es auch Wirklichkeit werden zu lassen. DANKE VON HERZEN für eure Freundschaft. Ihr seid die Blumen in meinem Leben und die Marshmallows auf dem heissen Kakao: Nicole, Nadja, Julie, Bigi, Olivia, Gabi, Lydia, Christa, Karina, Francesca, Barbara.

SULTANS OF STRINGS – eure CD «Symphonie» war die einzige, die ich IMMER hören konnte während des Schreibprozesses. Eure Lieder werden für immer und ewig in meinen Knochen stecken und mich mit diesem Buch verbinden, ich bin per du mit jeder einzelnen Note. Und das Lied «Luna» widerspiegelt die vier Jahreszeiten herrlich schön. Zu jedem Wort, das ich schrieb, lief eure CD. Danke! Ok, stimmt nicht ganz, 1 x bin ich (sehr fest) fremdgegangen, mit Freddie. Ich war so im Flow und habe mir «Don't stop me now» reingezogen. Aber da ich in einem letzten Leben wohl Freddie war, oder zumindest einen Teil seiner Stimme, zählt es nicht so echt als fremdgehen, finde ich (das mit ihm und mir würde ein ganzes Buch füllen, aber ich verschon euch).

Ein besonderer Dank geht an alle (saisonalen) Heidelbeeren, die ich während des Schreibens gegessen habe. Ohne euch wäre das Buch nur halb so saftig geworden. Danke. Meine Lippen sind immer noch blau. Auch ein herzlicher Dank an alle Tortilla-Chips, Marzipan-Schokolade-Würfel, Macadamianüsse und Sesamstengel, die ich während des Schreibens en masse verzehrt habe. Zwar ist mein Hintern jetzt mindestens 1,5 kg runder, doch meine Hirnleistung brauchte die Energie von euch.

Meinen Buch-Doulas:
Bettina, Evelyn, Teresita, Ste, Léa-Jeanne, Antonia, Lilly: Ihr habt mich mit Abklärungen unterstützt, mir geholfen, meinen Fokus zu stärken, mich in meinem Wirken bekräftigt und ihr wart einfach rundum tolle Cheerleaders! Danke von Herzen!

Meinen Buch-Hebammen:
Tanja, Micha und Janine: Danke fürs Mitdenken, Motivieren und Unterstützen! Danke fürs Organisieren, Aufgleisen, für eure Schlauheit, Offenheit und Genialität. Ich bin so froh, musste ich nicht alleine alle Fäden in der Hand halten, sondern konnte ich mich immer auf euch verlassen! Frauenpower pur! Merci mille fois!

Nadine, meiner Lektorin: Dank deiner Adleraugen und deiner aufgeräumten und konsequent brillanten Arbeitsweise ist dieses Buch nun wirklich gut verständlich und gelungen! Danke für deinen grossartigen Einsatz!

Dominique, meiner Grafikerin: Danke, dass du auf jeden Pieps und jeden noch so kleinen Änderungswunsch von mir eingegangen bist, auch wenn ich selten formulieren konnte, WAS ich überhaupt geändert haben will. Mit dir zu arbeiten ist wirklich immer ein Vergnügen und gibt unserem Schwesternsein eine ganz spezielle Note.

Gabi, danke für das tolle Titelfoto! Was für ein wunderbares Fotoshooting das war, an einem meiner Lieblingsorte. Seit Jahren begleitest du mich und hast schon manchen Meilenstein für mich fotografisch festgehalten. Mahalo, sister.

Susanna Margherita und Lina, meinen Grossmüttern, und Martha, Elise, Marie und Frieda, meinen Urgrossmüttern: Danke, dass ihr mir den Weg bereitet habt.

Mama, Papa, Mireille, Josh, Matthias, Dominique-Anne und Michèle, meiner Ursprungsfamilie: Eine bessere gibt es nicht! Ihr seid mein (seltsames, lustiges und wunderbar durchgeknalltes) Stück Himmel auf Erden.

Sean, Julian und Moira Luna: Ich liebe euch mit Haut und Haaren. Danke, dass ich eure Mama sein darf, ihr seid meine grössten Lehrer und Herzkäfer.

Reto, meinem Fels in der Brandung: Mit dir würde ich jedes Pferd stehlen (vor allem auch, weil du reiten kannst und ich nicht ...). Lass uns Länder nah und fern entdecken und zusammen bis ans Ende der Welt reisen, im nahen Wald baden, und noch unzählige Stunden im Garten gemeinsam am Feuer sitzen. Manchmal bist du mein Leuchtstern und manchmal ich deiner, manchmal ist der Himmel bewölkt und manchmal funkeln wir beide. Danke, dass du dein Leben mit mir teilst.